데이터 해석학
입문

올바른 데이터 분석을 위한
의사결정 성공 방정식

데이터 해석학
입문

올바른 데이터 분석을 위한
의사결정 성공 방정식

지은이 에자키 타카히로   옮긴이 손민규

펴낸이 박찬규   엮은이 최용, 전이주   디자인 북누리   표지디자인 Arowa & Arowana

펴낸곳 위키북스   전화 031-955-3658, 3659   팩스 031-955-3660

주소 경기도 파주시 문발로 115, 311호(파주출판도시, 세종출판벤처타운)

가격 27,000   페이지 256   책규격 175 x 235mm

1쇄 발행 2021년 08월 20일

2쇄 발행 2022년 11월 24일

ISBN 979-11-5839-268-0 (93000)

등록번호 제406-2006-000036호   등록일자 2006년 05월 19일

홈페이지 wikibook.co.kr   전자우편 wikibook@wikibook.co.kr

BUNSEKISHA NO TAME NO DATA KAISHAKUGAKU NYUMON

Copyright ⓒ 2020 Takahiro Ezaki

All rights reserved.

Original Japanese edition published by Socym Co.,Ltd.

Korean translation rights ⓒ 2021 by WIKIBOOKS

Korean translation rights arranged with Socym Co.,Ltd., Tokyo

through Botong Agency, Korea

이 책의 내용에 대한 추가 지원과 문의는 위키북스 출판사 홈페이지 wikibook.co.kr이나

이메일 wikibook@wikibook.co.kr을 이용해 주세요.

데이터 해석학 입문

에자키 타카히로 지음
손민규 옮김

올바른 데이터 분석을 위한
의사결정 성공 방정식

위키북스

이 책은 데이터를 분석해서 배후에 있는 메커니즘을 해석하거나, 데이터에 근거해서 의사결정이나 문제해결을 할 때 분석자가 알아 두어야 할 지식을 알기 쉽게 설명한 교과서입니다. 데이터 분석의 성공 여부는 분석 방법뿐만이 아니라 데이터의 품질이나 데이터를 가공하는 방법, 데이터를 해석하는 방법으로 결정됩니다. 그러나 데이터나 분석의 품질을 높게 유지하면서 잘못된 해석을 하지 않도록 하는 지식을 알기 쉽게 정리한 입문서는 아직 많지 않습니다. 그래서 이 책에서는 데이터의 산포나 편향에 대한 기초지식, 데이터에 여러 가지 편향을 발생시키는 행동심리학, 표본추출 방법과 이론, 데이터 가공의 노하우, 각종 분석 방법의 개념, 데이터를 해석할 때 생기는 인지 편향이나 수리 모델링의 주의점, 시스템을 운용할 때 발생하는 문제와 같은 데이터 분석가가 알아 두어야 할 지식을 체계화해서 알기 쉽게 설명하는 것을 목표로 했습니다.

이 책의 특색은 (복수 저자가 아닌) 한 사람의 저자가 다양한 주제를 한 권에 정리했다는 점입니다. 그렇게 함으로써 종합적으로 잘 정리되고 정합성이 높은 입문서를 목표로 했습니다.

이 책은 《데이터 분석을 위한 수리 모델 입문: 데이터 뒤에 숨겨진 본질 파악하기(위키북스)》의 후속작입니다. 전작에서는 '품질이 좋은 데이터를 얻은 것을 전제로 어떻게 모델링을 할 것인가'에 주안점을 두었다면, 이번 책에서는 모델링 전후 단계까지 데이터 해석에 필요한 내용을 모두 포함했습니다. 다만, 모델링에 대한 자세한 내용은 이전 책에서 다뤘으므로 생략했습니다. 이 두 권의 책을 같이 읽는다면 데이터 해석에 필요한 기초지식 전체를 파악할 수 있겠지만 이 책 한 권만으로도 데이터 해석에 필요한 지식을 얻을 수 있도록 했습니다.

이 책은 3부로 구성됩니다.

1. 데이터의 성질에 관한 기초지식(1부)

   분석 대상의 특징에 따라 데이터에는 다양한 성질이 나타납니다. 데이터의 산포가 큰지, 작은지, 인간의 심리적인 요인이 영향을 미치는지, 관측할 수 없는 요인에 영향을 받는지 등 끝이 없습니다. 이 책의 1부에서는 데이터의 이런 성질이 분석·해석에 미치는 영향과 이것들을 적절히 처리하는 방법에 대해서 자세히 설명합니다.

2. 데이터 분석에 관한 기초지식(2부)

   데이터를 획득한 후, 문제를 정의하는 방법이나 분석 방법을 정확하게 선택하려면 분석의 목적과 방법에 대한 전체적인 이해가 필요합니다. 2부에서는 구체적으로 어떤 방법이 존재하고 어떤 근거로 이것들을 선택하면 좋을지를 설명합니다. '데이터 가공 단계에서 주의할 점'과 같은 기초적인 내용부터 '다양한 문제에 따른 분석 방법 소개' 또 '수리 모델링은 분석에서 어떤 역할을 하고 있는가'와 같은 깊은 수준까지 자세하게 설명합니다.

3. 데이터 해석과 활용에 관한 기초지식(3부)

데이터 분석에서 가장 중요한 과정이 이 책의 메인 테마인 분석 결과의 해석입니다. 일반적으로는 단 한 번의 분석으로 문제가 해결되는 경우는 별로 없으며 다른 결과를 포함해서 종합적인 판단이나 좀 더 깊은 분석이 필요한 경우가 많습니다. 또 분석자의 인지편향으로 본질적이지 않은 특징을 확대해석해서 문제를 일으키는 경우도 있습니다. 3부에서는 결과 해석과정에서 일어날 수 있는 문제를 분석의 기술적 측면과 아울러 적용 측면에서도 소개합니다.

또, 데이터 분석으로 유익한 결과를 얻었다 하더라도 실제로 그 결과를 활용하기는 쉽지 않습니다. 정확하게 데이터를 활용하려면 다른 사람과의 커뮤니케이션 실수나 시스템으로 구축했을 때 발생할 문제에 대해서도 충분히 이해해 두어야 합니다. 이런 문제에 관해서도 실제 사례를 들어서 설명합니다.

이 책에서는 이렇게 여러 관점에서 데이터 해석에 관한 문제와 기초지식을 망라했습니다. 이 책이 독자 여러분의 데이터 해석에 도움이 되기를 바랍니다.

에자키 타카히로(江崎 貴裕)

동경대학첨단과학기술연구센터 특임강사

2011년 동경대학 공학부 항공우주학과 졸업. 2015년 동 대학원 박사과정 수료(특례적용으로 1년 단축), 공학박사. 일본학술진흥회 특별연구원, 국립정보학연구소 특임연구원, JST선행연구원, 스탠포드대학 객원연구원을 거쳐 2020년부터 현직에 있음. 동경대학총장상, 이노우에 연구장려상 등 수상, 수리적인 해석기술을 무기로 통계물리학, 뇌과학, 행동경제학, 생화학, 교통공학, 물류과학 등 폭넓은 분야의 문제를 다루고 있다. 저서로 《데이터 분석을 위한 수리 모델 입문: 데이터 뒤에 숨겨진 본질 파악하기(위키북스)》가 있다.

일반적으로 데이터 해석의 흐름은 '문제정의 - 데이터 수집 - 전처리 - 데이터 분석 - 분석 결과 해석'으로 나누어지며, 지금까지의 통계분석, 머신러닝 학습서는 보통 '전처리, 데이터 분석, 분석 결과 해석'에 중점을 두고 있습니다.

데이터 해석에서 정말 중요한 것은 해당 문제를 어떻게 정의할 것인가와 어떤 데이터를 어떻게 수집할 것인가입니다. 이 단계에서 잘못되면 아무리 훌륭한 분석 방법도 무용지물이 됩니다.

이 책은 데이터 분석 전에 고려해야 할, 방대하지만 기본적인 내용을 차분하게 설명하고 있습니다.

수집된 데이터에 기본적으로 포함되는 오차와 편차, 그리고 데이터 수집 과정에서 생길 수 있는 편향, 이 편향을 제거하기 위한 여러 가지 방법론을 설명해줍니다. 그리고 마지막으로 분석 결과를 실제로 활용하는 데 필요한 지식을 알려줍니다.

이 내용은 데이터 분석을 전문적으로 한 사람들에게는 머릿속에 들어가 있는 지극히 당연한 이야기이지만, 일반적인 데이터 분석 책에서는 볼 수 없는 내용입니다.

좀 더 나은 데이터 분석에 꼭 도움이 되리라 생각됩니다.

좋은 책을 소개해주신 박찬규 대표님께 감사드리며 이 책이 나오기까지 도움을 주신 모든 분께 감사의 말씀을 드립니다.

역·자·소·개

손민규

소니 반도체에서 데이터 분석업무와 알고리즘 및 시스템 개발 업무와 사원 대상 통계 알고리즘 강의를 진행했으며, 현재 삼성전자에서 데이터 분석 업무를 하고 있다.

일본 큐슈대학교에서 인공지능의 한 분야인 강화학습(Reinforcement Learning) 알고리즘 개발로 박사학위를 받았으며, 관심분야는 강화학습, 인공신경망(Neural Network), 유전 알고리즘 (Genetic Algorithm) 등 머신러닝(Machine Learning) 알고리즘을 활용한 시스템 개발이다.

저서: 《데이터 분석을 떠받치는 수학(2018)》《기초부터 시작하는 강화학습/신경망 알고리즘(2019)》
번역: 《가장 쉬운 딥러닝 입문 교실(2018)》《실전! 딥러닝(2019)》《파이썬 데이터 분석 실무 테크닉 100(2010)》
감수: 《정석으로 배우는 딥러닝(2017)》

01 부

데이터의 성질에 관한 기초지식

3장 _ 데이터에 포함된 편향

4장 _ 중첩요인과 인과관계

5장 _ 데이터 표본추출 방법론

02부

데이터의 분석에 관한 기초지식

6장 _ 데이터 가공

7장 _ 일변수 데이터

8장 _ 변수 간의 관계를 조사한다

9장 _ 다변량 데이터 해석

03부

데이터의 해석과 활용에 관한 기초지식

01부

데이터의 성질에 관한 기초지식

1부에서는 데이터란 무엇인가 또 그것을 수집하는 것이 무엇을 의미하는가부터 시작해서 다양한 데이터의 성질을 설명합니다. 데이터 분석에서는 이런 성질을 이해한 후에 정확하게 데이터를 수집하고 처리하는 것이 정확한 결과 해석을 하기 위한 필수요소가 됩니다. 이제 데이터 해석의 세계로 들어가 봅시다.

관측은 간단하지 않다

이 장에서는 먼저 분석 대상으로부터 데이터를 수집한다는 것의 의미를 설명합니다. 많은 경우에 데이터의 관측이 시작되는 시점부터 분석 대상의 정보가 왜곡되거나 사라집니다. 좋은 데이터를 얻기가 쉽지 않다는 것과 주의해야 할 점을 설명합니다. 데이터 수집에 관한 방법은 2장 이후에 자세히 설명할 예정이며 여기서는 우선 개념을 잡는 것을 목표로 합니다.

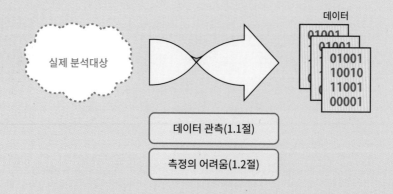

1.1 데이터 관측

대상에서 정보 추출

데이터 분석의 목적은 수집한 데이터를 사람이 해석하고 이용할 수 있는 형태로 변환해서 분석 대상을 이해하거나 예측하는 것입니다. 분석 대상으로부터 데이터를 수집하는 것을 **관측**(observation)이라고 합니다. 물체의 온도를 측정하는 것도 관측이고 사람들로부터 설문조사를 받는 것도 관측의 일종입니다. 관측은 분석 대상으로부터 정보를 끄집어내는 작업이지만, 여기서 중요한 것은 관측으로 얻은 데이터가 항상 정확하게 알고 싶은 정보를 반영하고 있지는 않다는 것입니다. 오히려, 관측 과정에서 여러 가지 의미로 왜곡됩니다(그림 1.1.1). 이 왜곡을 **편향**(bias)이라고 합니다. 뒤에 자세히 설명하지만 관측할 때 생긴 데이터의 왜곡을 처리하는 것이 데이터 해석에서 큰 축을 차지합니다.

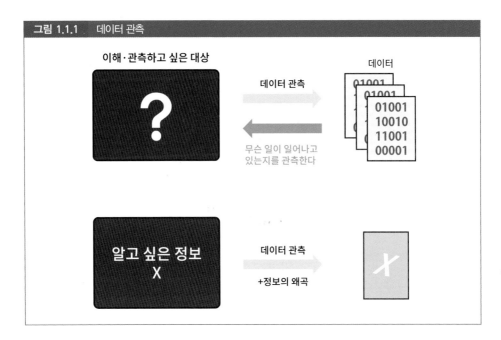

그림 1.1.1　데이터 관측

쓰레기를 넣으면 쓰레기가 나온다

데이터 분석에서 "쓰레기를 넣으면 쓰레기가 나온다(Garbage in, garbage out.)"라는 표현이 있습니다. 이것은 '아무리 뛰어난 분석 방법이라도 분석할 데이터의 품질이 나쁘면 분석된 결과도 도움이 되지 않는다'라는 것을 의미합니다.

앞에서 말한 것처럼 데이터 분석은 관측한 데이터를 쉽게 이용할 수 있게 변환하는 작업이므로 수집한 데이터의 품질이 분석 결과에 그대로 반영됩니다. 그러나 데이터는 관측할 때 왜곡되므로 이 왜곡을 제거하거나 보정하는 작업이 아주 중요합니다. 전문가조차 이 편향을 눈치채지 못한 채 잘못된 결론을 내려서 큰 실패를 하는 경우도 아주 많습니다. 특히 해석 방법이 정립되지 않은 새로운 문제나 데이터는 세심한 주의를 기울여도 쉽게 잘못된 결론을 낼 수 있으므로 주의해야 합니다[1]. 이 책에서는 이런 잘못을 피하기 위한 유의할 점을 설명합니다.

한편, 이것은 반대로 데이터의 품질을 높인다면 분석 결과의 품질을 높일 수 있다는 말도 됩니다. 분석과정에서 여러 가지 분석 방법을 시험하면서 데이터를 가공하지만(이것 자체가 나쁜 것은 아니지만), 단순히 품질이 좋은 데이터를 수집하기 위한 연구만으로도 간단히 문제가 해결되는 경우가 자주 있습니다.

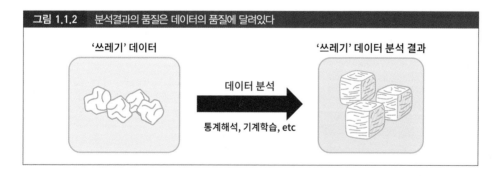

그림 1.1.2   분석결과의 품질은 데이터의 품질에 달려있다

'쓰레기' 데이터   '쓰레기' 데이터 분석 결과

데이터 분석

통계해석, 기계학습, etc

---

1   2019년 말부터 맹위를 떨친 신종 코로나바이러스의 감염확대에 당초 감염자 수 네이터에 근거해서 여러 가지 분석과 예측이 세상을 떠들썩하게 했지만 유감스럽게도 제대로 된 분석은 일부 전문가를 제외하고 전혀 없었습니다.

데이터의 제약과 표본추출

알고 싶은 정보를 전부 관측으로 얻을 수 없는 경우가 있습니다. 예를 들면 어떤 상품의 국내 인지도를 알고 싶을 경우, 전 국민에게 상품에 관한 설문조사를 실시해서 데이터를 수집하는 것은 비현실적입니다. 이렇게 대상 전체에서 한정된 양의 데이터밖에 수집할 수 없는 것은 데이터 분석의 걸림돌이 됩니다. 예를 들어 지인이나 가족에게 이 설문조사를 한다면 대략 지명도가 어느 정도인지를 상상할 수 있지만, 이것이 전국의 지명도와 일치한다고 말할 수는 없습니다. 그것은 지인이나 가족과 같은 주변 사람들은 자기 자신과 비교적 비슷한 양식의 생활을 하므로 거기서 얻은 데이터는 '편향된(치우친) 데이터'가 되어 버리기 때문입니다.

하지만 극히 일부의 인원을 편향되지 않게 잘 선택해서 설문조사를 할 수 있다면 전체를 추정하는 것이 가능해집니다. 이렇게 전체 대상에서 일부를 선택하고 관측하는 것을 **표본추출**(sampling)이라고 합니다(그림1.1.3). 표본추출이 적절히 이루어진다면 일부의 관측 결과로부터 높은 정확도로 전체에 대한 예측을 할 수 있습니다. '수프의 맛을 보려고 전부 먹을 필요는 없다'라고 하면 이해하기 쉬울 것입니다.

자세한 표본추출 방법은 5장에서 설명합니다. 다만, 표본추출이 항상 적절히 이루어진다고는 할 수 없습니다. 관측할 수 있는 대상을 고를 수 없는 때나 아예 표본추출이 불가능한 경우(가지고 있는 데이터로밖에 분석할 수 없는 경우)도 있습니다. 이때 발생하는 여러 가지 문제에 대해서는 3장에서 설명합니다.

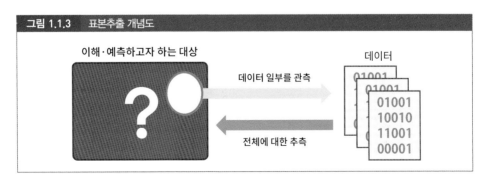

그림 1.1.3 표본추출 개념도

이해·예측하고자 하는 대상

데이터

데이터 일부를 관측

전체에 대한 추측

1.2 측정의 어려움

필요한 데이터가 전부 수집되는 것은 당연하지 않다

최근에는 다양한 것들이 디지털화되어 날마다 많은 양의 데이터가 생성되고 있습니다. 이런 상황에서는 모든 것을 간단히 데이터로 수집할 수 있다는 착각에 빠지기 쉽지만, 현실은 그렇지 않습니다. 오히려 관측하기 쉬운 데이터는 방대하게 생성되지만 관측하기 어려운 데이터는 여전히 손에 넣기 어려운 것이 현실입니다.

지금은 생각하기 어렵지만, 근세까지는 대부분의 나라에서 자기 나라의 인구가 증가하는지 줄어드는지조차 모르는 상태였습니다. 각 나라에서 정부통계를 작성하느라 많은 예산을 들이고 있는 것처럼 데이터 수집에는 때로는 막대한 비용이 듭니다. 실제로 전쟁이나 감염병 대책과 같이 현황 파악이 아주 중요한 문제조차 아주 제한된 정보에서 의사결정을 해야 하는 상황도 발생합니다. 비즈니스나 연구 분야에서도 시간적, 금전적 비용을 최소로 억제하면서 분석을 하는 것이 요구됩니다.

따라서 효율적으로 의사결정이나 데이터 해석을 할 수 있도록 데이터 수집의 수준을 가능한 한 높이는 것이 중요합니다.

'측정할 수 없는 것'을 측정할 때

데이터 관측은 측정하고 싶은 것을 기록하는 것이지만 이 시점에서 한 가지 문제가 있습니다. 측정하고 싶은 것이 '인구'와 같이 해석의 여지가 없는 것이라면 간단히 계측하면 되지만 조금이라도 추상적인 개념이 포함되어 있다면 어떨까요?

예를 들면 '대학의 연구능력', '신제품의 호감도', '사람의 지적능력'과 같은 것이 여기에 해당합니다. 이렇게 수치화되어 있지 않은 것을 데이터화하려고 할 때는 '측정 가능한 것'으로 대체해야 하지만 이것이 여러 가지 문제를 일으킵니다. '원래 측정해야 할 것과는 엄밀하게 다른 것을 측정하고 있다'라는 것은 매우 중요한 부분입니다. 아래에서 자세하게 살펴봅시다.

측정에 따른 정보의 누락

예를 들어, 사람의 지적능력(지능)을 측정하는 경우를 생각해봅시다. 우선 '인간의 지능이란 무엇인가'라는 것을 정의해야 합니다. 물론 여기에는 여러 가지 답이 있을 수 있습니다. 예를 들어 '논리적으로 사물을 생각하거나 문제를 해결하는 능력'을 지능이라고 합시다. 이렇게 정의하는 방법을 **개념적 정의**(conceptual definition)라고 합니다. 물론 이런 개념적인 정의가 있어도 사람의 지능을 수치화하기는 어렵습니다. 그래서 심리학자 데이비드 웩슬러 (David Wechsler, 1896-1981)는 지능을 측정하는 웩슬러 성인 지능 검사라는 테스트를 개발했습니다. 이것이 그 유명한 IQ(intelligence quotient) 테스트입니다[2]. 사람의 지능을 이 테스트 점수로 측정(다시 말해서 IQ가 높은 사람은 지능이 높다고 정의)하는 것이 일반적으로 이루어지고 있습니다. 이렇게 측정이라는 조작으로 무엇인가를 정의하는 것을 **조작적 정의**(operational definition)라고 합니다[3]. 구체적으로 어떤 정의를 선택해야 하는지는 데이터 분석의 목적에 따라 달라집니다.

조작적 정의에 의한 데이터 관측은 어디까지나 대상의 '측정할 수 있는 한 가지 측면'만을 반영한 것에 지나지 않음에 주의해야 합니다(그림 1.2.1). 이때 반드시 일부 정보가 사라지게 되지만 측정한 지표에만 너무 집착한 나머지 본질을 놓칠 수 있습니다. 예를 들어 코로나바이러스감염증-19(COVID-19)의 신규 확진자 수가 매일 뉴스에 나오지만, 이 숫자만으로 국내 감염의 상태를 정확하게 파악하기는 어렵습니다(매일 변화하는 검사 방법에 따라 숫자가 변하고, 아직 발병하지 않은 잠재적인 환자의 수를 파악하는 것도 필요합니다). 그러나 신규 확진자 수가 모든 상황을 대표한다고 해석해버리는 사람도 많습니다.

2　IQ가 가장 널리 사용되는 지표이지만 그 외에도 찰스 스피어맨(Charles E. Spearman, 1863-1945)이 제안한 g 인자 등 여러 가지 지수가 있습니다.

3　물리학을 비롯한 과학의 여러 분야에서 기본적인 개념을 조작적으로 정의하는 것은 학문의 기초를 이루는 데 중요한 역할을 하고 있습니다. 예를 들어 '질량' 은 저울로 재는 것으로 정의할 수 있지만 뉴턴의 운동방정식(물체에 가한 힘과 그것에 의해 발생한 가속도의 관계식)으로도 정의할 수 있으며 일반상대성이론 의 구축 원리가 됩니다(등가원리).

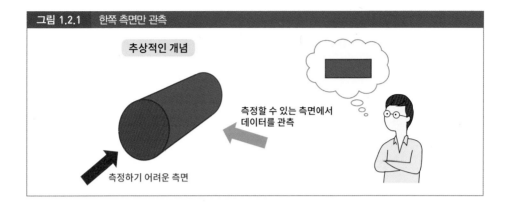

그림 1.2.1   한쪽 측면만 관측

추상적인 개념

측정할 수 있는 측면에서 데이터를 관측

측정하기 어려운 측면

이런 잘못된 해석을 하지 않기 위해 중요한 것은,

1. 관측에 의해 측정되고 있는 것은 무엇인가
2. '정말 측정하고 싶은 것' 중에서 파악하지 못한 요소는 무엇인가

를 명시적으로 파악하고, 파악하지 못한 요소에 의해 예상하지 않은 일의 발생 가능성을 체크하는 것입니다. 또 필요에 따라 하나의 지표에 구애되지 않고 가능한 다각적으로 평가하는 것도 효과적입니다.

관계가 있는 것처럼 보이는 지표를 혼용하지 않는다

데이터 분석 현장에서는 측정하기 어려운 것을 정량화할 때 '측정하기 쉬운' 지표가 우선적으로 사용되는 경향이 있습니다. 곤란한 것은 이렇게 도입된 지표가 종종 측정하려는 것을 반영하고 있지 않다는 것입니다. 예를 들어 연구자나 연구기관의 '연구실적'을 측정할 때, 획득한 연구비의 액수가 고려되는(많으면 많을수록 좋다) 경우가 자주 있지만 이것은 연구 활동의 인풋으로 사용되는 금액이며 연구의 아웃풋과는 원래 따로 생각해야 하는 지표입니다(사용한 금액에 비례해서 어느 정도 성과를 이루었는지에 대해서는 의미가 있는 지표입니다). 무엇인가의 아웃풋을 측정하고 싶을 때, 측정하기 쉬운 입력과 관계있는 다른 양으로 대체하는 오류는 자주 보이므로 특히 주의합시다.

'표준화'에 따른 정보의 누락

예를 들면, 지금 읽고 있는 이 책에 대해서 필자인 제가 독자 여러분에게 평가 설문조사를 하고 그 결과를 개정판에 반영하고 싶다고 합시다. 이 책의 서술 난이도, 내용이 참고가 되었는지, 분량은 적당한지 등에 대해서 5단계 평가로 응답을 받습니다. 문장에 의한 응답이 아닌 5단계 선택식으로 한 것은 나중에 분석을 쉽게 하기 위해서입니다.

이렇게 데이터를 관측할 때 측정될 값의 선택지를 사전에 결정해 두는 것을 **표준화**(standardization)라고 합니다[4]. 표준화를 해 두면 데이터를 한꺼번에 처리하고 분석할 수 있는 장점이 있습니다. 또 응답자의 부담을 줄이려는 의도도 있습니다. 하지만 모든 대답을 5단계의 숫자로 정리하기 때문에 상세한 정보를 잃을 수도 있습니다.

예를 들어서 이 책의 난이도가 전체적으로는 알기 쉽게 쓰여 있지만 1장만 유난히 쓸데없이 어렵게 쓰여 있고 그것을 필자가 모르고 있다고 합시다. 이런 상황에서 앞에서 설명한 설문조사를 했을 때 응답이 아무리 많이 모여도 이것을 알아차리기는 쉽지 않습니다. 그러나 이 책을 읽은 독자 한 사람에게 필자가 직접 들었을 경우에는 단지 1건의 데이터지만 충분히 이것을 알아차릴 수 있습니다. 하지만 이 경우는 다른 다수의 독자도 그렇게 생각하는지까지는 직접 알기 어렵습니다[5].

이렇게 데이터의 양과 취급하는 정보의 상세함에는 트레이드오프가 존재합니다(그림 1.2.2). 최근에는 대량의 데이터를 수집해서 분석하는 빅데이터 분석이 인기가 높아지고 있지만, 목적에 따라 데이터의 양과 정보의 상세함을 조정하는 것은 중요합니다. 목적에 따라서는 데이터 분석조차 필요 없는 경우가 있을지도 모릅니다.

---

4   다른 분야에서 데이터를 평균이 0, 표준편차가 1이 되도록 변환하는 것도 표준화라고 합니다.
5   실제로는 설문지에 자유기술란을 두는 것을 생각할 수 있지만, 직접 듣는 것처럼 상세한 정보를 적어 줄지는 모릅니다.

그림 1.2.2	설문조사의 예와 데이터 표준화

~ 이 책에 대한 설문조사 ~

◆ 난이도
    1. 매우 쉬움 2. 조금 쉬움
    3. 적당 4. 조금 어려움 5. 매우 어려움

◆ 내용은 참고가 되었는가
    1. 전혀 참고가 안됨
    2. 별로 참고가 안됨
    3. 참고가 되는 부분이 있음
    4. 참고가 됨
    5. 매우 참고가 됨

◆ 분량은 적당한가
    1. 매우 적음 2. 조금 적음
    3. 적당 4. 조금 많음 5. 매우 많음

소량의 데이터

데이터를 자세히 수집, 분석할 수 있음
일부 상황만 파악할 수 있음

대량의 데이터

표준화가 필요함
전체적인 경향을 파악할 수 있음

1장 정리

▪ 데이터 관측이란 관측 대상으로부터 정보를 추출하는 절차다.

▪ 데이터 분석의 품질에는 데이터의 품질이 그대로 반영된다.

▪ 알고 싶은 정보를 그대로 측정할 수 있다고는 할 수 없다.

▪ 취급하는 데이터의 양과 세세한 정보량에는 트레이드오프가 존재한다.

2장

오차와 변동

이 장에서는 데이터에 항상 따라다니는 '오차와 변동'에 대해서 설명합니다. 데이터에 포함되는 '오차'는 크게 '우연오차'와 '편향'으로 분류할 수 있습니다. 데이터의 '변동'은 그중에서 우연오차에 해당합니다. 데이터 분석에서는 오차를 종류에 따라 따로 분리해서 적절히 통제해야 합니다. 그러기 위한 도구로 확률분포에 대해서 알아봅니다.

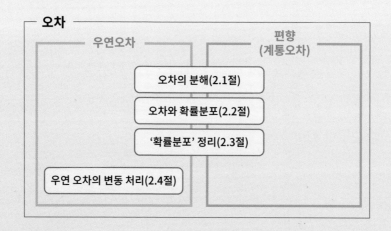

2.1 오차의 분해

'오차'란

건강관리를 위해 매일 체중을 측정하고 기록하는 상황을 생각해봅시다. 실제 체중을 가능한 한 정확하게 기록하고 싶습니다. 최근에는 그램 단위로 측정 가능한 디지털 체중계가 일반적으로 사용되고 있습니다. 이 체중계 위에 올라가면 자세한 측정값이 표시되지만, 측정을 여러 번 반복해보면 이 값은 매번 조금씩 달라집니다. 이런 상황을 **값에 변동이 있다**고 합니다.

이때 진짜 체중의 값(이것을 **참값 : true value**라고 합니다)은 변화하지 않으므로 매번 체중의 참값과는 다른 값이 표시되고 있다는 것이 됩니다. 좀 더 정확하게 측정하고 싶다면 입고 있는 옷의 무게도 빼야 한다는 것도 생각해야 합니다. 이렇게 참값과 관측한 값의 차이를 **오차(error)**라고 합니다.

오차가 크면 정보가 사라진다

일반적으로 판매되는 체중계에서는 있을 수 없지만 만일 측정값이 측정할 때마다 플러스 · 마이너스 10kg 정도의 범위로 변동이 있다고 합시다. +6kg으로 표시될 때도 있고 −8kg으로 표시될 때도 있습니다. 매일의 체중 변화를 기록하는 경우에 이래서는 쓸모가 없습니다. 관측값에 포함된 오차가 측정하고 싶은 값의 변화 크기보다 큰 경우, 그 관측값만으로 직접 어떤 결론을 내리기는 어렵습니다.

하지만 데이터를 많이 모아서 오차의 특성을 평가한다면 어느 정도 추론이 가능한 경우도 있습니다. 여기에 대해서는 후반부에 소개합니다.

우연오차와 편향

오차에는 측정할 때마다 변하는 오차와 변하지 않는 오차가 있습니다(그림 2.1.1). 앞의 예에서 체중계의 측정값이 매번 다르게 표시되는 것의 원인이 변하는 오차이며 이것을 **우연오차**

(random error)라고 합니다. 한편 옷의 무게와 같이 값이 변하지 않는 일정한 오차를 **편향**(bias) 또는 **계통오차**(systematic error)라고 합니다.

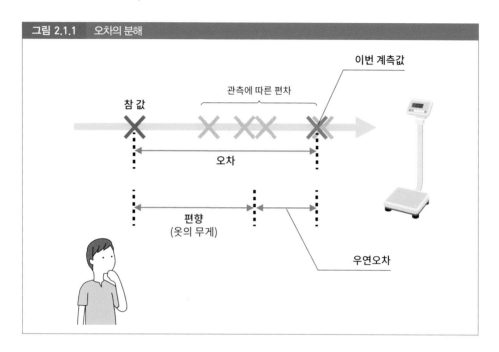

그림 2.1.1   오차의 분해

각각의 오차가 어떤 상황을 일으키는지 좀 더 자세히 살펴봅시다(그림 2.1.2).

(1) 편향과 우연오차가 양쪽 모두 작은 경우(그림 2.1.2 왼쪽 위)

측정할 때마다 참값에 가까운 신뢰할 수 있는 값이 계측되는 바람직한 상황입니다.

(2) 편향은 작고 우연오차가 큰 경우(그림 2.1.2 오른쪽 위)

측정할 때마다 값의 변동이 커서 계측으로 얻어진 값들을 신뢰할 수 없습니다. 그렇지만 측정을 여러 번 반복하면 신뢰성 있는 값을 얻을 수 있습니다(2.4절에서 자세히 설명합니다).

(3) 편향만 큰 경우(그림 2.1.2 왼쪽 아래)

우연오차에 의한 측정값의 변동은 작지만 측정된 값이 참값과는 동떨어져 있습니다. 여러 번의 측정으로 안정적으로 동일한 값을 얻을 수 있다고 해서 반드시 그 값을 믿어서는 안 된다는 것입니다. 이런 경우는 우연오차만 큰 경우와는 달리 계측을 반복해도 참값에 근접할 수 없습니다. 체중계에 무거운 옷을 입고 올라가는 경우를 생각해보면 이해하기 쉬우리라 생각됩니다. 체중의 참값을 알고 싶다면 그 옷을 벗고 측정하거나 옷의 무게를 측정한 결과에서 빼야 합니다. 이런 편향을 제거하기 위해서는 다음 두 가지 절차가 필요합니다.

1. 편향의 원인을 조사한다.
2. 편향의 영향을 제거한다.

일반적으로 편향의 원인이 무엇인지 또는 결과에 편향이 포함되어 있는지조차 모르는 경우가 자주 있습니다. 예를 들면, 만약 체중계가 고장 나서 체중의 5%를 더 늘려서 표시하는 상태라도 그것을 알아차리기는 어려울 것입니다. 하지만 문제를 파악할 수만 있다면 편향은 (원리적으로는) 완전히 제거할 수 있습니다.

앞의 예에서는 무게를 알고 있는 추를 체중계로 측정해서 참고용으로 기록하고, 옷을 벗고 측정한 체중의 값을 보정하면 이 영향을 제거할 수 있습니다.

(4) 우연오차와 편향이 모두 큰 경우(그림 2.1.2 오른쪽 아래)

이런 경우는 당연히 값의 차이가 어디서 생기는지를 파악하기 어려워집니다. 실제로 아무 계획 없이 수집한 데이터나 한정된 데이터밖에 사용할 수 없는 경우에 이런 상황이 발생합니다.

우연오차와 편향의 발생원인이나 이것들을 억제하기 위한 지식은 1부 후반에 설명합니다.

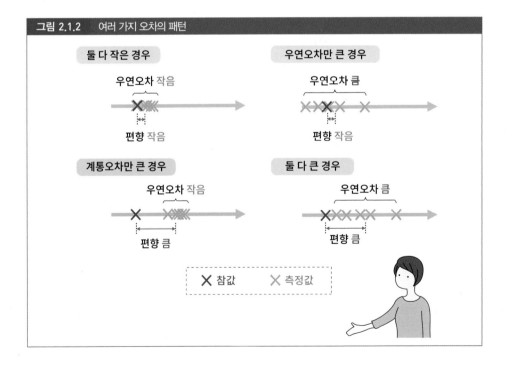

그림 2.1.2 여러 가지 오차의 패턴

2.2 오차와 확률분포

데이터의 변동 파악

측정 결과는 우연오차에 의해 변동이 생긴다고 설명했지만, 이 변동을 어떻게 다루면 좋을까요? 몸무게의 참값이 50kg인 A가 몸무게를 10번 측정한 경우를 생각해봅시다(그림 2.2.1 왼쪽 위). 여기서는 편향은 무시할 수 있는 것으로 가정하고 우연오차만 결과에 영향을 미친다고 합시다.

이 우연오차의 특징을 파악하기 위한 방법을 생각하기 위해서 측정을 1만 번 반복했다고 합시다. 결과를 단순히 수직선 위에 그리면 보기 어려우므로 히스토그램을 사용해서 그림 2.2.1 왼쪽 아래에 표시했습니다. 이 그림은 막대(구간)의 폭을 0.02kg으로 설정하고 그 안에 들어간 데이터의 개수를 높이로 표시한 것입니다. 분할된 각 구간을 **빈**(bin)이라고 합니다. 예를 들면, 측정된 값이 50.00~50.02kg의 범위에 포함된 횟수가 771번처럼 전체를 세세하게 나눠서 세고 있습니다. 이 그림에서는 부드러운 산 모양이 보입니다. 또, 이 측정을 계속 반복하고 분할하는 구간을 좀 더 세밀하게 해서 최종적으로 오른쪽 아래와 같은 패턴을 얻었다고 합시다.

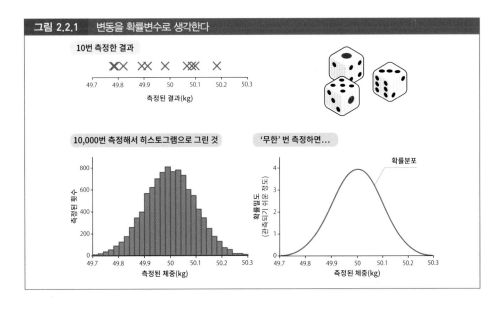

그림 2.2.1   변동을 확률변수로 생각한다

이 곡선을 **확률분포**(probability distribution)라고 부르며[1], 자세한 것은 다음 절에 설명합니다. 여기서는 단순히 어떤 값이 어느 정도의 빈도로 관측되는지를 표현한 것으로 생각해주세요.

배후에 있는 참 분포를 생각하자

데이터의 변동의 특징을 파악하기 위한 첫 단계로는 어떤 확률분포가 존재한다고 가정하고, 실제 데이터는 이 확률분포로부터 확률적으로 얻어졌다고 생각하는 것입니다. '확률적으로 얻어졌다'라는 것은 어떤 것일까요. 이것은 주사위를 던져서 나온 숫자를 관측하는 것을 생각하면 이해하기 쉬울 것입니다. 다시 말해서 주사위를 던져서 숫자를 하나 얻는 것처럼 확률분포를 하나 지정하고 거기에서 값을 하나 무작위로 추출하는 것입니다. 이렇게 무작위로 얻어진 값을 가지는 변수를 **확률변수**(random variable)라고 합니다. 실제 데이터가 이렇게 얻어졌다고 가정하고 배후에 있는 확률분포[2]를 조사하면 우연오차에 대한 정보를 어느 정도 알 수 있기 때문입니다.

여기서 잊지 않았으면 하는 것이, 실제 우연오차가 어떤 메커니즘으로 발생하느냐는 것입니다. 디지털 체중계의 경우에서 동일한 사람을 측정할 때, 매번 자세가 미묘하게 다르거나 기온이나 건전지의 남은 양에 의해 전자회로의 상태가 바뀔지도 모릅니다. 이렇게 측정할 때 통제할 수 없는 여러 요인의 변화가 변동의 원인이 되는 것이지, 체중계의 회로 속에 이런 확률분포가 설정된 것은 아닙니다. 다시 말해서 여기서는 여러 가지 요인에 의한 변동을 확률분포로 가정한다는 것입니다.

---

1 확률밀도함수(probability density function)라고 합니다.
2 이 확률분포를 참분포(true distribution)라고 하며, 실제로 이 참분포는 알 수 없는 경우가 대부분입니다. 이런 상황에서는 모델링을 통해서 추정을 하게 됩니다.

2.3 '확률분포' 정리

평균과 분산

이 절에서는 확률분포의 기초에 대해서 간단하게 설명합니다. 만약 이미 알고 있다면 다음 절로 넘어가도 괜찮습니다.

먼저 **평균값**(mean), **분산**(variance), **표준편차**(standard deviation)를 정리합시다(그림 2.3.1). **평균값**은 관측값들을 모두 더한 후에 관측값의 개수로 나눈 것입니다. 주로 관측값들을 대표하는 값으로 사용됩니다[3]. 분산은 각 관측값과 평균값과의 차이를 제곱한 후에 전부 더해서 관측값의 개수로 나눈 것입니다. 평균값을 중심으로 관측값들이 어느 정도 떨어져 있는지를 정량화하는 데 사용되며, 크면 클수록 값들이 넓게 퍼져있음을 나타냅니다. 표준편차는 분산에 제곱근을 취한 것입니다. 이것도 관측값들의 퍼져있는 정도를 나타냅니다. 표준편차는 원래의 데이터와 단위가 같아서 직관적으로 이해하기 쉬워 자주 사용됩니다.

그림 2.3.1 평균과 분산

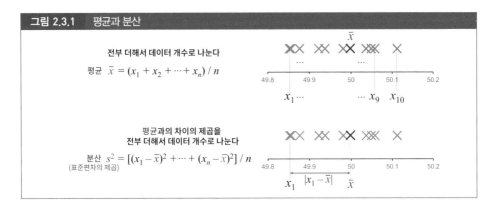

전부 더해서 데이터 개수로 나눈다

평균 $\bar{x} = (x_1 + x_2 + \cdots + x_n) / n$

평균과의 차이의 제곱을
전부 더해서 데이터 개수로 나눈다

분산 $s^2 = [(x_1 - \bar{x})^2 + \cdots + (x_n - \bar{x})^2] / n$
(표준편차의 제곱)

수학적 확률과 통계적 확률

그러면 지금부터 그림 2.2.1에서 등장한 확률분포를 설명합니다. 먼저 데이터를 다루는 데 있어서의 **확률**(probability)에 대해서 좀 더 생각해봅시다.

---

[3] 평균값이 반드시 데이터를 '잘' 대표하는 것은 아닙니다. 여기에 대해서는 나중에 설명합니다.

고등학교에서 배운 '확률'은 기본적으로 수학적 확률이라는 것으로 분류됩니다. 그것은 '동일 발생 가능성(Equally likely)', 다시 말해서 같은 빈도로 일어나는 것이 기대되는 사건에는 같은 확률을 부여한다는 개념입니다. 동전을 던진 결과는 앞면과 뒷면이고, 이 두 결과가 관측될 가능성은 동일하므로 각각 1/2의 확률이 부여됩니다. 주사위도 6면이 관측될 가능성이 동일하므로 1/6의 확률이 부여됩니다. 이렇게 구성된 확률을 **수학적 확률**(mathematical probability)이라고 합니다.

한편 현실의 많은 문제는 이런 개념으로 확률을 평가할 수 없습니다. 왜냐하면 '동일 발생 가능성'으로 볼 수 있는 사건이 존재하지 않는 경우가 많기 때문입니다. 예를 들어서 주사위가 제조상의 품질 문제(또는 조작용 주사위)로 각 숫자가 나올 확률이 1/6에서 크게 어긋난 경우를 생각해봅시다. 이 경우는 '동일 발생 가능성' 사건이 아니므로 다른 방법으로 확률을 평가해야 합니다. 보통 이런 경우는 주사위를 여러 번 던져 보고, 나온 숫자의 횟수를 기록해서 확률을 계산합니다. 이렇게 해서 계산된 확률을 **통계적 확률**(statistical probability)이라고합니다.

그림 2.3.2 왼쪽에 주사위[4]를 여러 번 던져서 각 숫자가 나온 횟수(**도수**: frequency라고 합니다)를 히스토그램으로 표시했습니다. 각각의 도수를 주사위를 던진 총횟수로 나누면 각 숫자가 어느 정도의 비율로 나왔는지를 계산할 수 있습니다. (이것을 **상대도수**: relative frequency라고 합니다. 그림 2.3.2 오른쪽). 관측 횟수를 점점 늘리면 (특별히 이상한 세팅을 하지 않는 한) 이 비율이 일정한 값에 수렴합니다. 이 값을 통계적 확률로 정의합니다.

미지의 데이터의 확률을 이야기할 때에는 통계적 확률을 전제로 합니다. 한편 일반적으로 '충분한' 데이터를 수집하는 것은 현실적이지 않으므로, 실제 데이터 분석에서는 한정된 데이터로부터 이 확률을 추측하게 됩니다.

---

4   여기서는 각 숫자가 나올 확률이 1/6인 이상적인 주사위를 준비했습니다.

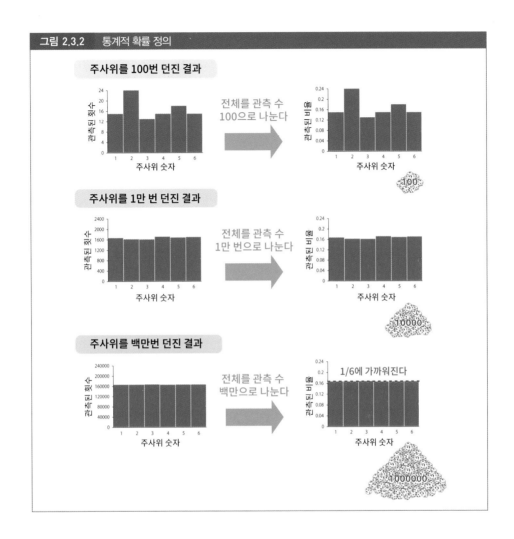

그림 2.3.2　　통계적 확률 정의

확률분포와 확률밀도

확률에 관해서 설명했으니 다음으로 '분포'에 대해서 설명합니다. 확률분포란 모든 사건이 발생할 확률을 기술한 것을 가리킵니다. 예를 들면 '주사위의 각 숫자가 나올 확률은 모두 1/6이다'라고 기술한다면, 이것은 주사위의 확률분포가 됩니다. 데이터 X가 얻어질 확률을 기호로 $P(X)$로 씁니다. 이것을 '확률변수 X는 확률분포 $P(X)$를 따른다'라고 표현하기도 합니다. 주사위가 1이 나올 확률을 이 기호로 표현하면 $P(1)=1/6$과 같이 쓸 수 있습니다.

주사위와 같이 데이터가 가질 수 있는 값을 셀 수 있는 경우(이것을 **이산적인 값**: discrete value라고 합니다)는 괜찮지만, 이 장에서 이야기한 오차처럼 취할 수 있는 값이 **연속적인 값**(continuous value)인 경우[5]에는 다음에 설명할 확률밀도함수(probability density function)를 사용해서 확률분포를 정의합니다. 왜 이런 도구가 필요한가 하면, 연속적인 값을 가지는 데이터의 경우 값의 패턴이 '무한 개'가 되며, 각각의 값의 확률을 계산하면 0이 되어 버리기 때문입니다[6](예를 들면 몸무게가 정확하게 50kg인 사람이 이 세상에 존재할까요? 아무리 50kg에 가까운 사람도 50.0000…kg으로 미세하게 측정하면 50kg에서 조금은 어긋나게 됩니다).

먼저 그림 2.3.2 오른쪽 아래처럼 충분히 많은 데이터를 수집해서 상대도수 히스토그램을 준비했다고 합시다. 각 빈의 높이는 데이터가 각 빈의 구간에 포함될 확률이 됩니다(그림 2.3.2, 그림 2.3.3 왼쪽). 이산형 변수의 경우에는 각 빈의 폭을 가장 미세하게 설정하면 그것이 확률분포가 됩니다. 예를 들면 주사위의 경우 가장 작은 단위로 빈을 설정하면 1~6의 숫자가 하나의 빈이 되어 그림 2.3.2처럼 됩니다.

연속형 변수의 경우도 동일하게 빈의 폭을 미세하게 쪼갭니다(그림 2.3.3). 최종적으로는 빈의 폭은 무한히 작게 되고, 각 빈의 높이를 연결하면 함수를 얻을 수 있습니다. 이것이 확률밀도함수입니다.

연속형 변수의 경우 값을 하나 지정하면, 확률변수의 값으로 그것이 얻어질 확률은 0이 된다고 설명했지만 이번에는 범위로 지정해봅시다. 예를 들어서 몸무게가 50.0~50.1kg의 구간에 포함될 확률을 구해봅시다. 상대도수 히스토그램에서 각 빈의 높이는 각 구간에 관측값이 포함될 비율이었습니다. 따라서 지정한 구간에 있는 빈의 높이를 전부 더하면 그 구간에 데이터가 포함될 비율이 구해집니다.

---

[5] 실제로는 측정의 정밀도보다 작은 값은 구별할 수 없으므로(예를 들어 100g 단위까지 밖에 표시하지 못하는 체중계에서는 100g 이하의 차이는 측정할 수 없어 같은 값으로 표시합니다), 실측된 값은 엄밀하게는 모두 이산적인 데이터라고 할 수 있습니다. 단, 이산적인 데이터라도, 인접하는 값끼리의 사이의 폭이 아주 좁다면 근사적으로 연속 데이터로 사용해도 문제없습니다.

[6] 예를 들어서, 연속된 구간에 포함된 각각의 값에 0보다 큰 확률이 할당되면, 모든 사건을 더하면 1이라는 확률의 제약에 만족하지 않게 됩니다. 또 여기서는 델타 함수 등의 특수한 경우는 제외합니다.

마찬가지로 확률밀도함수에서는 지정한 범위의 면적(=함수를 적분한 값)이 구하고 싶은 확률이 됩니다(그림 2.3.3). 면적이 확률이므로 확률밀도함수를 전체 영역에서 적분하면 반드시 1이 됩니다. 반대로 확률밀도함수의 한 점에서의 값은 확률이 아니므로 1보다 큰 값을 가질수도 있습니다. 또 확률밀도함수는 음수가 되지는 않습니다.

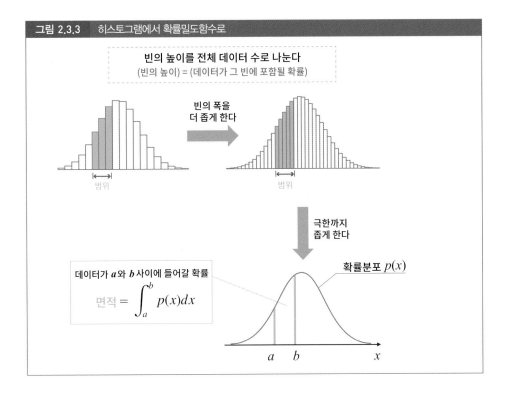

그림 2.3.3   히스토그램에서 확률밀도함수로

빈의 높이를 전체 데이터 수로 나눈다
(빈의 높이) = (데이터가 그 빈에 포함될 확률)

빈의 폭을
더 좁게 한다

범위

범위

극한까지
좁게 한다

확률분포 $p(x)$

데이터가 a와 b 사이에 들어갈 확률

$$면적 = \int_a^b p(x)dx$$

a b x

가장 중요한 확률분포 '정규분포'

확률분포 중에서 가장 많이 나오는 것이 **정규분포**(normal distribution), 일명 **가우스분포**(Gaussian distribution)입니다. 먼저 그 특징부터 살펴보겠습니다.

정규분포는 그림 2.3.4에 나타낸 식의 형태로 정의되는 확률분포입니다. 평균(μ라는 문자로 표시합니다)과 표준편차(σ라는 문자로 표시합니다)의 두 개의 값을 지정하면 형태가 결정됩니다. 이렇게 확률분포에서 함수의 형태를 결정하는 값을 **매개변수**(parameter)라고 합니다. μ는 분포의 중심 위치를 결정하는 매개변수, σ는 분포의 폭을 결정하는 매개변수입니다.

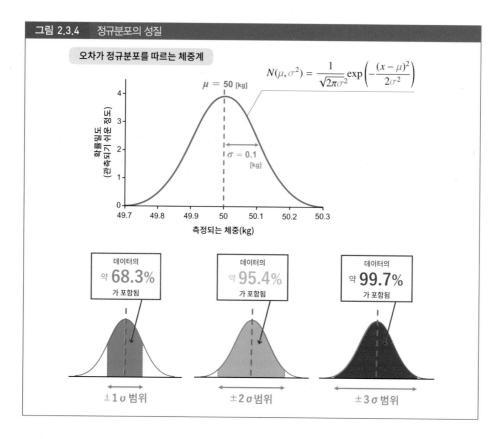

그림 2.3.4   정규분포의 성질

오차가 정규분포를 따르는 체중계

$$N(\mu, \sigma^2) = \frac{1}{\sqrt{2\pi\sigma^2}}\exp\left(-\frac{(x-\mu)^2}{2\sigma^2}\right)$$

데이터의 약 **68.3%** 가 포함됨

데이터의 약 **95.4%** 가 포함됨

데이터의 약 **99.7%** 가 포함됨

±1σ 범위   ±2σ범위   ±3σ 범위

정규분포를 이 두 개의 매개변수로 $N(\mu, \sigma^2)$과 같은 기호로 표현할 수 있습니다(σ를 제곱한 것은 분산을 표시하기 위해서입니다).

정규분포는 평균값에서 가장 값이 크고 거기서부터 완만하게 감소하며, 평균에서 표준편차(σ)의 1배까지 떨어진 범위(1σ 범위)에는 전체 데이터의 약 68.3%가, 2σ의 범위에는 전체 데이터의 약 95.4%가, 그리고 3σ 범위에는 전체 데이터의 약 99.7%가 포함됩니다. 예를 들면 20대 남성을 무작위로 선택해서 키를 측정했을 때 평균이 171cm, 표준편차가 6cm인 정규분포를 따른다고 합시다. 이 분포에 따르면 2σ의 범위는 약 159~183cm, 3σ 범위는 약 159~189cm가 되고 각각의 범위에는 약 95.4%, 99.7%의 인원이 포함됩니다.

정규분포의 큰 특징으로 극단적으로 큰 값이 '거의 나오지 않는다'라는 것을 들 수 있습니다. 예를 들어 키가 평균에서 20σ 정도 떨어진 290cm의 인간은 존재하지 않습니다[7]. 한편 일본의 평균 가구소득은 약 6천만 원, 표준편차는 약 4천만 원이지만, 평균에서 20σ 떨어진 세대 연 수입 8억 6천만 원인 사람은 (적지만) 무시할 수 없을 만큼 존재합니다. 다시 말해서 가구소득 분포는 정규분포를 따르지 않는다는 것입니다.

확률변수를 서로 더하면 나타나는 정규분포

주사위를 던져서 나온 숫자처럼 확률적으로 얻어지는 값을 확률변수라고 했습니다. 주사위를 한 번 던졌을 때 나온 숫자의 확률분포는 정규분포가 아니지만(그림 2.3.2, 그림 2.3.5 왼쪽), 주사위를 여러 번 던져서 나온 숫자들을 더하는 경우를 생각해봅시다. 10번 던져서 나온 수를 모두 더하면 10(전부 1이 나온 경우)에서 60(전부 6이 나온 경우)까지의 값 중에서 어떤 값이 얻어지며, 각 값이 얻어질 확률은 그림 2.3.5 가운데처럼 35를 중심으로 한 산 모양이 됩니다.

이 과정을 계속 반복하면 확률분포는 정규분포에 가까워집니다(그림 2.3.5 오른쪽). 이것은 주사위에 한정된 이야기가 아닙니다. 많은 경우 확률변수의 값을 더해가면 그 합의 확률분포는 정규분포에 가까워집니다. 이것을 **중심극한정리**(central limit theorem)라고 합니다[8]. 다시 말해서 여러 가지 랜덤한 요소가 서로 더해지면 자연스럽게 정규분포가 발생한다는 것입니다. 이것이 정규분포가 다양한 분야에서 등장하는 이유입니다.

한편, 랜덤한 요소의 '합'이 아니라 랜덤한 요소의 '곱'으로 값이 변해 가는 것(예를 들면, 주식이나 도박에서 건 돈이 배로 증가하는 경우)에서는 다른 타입의 분포가 등장합니다(자세한 것은 7장에서 설명합니다).

---

7 기록상 가장 키가 큰 사람은 로버트 워드로(Robert P. Wadlow, 1918~1940)로 공식적으로 272cm로 기록되어 있습니다.

8 중심극한정리는 '유한 평균(μ)과 분산(σ^2)을 가지는 확률분포에서 독립으로 가져온 n개의 확률변수의 값의 합이 따르는 분포가 $n \to \infty$ 에서 평균 $n\mu$, 분산 $n\sigma^2$ 의 정규분포에 수렴한다'라는 정리이지만 실제로는 이 조건을 만족하지 않는 확률변수의 합에서도 정규분포에 가까워지는 경우도 있습니다.

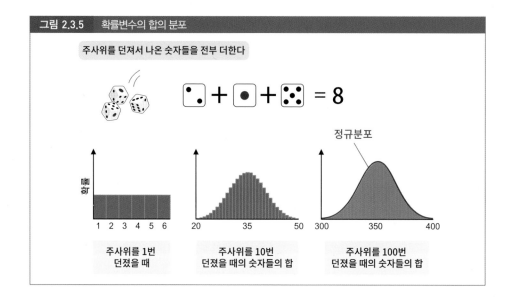

그림 2.3.5 　확률변수의 합의 분포

주사위를 던져서 나온 숫자들을 전부 더한다

⚀ + ● + ⚄ = 8

정규분포

확률

1 2 3 4 5 6
주사위를 1번
던졌을 때

20　35　50
주사위를 10번
던졌을 때의 숫자들의 합

300　350　400
주사위를 100번
던졌을 때의 숫자들의 합

경험분포와 이론분포

'수집된 데이터로 히스토그램을 그린다'라는 작업을 여러 번 언급했습니다. 이렇게 해서 얻어진 빈도분포나 확률분포를 **경험 분포**(empirical distribution)라고 합니다. 한편 정규분포처럼 수학적인 가정에서 계산된 분포를 **이론 분포**(theoretical distribution)라고 합니다.

기본적인 데이터 분석의 개념으로 데이터의 경험 분포를 이론 분포와 연관 지어서 이해하는 때도 있습니다. 둘의 차이점을 확실히 알아둡시다. 경험 분포는 관측한 데이터로부터 만들므로 반드시 삐죽삐죽한 이산적인 분포가 됩니다. 반면 이론 분포는 수학적 수식으로 정의됩니다. 확률변수가 연속적인 값을 가질 때에도 정규분포처럼 매끄러운 분포의 형태를 표현할 수 있습니다.

오차의 분포와 데이터의 분포

이 장은 '오차의 확률분포를 생각하자'라는 이야기로 시작해서 확률분포의 기초까지 설명했습니다. 설명을 위해 주사위 숫자의 분포나 키의 분포를 예로 들었지만, 이것은 '오차'의 분포가 아닙니다. 이 점에 대해서 조금 정리해둡시다.

체중의 참값이 50kg인 사람이 여러 번 체중을 측정해서 나온 결과가 정규분포로 잘 근사되었다고 합시다(그림 2.3.6 왼쪽 위). 이것은 '측정된 값 자체'의 분포입니다. 거기서 참값인 50kg을 빼고 남은 편차가 우연오차의 분포가 됩니다(그림 2.3.6 오른쪽 위)

남자 중학생 전체의 체중분포가 그림 2.3.6 왼쪽 아래의 정규분포로 잘 근사되었다고 합시다. 이 분포에서 평균값인 50kg은 어디까지나 그 전체를 대표하는 하나의 값을 의미한다는 것에 주의해주세요. 몸무게가 45kg인 사람이 관측되었다고 해서, 원래 그 사람은 50kg이어야 하는데 오차 때문에 무의미하게 5kg이나 어긋났다고 생각하지는 않습니다. 다시 말해 평균과의 차이 자체도 의미가 있고, 어떻게 분포하고 있는지도 중요한 정보가 됩니다. 확률분포에 의한 데이터의 표현에서는 값이 퍼진 모양을 표현할 뿐이며 이것이 오차에 의해 퍼져 있는지, 값의 다양함에 의미가 있는지는 구별하지 않습니다. 어느 쪽을 선택할지에 따라 그다음 다루는 방법이 달라집니다.

데이터 분석에서는 이 구별이 명시적으로 쓰여 있지 않아 혼동하기 쉬우므로 여기서 간단히 정리했습니다.

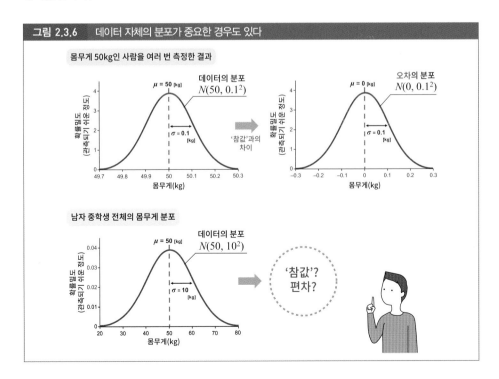

그림 2.3.6 데이터 자체의 분포가 중요한 경우도 있다

몸무게 50kg인 사람을 여러 번 측정한 결과

데이터의 분포 $N(50, 0.1^2)$
$\mu = 50$ [kg]
$\sigma = 0.1$ [kg]

'참값'과의 차이

오차의 분포 $N(0, 0.1^2)$
$\mu = 0$ [kg]
$\sigma = 0.1$ [kg]

남자 중학생 전체의 몸무게 분포

데이터의 분포 $N(50, 10^2)$
$\mu = 50$ [kg]
$\sigma = 10$ [kg]

'참값'? 편차?

2.4 우연 오차의 변동 처리

관측값의 평균값을 이용한 변동 억제

이 절에서는 두 종류의 오차인 우연오차와 편향 중 우연오차의 개념과 처리법을 간단히 소개합니다. 편향을 처리하는 방법은 3장에서 자세히 설명합니다.

우연오차에 대한 가장 기본적인 처리 방법은 관측값들의 평균을 계산하는 것입니다. 우연오차는 평균 0의 분포로 가정할 수 있습니다[9]. 여기서 편향은 무시할 수 있는 것으로 생각합니다. 계측값은 '참값에 확률분포에서 생성된 우연한 값이 오차로 더해진 것'으로 간주합니다(그림 2.4.1). 이 값들의 평균을 계산해 봅시다. 여러 번의 관측으로 얻어진 값의 평균을 **표본평균**(sample mean)이라고 합니다. 각 관측값에서 참값은 일정하고 변화하지 않으므로, 이런 평균화 조작을 하면 참값에 '우연오차의 평균'을 더한 것이 얻어집니다. 이 평균된 우연오차는 각 우연오차의 편차보다 작은 편차를 가집니다(그림 2.4.1 오른쪽 아래). 다시 말해서 여러 번 측정하고 표본평균을 구하는 과정을 1번 측정한 것으로 한다면, 참값으로부터 오차의 크기를 억제할 수 있다는 것입니다.

어떤 측정에서의 우연오차의 값이 다른 측정에서의 우연오차의 값에 영향을 미치지 않을 때 (확률변수끼리 이런 관계성을 만족할 때, 이것들은 독립이라고 합니다), n번의 측정 결과를 평균한 표본평균의 편차(표준편차)는 원래 우연오차의 편차의 $1/\sqrt{n}$ 배까지 작아집니다[10]. 따라서 측정의 횟수를 늘리면, 표본평균은 참값에 점점 가까워집니다. 이것을 **대수의 법칙**(law of large numbers)이라고 합니다.

---

9 분포의 평균값은 편향에 포함시킬 수 있으므로 항상 이렇게 설정할 수 있습니다.

10 이것은 정규분포에 한정되지 않고 유한 분산을 가지는 임의의 확률분포에서 성립합니다. 또 매번 측정결과가 독립이 아닌 경우에도 표본평균의 편차의 크기는 개별 측정결과의 편차의 크기보다 작아집니다.

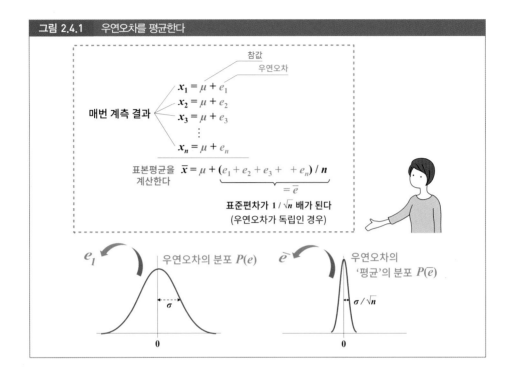

그림 2.4.1　우연오차를 평균한다

통계적으로 평가한다

충분한 횟수의 관측으로 표본평균을 구할 수 있는 경우는 괜찮지만, 현실적으로 이렇게 데이터를 준비하기 어려운 자주 경우가 있습니다(편차를 10분의 1로 억제하려면 적어도 100번은 계측해야 합니다). 여기서 이용되는 것이 통계해석을 이용한 접근입니다. 자세히는 8장에서 소개하며 여기서는 개념만 먼저 소개합니다.

통계해석을 이용한 접근에서는 데이터의 편차와 가정된 확률분포를 이용해서 여러 가지 추론을 실시합니다. 예를 들어서 새로 개발한 신약의 효과를 평가한다고 합시다. 시험 초기 단계에서는 제한된 인원의 피험자에게 투약한 결과에서 신약의 효과를 찾아야 합니다. 효과의 발현은 개인에 따라 다릅니다. 피험자 20인에게 위약(전혀 효과가 없는 약)[11]을 투여하고 다른 피험자 20명에게 신약을 투여한 결과, 위약은 10명, 신약은 13명에게 개선 효과를 보였다고

---

11 '약을 먹었다'라는 심리적인 작용으로 병세가 개선되는 경우가 있기 때문에(플라시보 효과), 정말 약의 효과가 있는지를 평가하기 위한 비교로 사용됩니다.

합시다. 신약 쪽이 효과가 있는 것처럼 보이지만, 같은 실험을 다른 피험자에게 했을 경우 다른 결과를 얻을 수도 있습니다(예를 들어 위약은 11명, 신약은 10명에게 개선 효과를 보일지도 모릅니다). 통계해석에서는 이 편차의 배후에 있는 확률분포를 가정함으로써 결과의 차이가 우연히 생긴 것인지, 아니면 우연으로는 설명이 안 되는 본질적인 차이가 있는 것인지를 확률적으로 평가할 수 있습니다.

관측수를 늘리는 효과

앞의 치료 시험의 예에서는 약에 효과가 있는지를 잘 모르겠다고 하는 사람이 많지 않을까요. 이번에는 같은 실험을 각각 20,000명의 피험자에게 했다고 합시다. 이 실험에서 약의 효과를 본 사람은 위약 10,000명, 신약 13,000명이었습니다. 신약 쪽이 위약보다 1.3배의 효과가 보이는 것은 변함없지만, 이번에는 '양쪽에 차이가 없지만, 우연히 이런 차이가 생겼다'라고 생각하지는 않습니다. 아마도 같은 실험을 또 한 번 해도 각 그룹에서 효과를 보이는 피험자의 비율이 크게 바뀌지 않을 것입니다. 이것은 데이터의 수를 늘림으로써 비율의 편차가 작아지기 때문입니다.

편차가 작은 지표에 주목한다

지금까지 살펴본 것처럼 편차가 작은 쪽이 데이터로 다루기 쉬우며, 이것은 데이터 분석에서 어떤 양에 주목하면 좋을지를 생각할 때 중요한 관점입니다. 메이저리그에서는 세이버메트릭스라고 부르는 통계 방법으로 선수의 능력을 정량적으로 평가하는 기술이 발전하고 있습니다. 예를 들어서 투수의 승리 수는 일반적으로는 중요시되는 지표지만 선수의 능력은 잘 반영하지 않는다고 알려져 있습니다. 이것은 같은 피칭 능력을 보여도 그날 승패는 다른 요인에 크게 영향을 받는다는 것(상대 투수가 에이스여서 우리 편이 득점하기 어려웠다, 야수가 실책을 계속했다 등), 또 한 시즌에서 선발투수로서의 등판 횟수는 많아도 30 시합 정도이므로 전체 승리 수로 봐도 편차가 커지기 때문입니다. 반면에 예를 들어 탈삼진 수(삼진을 잡은 수)는 그 선수의 실력을 직접 반영하기 쉽고 전체 숫자도 많으므로 신뢰할 수 있는 지표로 이용됩니다.

이렇게 가능한 한 다른 요인에 영향을 받지 않으면서 편차가 적은 지표에 주목하고 그렇지 않은 지표는 가능한 피하는 것이 정확도 높은 분석으로 연결됩니다.

2장 정리
▪ 오차는 크게 우연오차와 편향으로 나눌 수 있다.
▪ 우연오차의 편차를 평가하는 데 확률분포를 이용한다.
▪ 우연한 요소의 합은 정규분포를 따르는 경우가 많다.
▪ 우연오차의 편차는 평균화와 통계해석으로 대처한다.

데이터에 포함된 편향

데이터에는 단순한 평균화로는 제거할 수 없는 오차인 '편향'이 포함되어 있다고 설명했습니다. 편향에는 여러 종류가 있습니다. 이 장에서는 편향의 발생원인을 크게 4가지로 나눠 설명합니다. 각각의 기준으로 데이터에 편향이 포함되어 있지 않은지를 평가함으로써 수준 높은 데이터 분석이 가능해집니다.

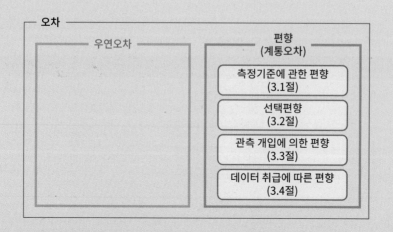

3.1 측정기준에 관한 편향

일관된 측정기준

일기예보에서 오늘 최고기온이 35도라고 말했을 때 우리는 그것이 얼마나 더운 상황을 나타내는지 상상할 수 있습니다. 이것은 당연하지만, 과거에 측정된 '35도'가 현재에도 일관되게 물리학적으로 같은 것을 나타내고 있기 때문입니다. 하지만 분석 대상의 데이터가 일관된 기준으로 측정되지 않는 경우가 있습니다. 기준 자체가 일정하지 않은 예도 있고, 겉보기에는 기준이 일정하지만 사실상 동일한 것을 동일하게 측정하지 않은 예도 있습니다.

여기서는 이런 예를 소개합니다.

일정한 기준의 어려움

사물에서 데이터를 수집할 때 정보가 누락되는 것을 피할 수 없는 경우나, 누락을 처리하려면 데이터 수집자·분석가의 자의적인 데이터 가공이 필요한 경우가 있습니다. 예를 들면 일본 변호사연합회가 발행하는 《변호사 백서 2019년 판》에 있는 일본과 외국 변호사 수를 비교한 것을 살펴봅시다(그림 3.1.1).

이 예에서는 인구의 영향을 고려해서 전체 변호사 수가 아닌 변호사 한 사람당 국민이 몇 명 있는지(=인구당 변호사 수의 역수)라는 수치가 보고되고 있습니다. 그런데 이것을 보면 일본의 변호사 수가 두드러지게 적다(=변호사 1인당 국민 수가 많다)라는 인상을 받게 됩니다. 그러나 사실은 '변호사'라고 해도 같은 것을 가리키고 있지 않은 것이 영향을 주고 있습니다. 외국에서는 일반적으로 '변호사'의 정의에 변호사, 세무사, 법무사, 사법서사, 행정서사와 같은 직업을 포함하기 때문에 이것들을 포함하지 않는 일본의 변호사 수와는 큰 괴리가 생기는 것입니다. 실제, 일본의 변호사 수에도 이 직업들을 포함하면 변호사 1인당 국민 수는 629명으로 다른 나라와 동등한 수준의 값이 됩니다.

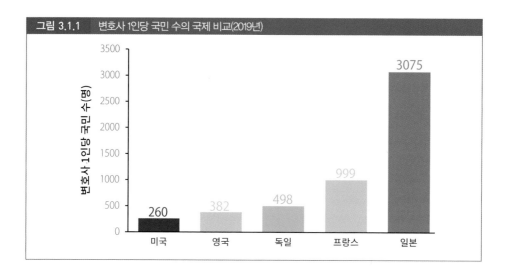

그림 3.1.1 변호사 1인당 국민 수의 국제 비교(2019년)

이렇게 언뜻 봐서는 애매함의 여지가 없는 측정기준을 사용하더라도 같은 것이 측정되지 않는 일이 종종 발생합니다. 특히 제도가 다른 나라와의 국제비교 등에서 주의해야 합니다. 스스로 데이터를 수집하는 경우는 이런 기준의 일관성이 유지되지 않는 것을 깨닫기는 쉽지만, 다른 사람의 손으로 정리된 데이터에서는 대단히 놓치기 쉽습니다. 항상 측정기준을 확인하는 습관을 들여야 합니다.

시간적으로 변하는 기준

'측정되고 있는 것'과 '측정하고 싶은 것'이 서로 동떨어진 채로 시간적으로 변화하는 경우도 있습니다. 예를 들어서 미국의 자폐증[1] 환자 수가 어떻게 변하는지를 조사하려고 합니다. 그림 3.1.2는 미국교육통계센터(National Center for Education Statistics)의 '교육통계적요'에 보고된 자폐아의 비율의 추이를 보여줍니다. 이 그림을 보면 명백하게 상승 경향이 보입니다. 자폐아의 비율은 이렇게 점점 증가하고 있는 것일까요?

---

1 이런 발달장애는 명확한 기준으로 진단하기는 어려워서 최근에는 아스퍼거 증후군 등을 포함한 보다 넓은 개념인 자폐증 스펙트럼(사람에 의해 증상이 다르다)의 일종으로 파악되고 있습니다. 따라서 진단기준 자체도 시대에 따라 변화하고 있다고 생각할 수 있습니다.

실제로 '근대화에 따른 식생활이나 생활 스타일의 변화가 자폐 아동증가의 원인이 되고 있다' 라는 억측도 수없이 많이 미디어를 들썩였습니다. 그러나 실제로는 아래와 같은 일이 일어나고 있었습니다.

원래 자폐증이라는 병이 주목받기 전에는 이 병에 대한 일반사회의 이해가 거의 없는 상태였습니다. ADHD(주의력 결핍, 과잉행동장애)나 아스퍼거 증후군이라는 발달장애도 많은 사람에게 알려진 것은 비교적 최근의 일입니다. 병의 인지도가 올라가면서 지금까지 간과되고 있던 사람들도 진단을 받게 되고, 또 이것을 지원하는 사회적인 환경도 갖추어집니다. 결과적으로 실제 자폐아동의 비율은 별로 변화하고 있지 않음에도 불구하고 이런 증가 추세가 나타난 것입니다.

이렇게 측정되고 있는 것 자체는 같아도 그 수치가 의미하는 내용이 시시각각 변하는 경우는 자주 있습니다. 적절한 보정이 가능한 경우는 보정한 후에 분석을 진행합니다. 예를 들어서 예전과 지금의 초봉을 비교할 때에는 물가지수 등을 사용해서 인플레이션의 효과를 보정하면 어느 정도 공정한 비교를 할 수 있다는 것입니다.

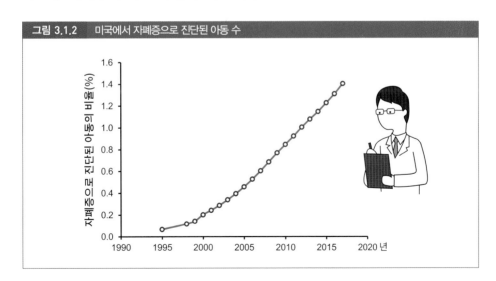

그림 3.1.2   미국에서 자폐증으로 진단된 아동 수

3.2 선택편향

'데이터가 수집되고 있다'라는 의미

조사하고 싶은 대상으로부터 원하는 만큼 데이터를 관측할 수 있으면 좋지만, 현실은 한정된 데이터로부터 결론을 도출해야 하는 경우가 자주 있습니다. 이 절에서는 '수집한 데이터'에 포함된 여러 가지 편향을 설명합니다. 이것들을 종합해서 **선택편향**(selection bias)이라고 합니다. 전체 데이터에서 일부 데이터만 선택함으로써 발생하는 편향이라는 의미입니다.

유명한 예를 하나 소개합니다. 제2차 세계대전 중 통계학자 아브라함 왈드(Abraham Wald, 1902~1950)는 귀환한 폭격기들의 손상 흔적의 분포를 분석했습니다(그림 3.2.1). 미군의 분석에서는 공격을 많이 받은 부분을 보강해야 한다는 결론이 도출되었습니다. 하지만 왈드는 오히려 손상이 적은 곳을 보강해야 한다고 주장했습니다. 이유는 다음과 같습니다. 얻어진 데이터는 공격을 받아도 귀환한 기체에 한정되어 있습니다. 다시 말해서 공격을 받고 추락한 기체는 데이터에 포함되어 있지 않다는 것입니다.

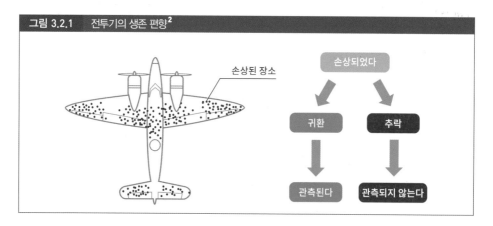

그림 3.2.1 전투기의 생존 편향[2]

데이터에서 손상이 거의 보이지 않는 곳은 그곳이 공격을 받으면 추락해서 돌아오지 못했다는 것을 의미하므로 오히려 그쪽을 보강해야 한다는 것입니다.

---

2 그림은 가상 데이터입니다.

이렇게 살아남은 쪽밖에 관측되지 않는 편향을 선택편향 중에서 **생존자 편향**(survivorship bias)이라고 합니다. 관측할 수 있는 데이터가 이렇게 치우치는 것은 매우 자주 일어납니다.

여러가지 선택편향

데이터 관측에서는 생존자 편향 이외에도 여러 가지 선택편향이 발생합니다. 대학에서 사람을 대상으로 실험을 하는 경우에 종종 학생들을 피험자로 모집하는 경우가 있지만, 문제에 따라서는 얻어진 결과가 일반인과 맞지 않는 경우가 발생합니다. 이렇게 표본추출에 의해 데이터에 편중이 생기는 것을 **표본 편향**(sampling bias)이라고 합니다.

그러면 학생이 아니고 일반인으로부터 피험자를 모집했다고 합시다. 이때 응모한 사람들은 실험 참가에 의욕이 높거나 실험내용에 관심이 있기 때문에 이것도 치우친 표본이 되어 버릴 가능성을 생각할 수 있습니다. 이것을 **자발적 참여자 편향**(volunteer bias)이라고 합니다.

표본 편향을 줄이기 위한 방법은 5장에서 설명합니다. 데이터를 관측할 때 조심하지 않으면 데이터에는 항상 편향이 포함된다고 생각하는 것이 좋습니다. 예를 들어 비즈니스 분야에서는 확보하고 싶은 잠재고객의 데이터는 손에 넣기 어렵지만 이미 자사 제품이나 서비스를 구입한 고객의 데이터는 비교적 손에 넣기 쉽습니다. 그러나 기존 고객과 타깃이 되는 잠재고객은 관심이나 요구가 다를지도 모릅니다. 그렇기 때문에 가지고 있는 데이터만으로 어떤 추론을 해도 그것을 그대로 적용할 수 있다고는 할 수 없습니다.

우연

데이터 분석이나 통계조사는 대부분의 경우 어떤 가설을 가지고 진행됩니다. 여기서 말하는 가설은 예를 들면 '신약이 충분한 효과가 있다', '어떤 생활습관은 건강에 영향을 미친다', '어떤 이론이 옳다는 것을 나타내는 결과가 나왔다'와 같은 것을 말합니다. 문제가 되는 것은 만약 가설에 맞는 결과가 얻어지지 않는 경우에 그 결과는 보고되지 않는다는 것입니다. 반대로 가설이 틀려도 표본추출의 문제나 데이터의 우연오차 때문에 '우연히' 가설에 맞는 결과가 나와버리는 경우 그것은 보고됩니다. 이런 식으로 공개되고 있는 데이터에는 보고된다는 과정을 거치는 것만으로 선택편향이 생깁니다. 이 출판 편향(publication bias)이라고 부르는 데이터의 치우침(및 거기서 도출된 잘못된 결론)은 최근 학술계에서도 문제가 되고 있습니다. 가설에 맞지 않는 데이터는 공개되지 않는 이런 상황(많은 학술잡지나 미디어의 조사 등)에서는 이런 식으로 치우친 데이터가 공개되고 있을 가능성을 마음에 새겨 둡시다. 반대로 가설 없이 진행된 통계조사와 같은 데이터는 일반적으로 이런 문제가 발생하지 않습니다.

> **Supplementary Information: 선택편향 사례**
>
> - 조사에 따르는 탈락 편향: 장기간에 걸친 조사에서 피험자가 도중에 탈락하는(건강 상태나 경제 상황의 악화, 동기 상실 등) 경우, 끝까지 남은 피험자는 최초에 설정한 피험자 전체에서 보면 편향된 경우가 있다.
>
> - 성공의 비결: 비즈니스의 명저인 《좋은 기업을 넘어 위대한 기업으로(Good to Great)》, 《초우량 기업의 조건(In Search of Excellence)》에서는 성공하고 있는 기업의 공통점을 논하고 있다. 그러나 소개된 기업의 대부분은 그 이후에 시장의 평균을 밑도는 성장밖에 하지 못했다. 한때 우연히 잘되고 있는 기업을 선택해서 공통점을 조사해도 거기에 본질은 없을지도 모른다.
>
> - 전화 조사의 정부 지지율 조사: 신문사가 여론 조사를 할 때, 데이터는 전화 조사에 응한 사람밖에 얻을 수 없다. 'ㅇㅇ신문의 조사입니다…'이라고 전화로 말할 때 조사에 응하는 사람은 그 신문사의 입장에 공감하고 있을 비율이 비교적 높아서 정부 지지율의 조사 등에서는 그것이 결과에 영향을 미친다고 알려져 있다.

3.3 관측 개입에 의한 편향

'질문'은 어렵다

인간을 대상으로 하는 데이터 분석에서는 심리학적인 효과에 의해 알고 싶은 정보가 데이터로 잘 측정되지 않는 경우가 자주 있습니다. 측정이나 실험을 하는 것 자체가 대상에 영향을 주기 때문입니다. 이 절에서는 이런 편향에 대해서 설명합니다.

질문지(설문지)에 응답을 받는 형태로 사람들의 생각을 데이터로 수집하는 것을 생각해봅시다. 예를 들어서 아래와 같은 질문을 했다고 합시다. (골라보세요)

질문 : 당신이 직장을 선택할 때 가장 중요하게 여기는 항목은 무엇입니까?

1. 급여   2. 일하기 좋은 환경인가   3. 사회적 평판   4. 기타

그리고 질문은 동일하지만 선택지를 아래와 같이 늘리면 어떻게 될까요? (이쪽도 선택해보세요)

질문 : 당신이 직장을 선택할 때 가장 중요하게 여기는 항목은 무엇입니까?

1. 급여   2. 야근이 적음   3. 전근 유무   4. 직장 분위기   5. 연차 사용이 쉬운가
6. 내가 성장할 수 있는 환경인가   7. 사회적 평판   8. 기타

여기서는 두 가지를 변경했습니다. 하나는 첫 번째 선택지에 없었던 '6. 내가 성장할 수 있는 환경인가'를 두 번째 선택지에 추가한 것이고 또 하나는 첫 번째 질문에서 '2. 일하기 좋은 환경인가' 라고 한 선택지를 좀 더 세세하게 선택지 2~5으로 바꾼 것입니다.

두 번째 질문에서 '6. 내가 성장할 수 있는 환경인가'를 선택한 사람 중에 첫 번째 질문의 '4. 기타'를 선택한 사람은 많지 않을 것입니다. 이렇게 '기타'라는 선택지는 선택하기 껄끄럽기 때문에 존재하는 선택지 중에서 선택해버리는 심리학적인 효과가 존재하는 것이 알려져 있습니다.

또, 첫 번째 질문에서 '2. 일하기 좋은 환경인가'를 선택한 사람의 비율과 두 번째 질문에서 2~5의 선택지 중 하나를 선택한 사람의 비율은 거의 동일할 것으로 기대되지만 실제로는 후자가 많습니다. 하나의 선택지로 '일하기 좋은 환경인가'로 합쳐버리는 것보다 같은 내용을 여러 개의 선택지로 나누는 쪽이 판단할 때 존재감이 높아지기 때문입니다.

이렇게 응답자의 선택은 선택지의 설정 방법에 크게 영향을 받으며 질문이 주는 인상에 따라 변합니다. 특히 주의할 것은 비슷한 설문조사의 결과를 비교할 때입니다. 예를 들어 어떤 집단에 첫 번째 설문을 하고, 다른 집단에 두 번째 설문을 한 결과를 비교할 때 두 번째 설문의 선택지 6과 첫 번째 설문의 '4. 기타' 그리고 두 번째 설문의 2~5와 첫 번째 설문의 '2. 일하기 좋은 환경인가'를 함께 비교하는 것을 생각할 수 있지만, 위에서 설명한 효과를 모르면 잘못된 결론을 내릴 수 있습니다.

Supplementary Information: 응답을 왜곡하는 심리학적 효과의 예

- 묵인 응답 경향: '예/아니오'로 대답할 수 있는 질문에서는 긍정적인 선택지를 대답하기 쉽다.

- 중심화 경향: '☞전혀 동의하지 않는다 ☞별로 동의하지 않는다 ☞뭐라고 말할 수 없다 ☞조금 동의한다 ☞매우 동의한다' 중에서 하나를 고르는 질문은 가운데 선택지인 '뭐라고 말할 수 없다'가 선택되기 쉽다.

- 캐리오버 효과: 이전 질문의 대답이 다음 질문의 대답에 영향을 미친다.

- 답을 유도하는 질문: '최근 데이터 분석의 수요가 높아지고 있는데 당신 회사에서는 데이터 활용에 어느 정도 관심이 있습니까'와 같이 질문 앞부분의 필요 없는 정보가 응답에 영향을 미친다.

신뢰할 수 없는 대답

질문에 대답하는 사람이 꺼림칙하다고 생각하고 있는 사항은 정확한 데이터를 얻을 수 없는 경우도 있습니다. 예를 들어서 '부정에 관여한 경험이 있습니까'라는 질문에 정말 부정에 관여한 경우가 있더라도 '아니오'라고 답해버리는 사람이 많습니다. 이렇게 되면 실제로 부정에 관여한 사람의 수보다도 적은 인원이 데이터로 얻어져 버립니다.

이런 문제에 대한 기본적인 해결방법은 익명성을 확보해서 응답자의 심리적인 부담을 줄이는 것입니다. 여기서 사용되는 재미있는 방법으로 확률화응답기법(randomized response technique)이라는 것이 있습니다(그림 3.3.1). 위처럼 '예/아니오'로 답할 수 있는 질문을 생각해 봅시다. 응답자는 다른 사람에게 보이지 않게 동전을 던지고 앞면이 나오면 항상 '예'를 응답하고, 뒷면이 나오면 '예/아니오' 중에서 정직하게 응답하게 합니다. 이렇게 하면 응답자의 약 절반은 '예'로 응답하게 되고 동전으로 뒷면이 나온 응답자도 솔직하게 대답하기 쉬워집니다. 집계된 데이터에는 동전의 뒷면이 나와 솔직하게 응답한 사람 중에 '예'를 선택한 사람이 없는 경우 '예'와 '아니오'가 50% 씩 될 것입니다. 한편 솔직하게 '예'라고 대답한 사람이 일정 비율 존재한다면 그만큼 비율이 50%에서 벗어나므로 실제 비율을 추정할 수 있습니다. 물론 동전을 던져서 앞면이 나올 비율은 편차가 있기 때문에 이 방법은 응답자의 수가 많지 않으면 사용하기 어려운 약점이 있습니다.

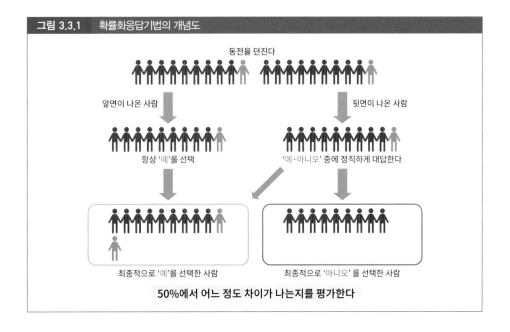

그림 3.3.1　확률화응답기법의 개념도

동전을 던진다

앞면이 나온 사람　　뒷면이 나온 사람

항상 '예'를 선택　　'예·아니오' 중에 정직하게 대답한다

최종적으로 '예'를 선택한 사람　　최종적으로 '아니오'를 선택한 사람

50%에서 어느 정도 차이가 나는지를 평가한다

나중에 이유 붙이기

대답하기 어려운 질문이 아니더라도 정확하게 응답자의 정보를 얻을 수 있다고 할 수는 없습니다. 인간에게는 무의식중에 무엇인가에 대해 해석하거나 자신의 행동에 이유를 붙이는 성질이 있습니다.

한 가지 재미있는 심리학 실험을 소개합니다[3]. 쇼핑센터를 방문한 손님들에게 1m 정도의 간격을 두고 진열된 4개의 스타킹 중에서 가장 품질이 좋다고 생각되는 것을 하나 고르게 하고 선택한 이유를 물어보는 것입니다. 사실 준비된 스타킹 4개는 전부 같은 것입니다. 이 결과 나열된 순서가 나중의 것일수록 높은 확률로 선택되었습니다 (순서대로 12%, 17%, 31%, 40%). 명백하게 나열된 순서가 개인의 선택에 영향을 주고 있다고 생각되지만, 그것을 눈치 챈 손님은 없었습니다. 오히려 손님들은 그 자리에서 품질에 관한 것('신축성이 좋다' 등)을 선택한 이유로 대답했습니다.

이처럼 인간은 무의식적인 요인에 의해 자신의 선택이 영향을 받을 뿐 아니라 자신이 행한 행동에 대해서 간단히 잘못된 이유를 붙여버립니다.

관측에 따른 개입의 영향

데이터를 수집하려면 질문이나 관찰, 실험을 해야 하지만, 그러한 활동 자체가 대상에게 영향을 끼치기도 합니다. 이미 소개한 나중에 이유 붙이기나 신약 임상시험에서의 플라시보 효과 (약을 먹었다는 것을 자체가 가져오는 플러스 효과)도 여기에 포함됩니다.

다른 유명한 예로 호손 효과라는 것이 있습니다. 미국 호손 공장에서 노동자의 생산성을 높이려고 노동환경을 조사하는 실험을 했습니다. 이 실험 결과 세세한 노동환경의 변화보다 실험자나 상사 등으로부터 관심을 받고 있다는 것 자체가 노동자들에게 동기부여가 되어 작업효율이 오른다는 것을 알았습니다.

이렇게 인간은 조사나 실험에 참가하고 있다고 하는 평상시와는 다른 상황에 반응을 나타내는 경우가 있기 때문에 그 효과를 고려해서 분석해야 하는 경우도 있습니다.

---

3 T. D. Wilson, R. E,Nisbett, Soc. Psychol, 41:118–131(1978).

3.4 데이터 취급에 따른 편향

데이터를 왜곡시키는 동기

이 절에서는 데이터를 다루는 사람이 의도적 또는 무의식적으로 데이터를 왜곡함으로써 발생하는 편향을 설명합니다. 먼저 데이터의 이해관계자에 의한 의도적인 행위부터 살펴봅시다.

범죄나 불상사의 데이터 건수를 생각해봅시다. 이런 통계 데이터에는 일반적으로 '건수가 적으면 적을수록 좋다', '매년 삭감목표가 결정되어 있다'와 같은 조건이 붙어있습니다. 이런 경우 기본적으로 건수를 줄이려 하므로 현장의 담당자가 범죄나 불상사를 발견해도 못 본 척하는(혹은 발견하지 못하게 하는) 동기가 작동합니다.

일반적으로 목표가 정해져 있고 본인의 재량으로 간단히 (바람직한 방향으로) 제어할 수 있는 수치는 이런 부정에 의해 데이터가 부정확하게 되는 경우가 있습니다. 예를 들어 기업에서 매월 판매 할당량이 부과되고 있는 경우 할당량을 크게 넘길 것 같은 달은 그 거래의 일부를 일부러 다음 달로 넘겨서 이번 달의 매상을 줄이는 것도 여기에 포함됩니다.

또 이런 조작이 심해져서 데이터의 숫자 그 자체를 사실과 다른 값으로 바꿔버리는 것을 **위조**(falsification)라고 합니다.

유리한 데이터만 수집

다음으로 데이터를 분석하고 이용하는 사람에 의해서 발생하는 편향을 설명합니다. 자신의 가설이나 조직의 결정을 정당화하려고 유리한 데이터나 사건만을 수집하는 것을 **체리 피킹**(cherry picking)이라고 합니다. 이것은 미디어 보도나 여러 조직에서 일상적으로 일어나고 있으며 잘못된 결론의 원인이 됩니다. 공개된 통계나 리포트에 포함된 데이터는 어떤 방침에 따라 수집된 것일지도 모른다는 점을 잊지 않는 것이 중요합니다.

또 이런 유리한 데이터의 선택은 무의식적으로도 일어납니다. 인간은 자신의 가설이나 신념에 맞는 정보만 모으고 그것과 모순되는 정보를 무시하거나 모으려 하지 않는 심리적인 경향이 있습니다. 이것을 **확증 편향**(confirmation bias)이라고 합니다. 확증 편향은 데이터를 수집할 때뿐만이 아니라 데이터 분석, 해석의 단계에서도 결과의 해석을 왜곡시킵니다. 완전히 제거하는 것은 쉽지 않지만 이것을 항상 머릿속에 넣어두는 것이 중립적인 시각을 유지하는 데 도움이 됩니다(이 점에 대해서는 12.2절에서 자세히 설명합니다).

인위적인 실수

마지막으로 소개하는 것은 인위적인 실수입니다. 단순히 실수라고는 하지만 데이터 분석을 하다 보면 상당한 빈도로 만나게 됩니다.

인위적인 실수에는 단순한 엑셀의 수치 입력 오타부터, 단위를 잘못 읽거나, 분석 코드의 버그, 바로 알아 챌 수 없는 수학적으로 잘못된 조작 등 다양한 것이 있습니다. 수집한 데이터에는 이런 오류가 포함되어 있을지도 모른다고 항상 의심하는 것이 중요합니다. 무엇인가 이상하다고 생각된다면 그냥 넘기지 말고 반드시 무슨 일이 일어났는지 확인합시다.

또 자신이 수행한 데이터의 입력, 가공 · 변환에서도 실수가 발생기 쉬우며, 이것을 방지하기 위한 데이터를 다루는 방법은 6장에서 소개합니다.

Supplementary Information: 단순한 실수라도 큰 영향을 주는 예

- 단위 오류: 화성 기후 궤도선(Mars Climate Orbiter)은 계산에 사용할 데이터를 미터법 단위로 준비해야 했지만, 야드 · 파운드법으로 기술된 데이터를 변환하지 않고 사용한 결과, 잘못된 궤도로 들어가 제어 불능이 되었다.

- 입력 오류: 미국 국민의 재산 중 부유층이 가진 비율이 한때 급상승한 것이 화제가 되었지만 이것은 어떤 개인의 자산을 '2백만 달러'라고 입력할 것을 잘못해서 '2억 달러'로 입력했기 때문이다.

3장 정리

- 네 가지 중요한 편향으로 측정기준에 관한 편향, 선택편향, 관측 개입에 의한 편향, 데이터 취급에 따른 편향이 있다.

- 언뜻 봐서 일정하게 보이는 측정기준도 사실상 일정하지 않은 경우가 있다.

- 수집된 데이터에 편향이 포함되는 경우가 있다.

- 데이터 관측 과정이 대상에 영향을 주는 경우가 있다.

- 데이터를 취급하는 사람은 다양한 레벨로 데이터를 왜곡하는 일이 있다

중첩요인과 인과관계

체중 측정에서는 어떤 사람의 특징을 체중이라는 수치로 설명했습니다. 이것은 체중이라는 변수(variable)를 준비한 것이 됩니다. 인간의 신체의 특징을 설명하는 것은 그 외에도 키, 체지방률 등 여러 가지 요인이 있습니다. 이런 여러 개의 양을 변수로 가지는 데이터에서 변수 간의 관계성을 조사하는 것은 데이터 분석의 가장 중요한 부분이라고 말할 수 있습니다. 그러나 현실에는 변수들이 복잡하게 얽혀있습니다. 이 장에서는 변수 간의 관계성이나 거기에서 인과관계가 어떻게 추측되는지, 또 서로 얽힌 변수들 간의 복잡한 관계를 어떻게 처리하는지를 설명합니다.

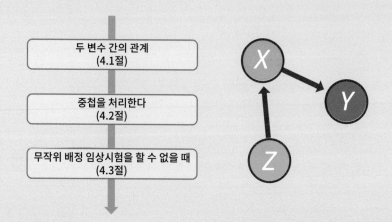

4.1 두 변수 간의 관계

변수의 상관관계

어떤 학교 학생 100명의 수학 점수와 물리 점수가 그림 4.1.1 왼쪽과 같습니다. 수학 성적이 좋은 학생은 물리 성적도 좋고, 반대로도 같은 경향이 보입니다. 다시 말해서 수학 성적과 물리 성적 사이에는 어떤 관계가 있다고 추측됩니다.

이 관계의 크기를 정량화한 것이 **상관계수**(correlation coefficient)입니다. 이 크기는 데이터의 두 개의 변수를 사용해서 계산하며 −1에서 1 사이의 값을 가집니다. 상관계수가 양수라면 한쪽 변수가 증가할 때 다른 쪽 변수도 증가한다는 것을 의미하고 두 변수 사이에는 '**양의 상관관계가 있다**'라고 합니다. 반대로 상관계수가 음수라면 한쪽이 증가할 때 다른 한쪽이 감소한다는 것을 의미하고 '**음의 상관관계가 있다**'라고 합니다.

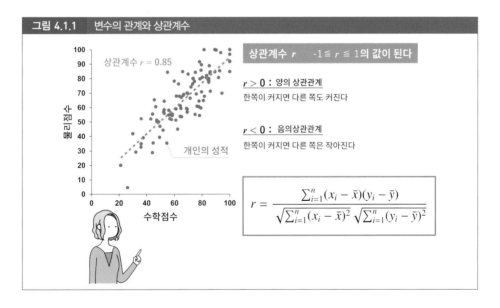

그림 4.1.1 변수의 관계와 상관계수

상관계수 $r = 0.85$

물리점수

개인의 성적

수학점수

상관계수 r $-1 \leqq r \leqq 1$의 값이 된다

$r > 0$: 양의 상관관계
한쪽이 커지면 다른 쪽도 커진다

$r < 0$: 음의상관관계
한쪽이 커지면 다른 쪽은 작아진다

$$r = \frac{\sum_{i=1}^{n}(x_i - \bar{x})(y_i - \bar{y})}{\sqrt{\sum_{i=1}^{n}(x_i - \bar{x})^2}\sqrt{\sum_{i=1}^{n}(y_i - \bar{y})^2}}$$

일반적으로 값의 절댓값이 클수록(다시 말해서 값이 음수라면 −1, 양수라면 1에 가까울수록) 강한 상관관계가 있다는 것을 의미합니다(예외적인 상황도 있습니다. 자세한 것은 7장에서 소개합니다). 일반적으로 아무 변수나 두 개를 가져와서 상관계수를 계산하면 양의 상관관계

도 음의 상관관계도 인정되지 않습니다. 그래서 상관계수의 절댓값이 클 때에는 이 변수들의 사이에 어떤 관계가 있다는 것을 나타내는 힌트가 되는 경우가 있습니다.

변수 간의 인과관계란

어떤 사건이 다른 사건에 영향을 미치고 있을 때 '그 두 사건 사이에 인과관계가 있다'라고 합니다. 예를 들어서 약을 먹으면 병이 치료되고, 공부를 하면 시험에서 좋은 성적을 받고, 운동을 하면 근육이 증가하는 것과 같은 상황에 해당합니다. 이런 '원인과 결과의 관계성'을 밝히는 것은 대부분의 데이터 분석의 목적이 됩니다. 그러나 데이터만으로 이런 인과관계를 결론 짓는 것은 매우 어렵습니다. 그 이유와 처리 방법을 설명합니다.

상관관계와 인과관계

변수 간에 강한 인과관계가 있는 경우는 일반적으로 변수 간의 상관관계로 나타납니다. 그러나 반대로 상관관계가 있다고 해서 그것은 인과관계를 의미하지 않습니다. 시험공부에 들인 시간이 수학 점수에 어떻게 영향을 미치는지를 생각해봅시다(그림 4.1.2). 이 예에서 1시간 공부를 할 때마다 평균 3점 증가한다라는 인과관계가 존재한다고 합시다(이런 데이터를 가상적으로 만들었습니다[1]). '공부한 시간이 늘어날수록 시험성적이 좋아진다'이므로 공부한 시간과 시험 성적의 사이에는 상관관계가 인정됩니다(그림 4.1.2 왼쪽).

1 　다른 요인에 의한 효과('학생별 머리가 좋음' 등)은 생각하지 않습니다.

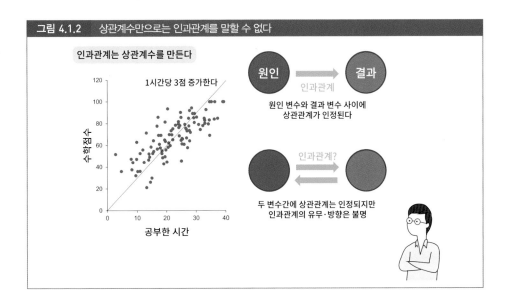

다음으로, 8월 한 달간 어떤 지역의 일일 아이스크림의 매출과, 그날에 발생한 온열질환자[2] 수를 그린 그래프를 살펴봅시다[3](그림 4.1.3). 여기에도 양의 상관관계가 보이지만 아이스크림 판매량이 늘어나면 온열질환자 수도 증가한다는 인과관계가 있을까요? 만약 그렇다면 온열질환자 수를 줄이기 위해 아이스크림 판매를 규제해야 한다고 주장하는 사람이 생길 수도 있습니다.

그러나 실제로는 여기에 포함되지 않은 변수인 '기온'이 아이스크림 판매량과 온열질환자 양쪽의 원인이 됩니다. 이렇게 분석에 포함되지 않은 변수의 영향으로 겉으로만 보이는 인과관계가 생기기도 합니다[4].

---

2 (엮은이) 온열질환은 환자의 상태가 열에 의한 것임이 확인된 사례로 열사병, 일사병, 열실신 또는 열경련의 범주에 해당하는 사례를 뜻합니다.
3 가공 데이터입니다
4 허위상관이라고도 하지만 상관관계자체는 '허위'가 아니고 실제로 존재합니다

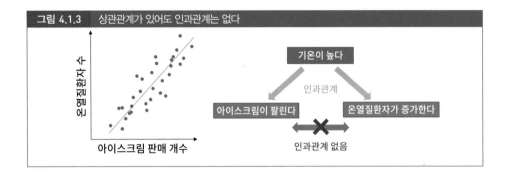

그림 4.1.3 　상관관계가 있어도 인과관계는 없다

마지막으로 예시를 하나 더 소개하겠습니다. 그림 4.1.4는 미국의 수학 박사 취득자 추이와 원자력 발전소의 우라늄 저장량의 추이를 보여줍니다[5]. 당연히 이 두 변수 사이에는 어떤 관계성도 없습니다. 그러나 두 변수 사이에는 $\gamma=0.95$라는 강한 양의 상관관계가 있습니다.

결론부터 말하면 이것은 완전히 우연에 의한 것입니다. 여러 데이터의 관계성을 조사해보면 우연히 비슷하게 움직이는 변수 쌍이 발견되는 경우가 있습니다. 이런 경우, 가지고 있는 데이터에서는 같은 움직임을 하더라도 새로운 데이터를 수집했을 때 상관관계가 없을 수도 있습니다.

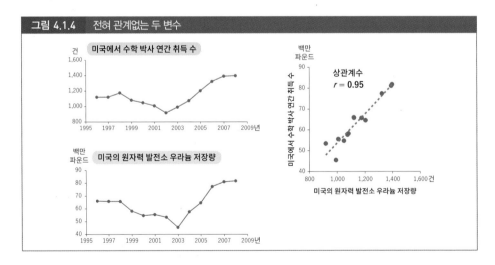

그림 4.1.4 　전혀 관계없는 두 변수

5　타일러 비겐(Tyler Vigen)이 운영하는 웹사이트 "spurious correlations"(https://tylervigen.com/spurious-correlations)에는 이렇게 인과관계는 존재하지 않음에도 불구하고 높은 상관관계를 나타내는 데이터를 소개하고 있습니다.

변수간의 관계성 정리

이 절에서 소개한, 상관관계와 인과관계에 대해서 생각하면, 변수 간의 관계성에는 몇 가지 패턴이 있다는 것을 알 수 있습니다. 각각의 경우에 대해서 무엇이 가능할지 살펴봅시다(그림 4.1.5).

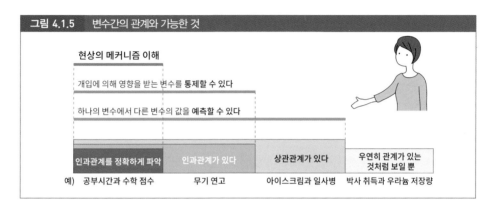

그림 4.1.5   변수간의 관계와 가능한 것

먼저, 강한 직접적인 인과관계가 있고 그것을 정의할 수 있는 경우에 원인이 되는 변수를 조작한다면(**개입**: intervention이라고 합니다) 결과를 변화시킬 수 있습니다. 또 대상의 메커니즘을 이해할 수 있다면 그것을 근거로 다른 데이터에 응용할 수 있습니다. (명백한 예로) 시험공부 시간이 수학 성적에 영향을 준다는 인과관계가 밝혀지면 공부 시간을 늘림으로써 점수를 높일 수 있고 수학뿐만이 아니라 물리에도 같은 관계가 성립한다고 기대할 수 있습니다.

다음으로, 직접적인 인과관계는 아니지만, 간접적으로 인과관계가 있는 경우를 생각해봅시다. '무기 연고'라는 것이 있습니다. 16~17세기경에 유럽에서 믿고 있던 치료법으로 전쟁에서 상처를 입었을 때 상처가 아닌 무기에(!) 연고를 바르는 것으로 상처의 치유가 빨라진다는 것입니다.

실제로 여기에는 과학적인 근거가 있다고 알려져 있습니다. 당시의 약은 위생 상태가 나쁘거나 인체에 유해한 물질이 포함되어 있는 경우가 많았기 때문에 약으로 상처를 악화시키는 것보다 무기에 연고를 바르고 상처에는 아무것도 안 하는(자연치료에 맡기는) 쪽이 오히려 빨리 치료되었다는 것입니다. 무기에 연고를 발라도 상처에는 아무 효과도 없지만, 상처에 연고를 바르지 않는 효과가 있어 간접적인 인과관계가 됩니다[6]. '무기에 연고를 바르면 불가사의한 힘이 움직인다'라는 당시 사람들의 해석은 틀렸지만 인과관계는 존재하므로 이러한 개입(무기연고를 바른다 / 바르지 않는다)으로 결과의 변수(낫기 쉬움)에 영향을 미칠 수 있습니다.

인과관계가 없는 경우는 어떨까요? 이미 소개한 아이스크림 매출과 일사병 환자의 관계를 생각해봅시다. 이 두 가지 사이에는 인과관계가 없으므로 아이스크림 매출을 조작해도 일사병 환자의 수는 영향을 받지 않습니다(반대의 경우도 마찬가지입니다). 그러나 이렇게 두 변수 사이에 강한 상관관계가 있는 경우 한쪽 변수의 값을 알면 다른 한쪽의 변수도 동일하게 변화한다는 것을 알기 때문에 이것을 이용해서 값을 예측할 수 있습니다('예측'에 대해서는 10.3절에서 자세하게 설명합니다). 목적이 예측만 하는 것이라면 반드시 인과관계를 파악하지 않아도 됩니다.

마지막으로 그림 4.1.4에서 소개한 것처럼 사실은 전혀 관계없는 두 변수 사이에 우연히 관계가 보이는 경우를 생각해봅시다. 이때는 당연하지만, 개입을 이용한 결과의 조작이나 상관관계를 이용한 예측을 포함해서 **아무것도 할 수 없습니다**. 하지만 겉으로만 보이는 관계성에 속아서 이런 주장을 하는 경우는 실제로 자주 볼 수 있습니다.

Supplementary Information: 겉보기 인과관계가 생기는 패턴

- 우연히 상관관계가 생긴다: 실제로 전혀 관련이 없는 두 개의 사건도 우연히 상관관계를 보일 수 있다

- 공통 원인이 되는 요인이 있다: 관심 있는 두 변수에 동시에 영향을 미치는 제3의 요인(중첩요인: 4.2절에서 설명)이 있다

- 역인과관계가 있다: '경찰이 많을수록 범죄가 증가한다'가 아니고 '범죄가 많기 때문에 경찰이 많이 배치되고 있다'라는 역인과관계가 존재한다.

- 선택편향이 생기는 가공을 하고 있다: 변수 간에 상관관계가 나올 것 같은 조작(두 개의 변수의 합을 선택하는 등)을 하고 있다.

---

[6] '상처에 연고를 바른다/바르지 않는다'라는 요인으로 인과관계를 설명하고 있으며 이것을 (다음절에 설명할 중첩요인이 아닌) **중간인자**(intermediate variable)라고 합니다. 중첩요인은 중간인자가 아니며, 원인이 되는 변수와 관계가 있으면서 결과가 되는 변수에 영향을 미치는 것을 가리킵니다.

4.2 중첩을 처리한다

변수의 얽힘

관심 있는 두 개의 변수만으로 모든 것이 결정되면 좋지만, 분석대상이 되는 문제에는 많은 경우 다양한 요인이 얽혀있습니다. 유명한 실험을 소개하겠습니다. '마시멜로 실험'에서는 186명의 4살의 어린이들에게 '책상 위에 마시멜로가 하나 있는데, 선생님(실험자)이 잠깐 나 갔다가 15분 후에 돌아올 테니 먹지 않고 기다리면 하나를 더 줄게'라고 하고 15분간 기다리 는지 조사했습니다. 분석 결과 마시멜로를 먹지 않은 참을성 강한 아이들은 이후 사회적 성공 을 이룬 것으로 알려졌습니다. 이것을 보고 사회적 성공을 결정하는 중요한 요소는 참을성이 라고 결론을 내렸습니다.

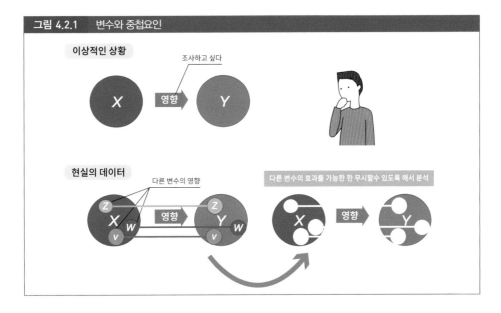

그림 4.2.1　변수와 중첩요인

이상적인 상황

조사하고 싶다

X　영향　Y

현실의 데이터

다른 변수의 영향

Z　X　w　v　영향　Z　Y　w　v

다른 변수의 효과를 가능한 한 무시할 수 있도록 해서 분석

X　영향　Y

사실 여기에는 뒷이야기가 있습니다. 인원을 늘려서 다시 한 실험에서 마시멜로를 먹지 않고 기다렸는지의 여부는 그 아이의 가정의 경제력과 강한 상관관계가 있다는 것이 밝혀졌습니다 (다시 말해서 유복한 가정의 아이에게 마시멜로와 같은 과자는 언제든지 먹을 수 있으므로 큰 매력을 느끼지 못했다는 것입니다). 그 아이의 사회적 성공 여부도 부모의 경제력과 강한 상 관관계가 있습니다. 다시 말해서 이 두 개의 요인은 모두 가정의 경제력으로 설명되는 것입니 다(아이스크림의 매출과 일사병 환자의 수의 관계성과 같습니다)

이처럼 원인이 되는 변수와 관련되어 있으며 결과의 변수와 인과관계를 가지는 요인을 **중첩요인**(confounding factor)이라고 합니다.

실제 데이터에는 이런 중첩요인이 무수히 존재합니다(그림 4.2.1). 관심 있는 변수 간의 관계성을 조사하려면 먼저 이것들의 영향을 가능한 제거해야 합니다. 문제에 따라서는 데이터를 수집할 때 통제하거나 분석할 때 제거하는 방법으로 처리합니다.

개입과 그 한계

어떤 요인 X가 다른 요인 Y에 영향을 미치는지를 조사하는 가장 좋은 방법은, 실제로 요인 X를 변화시켜보고(개입), 결과 Y가 변하는지를 조사하는 것입니다. '약을 먹는 것이 병을 치료하는 데 영향을 미치는가'를 조사하고 싶다면, 실제로 그 약을 먹어보고 먹지 않았을 때와 비교하면 됩니다(이 차이를 **인과효과**: causal effect라고 합니다). 그러나 여기서 문제가 발생합니다. 어떤 병에 걸린 A가 약을 먹었다면 만약 A가 약을 먹지 않았을 때 어떻게 되었을지는 모릅니다. A가 약을 먹지 않았더라도 병이 치료되었을지도 모릅니다. 이렇게 개입을 해버리면 개입을 하지 않았을 경우의 데이터는 수집할 수 없게 됩니다. 이것을 **인과적 추론의 근본 문제**(the fundamental problem of causal inference)라고 합니다(그림 4.2.2).

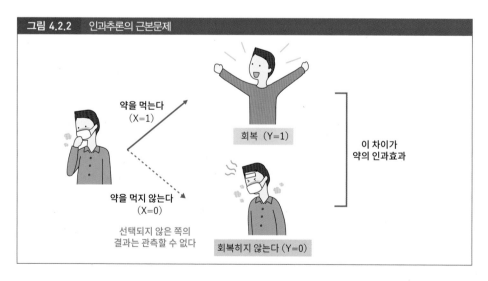

그림 4.2.2   인과추론의 근본문제

약을 먹는다
(X=1)

회복 (Y=1)

이 차이가
약의 인과효과

약을 먹지 않는다
(X=0)

선택되지 않은 쪽의
결과는 관측할 수 없다

회복히지 않는다 (Y=0)

무작위 배정 임상시험(RCT)

무작위 배정 임상시험(RCT: randomized controlled trial)은 인과효과를 정확하게 평가하기 위해 사용되는 대표적인 방법입니다. 이 방법의 목표는 대상 그룹을 분석해서 관심 있는 변수의 평균적인 효과(이것을 **평균 처치 효과**: average treatment effect, ATE라고 합니다)를 평가하는 것입니다. 약을 예로 들면 피험자 그룹의 절반에 신약을 투여하고, 나머지 절반에 위약을 투여해서 그 결과를 관찰합니다. 만약 신약이 위약보다 효과가 있다면, 신약을 투여한 그룹 쪽에 많은 피험자가 치유될 것 입니다. 신약을 투여한 그룹을 **처치군**(treatment group) 또는 **실험군**(experimental group)이라고 하고 비교를 위해 위약을 투여한 그룹을 **대조군** 또는 **제어군**(control group)이라고 합니다.

그리고 중요한 것이 피험자를 두 개의 그룹으로 나눌 때 개인들을 무작위로 할당하는 것입니다. 피험자 중에는 약이 잘 듣는 사람도 있고 듣지 않는 사람도 있으므로 이렇게 하면 편차를 없앨 수 있습니다[7]. 이 방법은 연구할 때의 기본 개념이므로 임상의학뿐만 아니라 심리학, 생물학, 계량 통계학과 같은 여러 가지 분야에서 넓게 사용됩니다. 또 웹 마케팅 쪽에서는 두 개(또는 그 이상)의 웹페이지의 디자인을 만들어 두고 방문자를 무작위로 할당해서 행동을 관찰하는 A/B 테스트라는 것도 있습니다.

관찰 데이터와 실험 데이터

무작위 배정 임상시험에서 본 것처럼 피험자를 모아서 개입을 통해 얻은 데이터를 **실험 데이터**(experimental data)라고 합니다. 실험 데이터는 수집 비용은 크지만, 관심없는 요인이 결과에 영향을 주지 않도록 사전에 데이터 수집방법을 통제하기 쉬운 장점이 있습니다. 한편 개입을 하지 않고 있는 그대로의 상태를 관측한 데이터를 **관찰 데이터**(observational data)라고 합니다. 예를 들어 장기간의 흡연이 건강에 미치는 영향을 조사할 때 무작위로 선택한 피험자에게 몇 년에 걸쳐 담배를 피우게 하는 것은 현실적이지 않습니다. 이런 경우 흡연자와 비흡연자를 모집해서 그 경과를 관찰하는 연구를 진행합니다.

---

7 약을 먹은 처치군의 사람들이 만일 가짜 약을 먹었을 경우의 평균적인 결과가 실제로 가짜약을 먹은 대조군 사람들의 평균적인 결과와 대체로 일치한다고 보는 것입니다.

만약 단순히 이 두 그룹의 건강 상태를 비교해서 흡연자 쪽이 건강을 해치기 쉽다는 분석 결과가 나왔다고 합시다. 그러나 담배를 피우는 사람은 원래 건강에 대한 의식이 낮을 것이 예상되기 때문에 담배 외에도 건강하지 않은 생활습관이 건강에 영향을 미치고, 흡연 여부는 건강에 영향을 미치지 않을 가능성도 있습니다[8].

이렇게 관찰 데이터를 이용한 연구(관찰연구라고 합니다)에서는 중첩요인을 충분히 통제하는 것이 일반적으로 어려우며 주의해야 합니다.

---

8 실제로는 과학적으로 여러 가지 질병과의 인과관계가 인정되고 있습니다.

4.3 무작위 배정 임상시험을 할 수 없을 때

다중회귀분석

여기에서는 개입을 이용한 대조실험을 할 수 없는 경우에 이용할 수 있는 다양한 분석 방법에 대해서 간단히 설명합니다. 먼저 가장 자주 사용되는 것이 **다중회귀분석**(multiple regression analysis)입니다. 이것은 목적이 되는 변수를 관심있는 변수들의 덧셈으로 표현하여 각 요인들이 어느 정도 영향을 주는지를 평가하는 방법입니다.

다중회귀분석의 유명한 예로 빈티지 와인의 가격이 무엇에 의해서 결정되는지를 분석한 것이 있습니다[9]. 이 연구에서 와인의 품질(각 와인의 상대적인 가격을 계산하고 로그를 취한 것)을 설명하기 위한 변수로 와인의 숙성기간, 포도를 수확한 해의 여름 평균기온, 8월 강우량, 겨울 강우량 등을 분석했습니다. 다중회귀분석에서는 이들 변수에 계수를 곱하고 더하는 수식을 준비하고 그 계수를 조정하여 목적이 되는 변수의 값을 재현합니다(그림 4.3.1).

이 계수를 구하는 방법은 여기서는 자세히 설명하지 않지만, 분석 소프트웨어를 이용하면 간단히 계산할 수 있습니다. 이렇게 얻어진 계수를 보면 각 변수가 어느 정도 목적이 되는 변수에 영향을 주는지를 평가할 수 있습니다[10].

얻어진 계수가 정말로 의미가 있다고 말할 수 있을 정도의 크기인가에 대해서는 통계학적으로 평가해야 하지만 여기서는 생략합니다.

이 방법의 장점은 목적변수에 영향을 준다고 생각되는 변수가 모두 데이터에 포함되어 있다면 (이것은 보통 어려운 요구이지만) 각각의 영향을 개별적으로 평가할 수 있다는 것입니다. 다시 말해서 중첩요인이 있어도 그 영향을 제거한 후에 관심 있는 변수의 영향을 평가할 수 있습니다. 약점으로는 이 분석으로 알 수 있는 것은 상관관계뿐이며 직접적인 인과관계의 존재나 방향은 파악할 수 없다는 것입니다. 와인의 경우는 변수에 포함되어 있는 것이 기후 조건이나 숙성기간과 같은 목적이 되는 변수인 '가격'이 결정되기 전에 결정되는 변수이므로

---

9   O. Ashenfelter, Econ. J. 118:F174–F184(2008).
10 얻어진 계수가 정말로 의미가 있다고 말할 수 있을 정도의 크기인가에 대해서는 통계학적으로 평가해야 하지만 여기서는 생략합니다.

명백히 인과관계 방향이 결정됩니다(와인의 가격에 의해 과거 기후조건이 변하는 경우는 없습니다).

다중회귀 분석에서는 단순한 덧셈뿐만 아니라 요인끼리의 곱셈도 식에 포함할 수 있습니다. 이렇게 하면 예를 들어 '여름 평균기온이 낮을 때는 강수량이 적은 쪽이 좋지만, 기온이 높을 때는 강수량이 많은 쪽이 좋다'라는 조합에 의해 발생하는 효과도 표현할 수 있습니다. 이것을 **상호작용**(interaction)이라고 합니다. 변수 간에 상호작용이 생각되는 경우에는 단순한 분석으로 본질을 잘못 보는 일이 있음으로 주의해야 합니다.

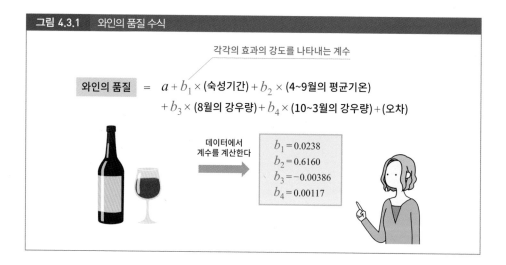

그림 4.3.1   와인의 품질 수식

각각의 효과의 강도를 나타내는 계수

와인의 품질 $= a + b_1 \times$ (숙성기간) $+ b_2 \times$ (4~9월의 평균기온) $+ b_3 \times$ (8월의 강우량) $+ b_4 \times$ (10~3월의 강우량) $+$ (오차)

데이터에서 계수를 계산한다

$b_1 = 0.0238$
$b_2 = 0.6160$
$b_3 = -0.00386$
$b_4 = 0.00117$

로지스틱 회귀

다중회귀분석처럼 어떤 변수를 다른 변수의 수식으로 표현한 것을 **수리 모델**(mathematical model) [11]이라고 합니다. 또 수리 모델을 데이터에 맞도록 훈련시키는 것을 **회귀**(regression)라고 합니다. 회귀분석에 사용하는 수리 모델에는 여러 가지가 있으며 용도에 따라 나눠서 사용합니다. 여기서는 자주 사용되는 회귀모델인 **로지스틱 회귀**(logistic regression)를 소개합니다. 다중회귀분석에서는 변수들의 덧셈으로 목적이 되는 변수를 표

---

11 자세한 것은 10장을 참고해주세요.

현했습니다. 하지만 모델로 표현되는 변수의 값이 0이나 1로 표현되기를 원하는 경우가 있습니다. 예를 들면 어떤 고객의 상품 구입여부를 변수 Y를 사용해 '구입했다(Y=1), 구입하지 않았다(Y=0)'처럼 표현했다고 합시다. 이렇게 원래 숫자가 아닌 사건을 숫자로 바꾼 것을 **더미 변수**(dummy variable)라고 합니다.

단순한 예로 이 상품의 가격을 0~20,000원으로 임의로 정하고 팔렸는지 안 팔렸는지를 기록한 데이터를 분석해봅시다(그림 4.3.2: 가공 데이터). Y의 값은 0 또는 1의 두 가지밖에 없으므로 그래프로 그리면 두 개의 직선 위에 점이 나열된 형태가 됩니다. 이때 다중회귀분석처럼 단순한 변수의 덧셈으로 Y를 표현하면[12] 어떻게 해도 데이터와는 맞지 않는 모델이 되어버립니다(그림 4.3.2 왼쪽). 로지스틱 회귀는 로지스틱 함수를 사용해서 좀 더 정확히 목적이 되는 변수를 표현합니다(그림 4.3.2 오른쪽). 여기에서는 설명에 사용할 변수를 하나만 준비했지만, 다중회귀와 같이 여러 개의 변수를 사용해 분석할 수도 있습니다.

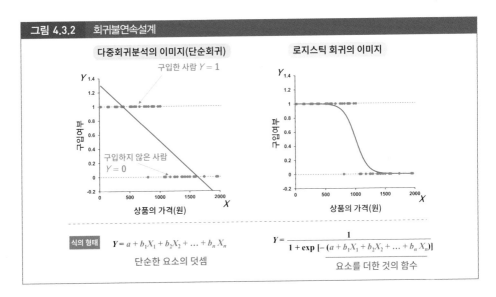

그림 4.3.2   회귀불연속설계

회귀불연속설계

처치의 할당을 무작위로 하는 것이 무작위 배정 임상시험이었지만, 실제로는 특정 기준에 따라 처치가 할당되어 순수하게 처치 효과를 평가할 수 없는 경우가 있습니다. 예를 들어 자사 서비스의 매출을 늘리려고 어떤 해의 연간 이용액이 일정액을 넘은 헤비 유저(heavy user)에게 쿠폰을 나눠주는 경우를 생각해봅시다. 다음 해는 그 쿠폰에 의해 이용액이 늘어날까요? 쿠폰을 받은 사람과 받지 못한 사람은 자사 서비스 이용액이라는 중요한 요인이 다르므로, 쿠폰의 효과를 평가하기 위해서 단순히 두 그룹의 서비스의 이용량만을 비교해도 의미가 없습니다[13]. 이런 경우에 사용하는 것이 **회귀불연속설계**(regression discontinuity design, RDD)입니다.

이 방법에서는 가로축에 처치 여부를 결정하는 변수, 세로축에 효과를 측정하고 싶은 목적이 되는 변수를 그린 그래프를 이용합니다. 이번 예에서는 작년에 천만 원 이상 이용한 고객에게 쿠폰을 주었다고 합시다. 그래프의 가로축은 어떤 해의 서비스 이용 금액, 세로축은 다음 해의 이용 금액입니다. 그러면 그래프의 오른쪽에는 쿠폰을 받은 고객의 데이터가, 왼쪽에는 받지 못한 고객의 데이터가 모이게 됩니다(그림 4.3.3). 각각에 대해서 회귀를 실시합니다[14]. 쿠폰 배포 기준인 천만 원 근처를 살펴보면 서비스 이용액이 대체로 비슷함에도 불구하고, 쿠폰을 받은 고객과 받지 않은 고객이 모여있게 됩니다. 만약, 두 개의 회귀의 결과로 그 부분에서 차이가 존재한다면 그것은 쿠폰의 효과라고 생각할 수 있습니다.

---

13 일부 고객에게만 임의로 쿠폰을 배포하는 실험을 하면 이러한 문제는 발생하지 않습니다.
14 비모수적(noparametric) 방법을 포함해서 여러 가지가 있지만 여기서는 단순회귀를 이용한 방법을 소개합니다.

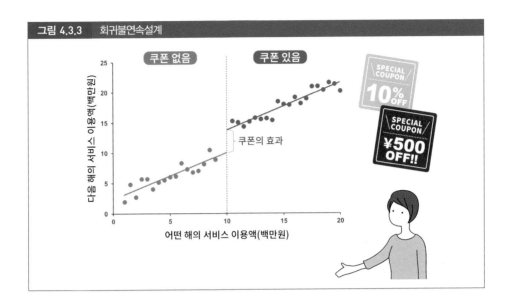

그림 4.3.3   회귀불연속설계

성향점수 매칭

중첩요인이 여러 개 존재하는 것을 알고 있지만, 이것들을 무작위로 할당할 수 없는 경우를 생각해봅시다. 예를 들어 '흡연 여부'가 건강에 영향을 미치는지를 조사하고 싶을 때 건강과 관계있는 다른 중첩요인인 '음주습관', '경제 상황' 등의 데이터도 얻었다고 합시다. 이대로 담배를 피우는 그룹과 그렇지 않은 그룹으로 나누면, 예를 들어서 흡연자 그룹에만 음주 습관을 지닌 피험자가 많이 포함되어서 분석결과가 담배의 효과인지 음주의 효과인지 알지 못하게 될 수도 있습니다.

이런 경우에 사용하는 방법이 **성향점수 매칭**(propensity score matching)입니다. 성향점수 매칭에서는 먼저 '흡연 여부'를 다른 요인을 이용해서 로지스틱 회귀로 표현합니다[15]. 이것은 '다른 요인에 의해 그 사람이 어느 정도 담배를 피울 것으로 예상되는가'를 모델로 계산한 것이 됩니다. 이 점수를 **성향점수**(propensity score)라고 합니다.

---

15 여기서는 목적이 되는 변수인 건강상태가 아닌, 설명에 사용할 변수인 흡연 여부를 먼저 모델링하고 있는 것에 주의하세요. 이 모델링에는 다른 종류의 모델
    을 이용할 수도 있습니다.

이 성향점수는 말하자면 여러 중첩요인을 종합한 종합점수라고 생각하면 좋습니다. 그리고 이 성향점수를 이용해 두 개의 분석 그룹을 만듭니다. 담배를 피우는 사람과 피우지 않는 사람 중에서 성향점수가 가까운 사람끼리 '매칭'시키고 두 개의 분석대상 그룹에 포함시킵니다. 분석은 이렇게 매칭한 피험자의 데이터만을 이용합니다. 이렇게 하면 다른 중첩요인의 효과를 그룹마다 같도록 두 개로 나눌 수 있습니다[16].

좀 더 간단한 방법으로 **균형화**(balancing)라는 방법이 있습니다. 이것은 중첩요인이 될 것 같은 요인을 두 개의 집단에 전체적으로 일치하도록 조절하는 것을 말합니다. 예를 들어 성별이 결과에 영향을 줄 것 같은 경우, 두 개의 집단에 남녀 비가 같게 되도록 조절하는 것입니다. 또 **정규화**(regularization)라고 해서 지정한 요인이 일정한 값이 되도록 데이터를 수집하는 방법도 있습니다. 위의 예에서는 남자만(또는 여자만)으로 두 개의 집단을 준비하는 경우가 여기에 해당합니다.

상황에 따른 방법의 선택

어떤 시책의 효과를 측정하고 싶을 때, 비용 문제로 대조실험을 할 수 없거나 기대 효과가 큰 상황에서는 단순한 전후 비교만으로도 효과적인 경우가 있습니다. 기업이 어떤 고가의 시스템을 도입한 결과, 시스템 운용비용이 이전과 비교해서 30% 감소하였다고 합시다. 대조실험을 하지는 않았지만, 아무것도 하지 않더라도 비용이 다른 요인에 의해 30%나 삭감되는 것이 생각하기 어려운 경우에는 대체로 이번 시책의 효과라고 평가해도 좋을 것입니다. 이 장에서는 주로 중첩요인 때문에 '진짜 원인이 무엇인지 모르게 되는 상황'을 피하기 위한 방법을 중점적으로 설명했지만, 중첩요인의 효과를 상대적으로 무시할 수 있는 상황이라면 반드시 이런 방법을 따를 필요는 없다는 것입니다.

마지막으로 지금까지 소개한 방법 중에서 상황에 따라 무엇을 사용하면 좋은지에 대해서 대강의 방침을 정리해둡시다[17].

---

[16] 성향점수 매칭은 자주 사용하는 방법은 아니며, 함수근사가 잘 되지 않는 경우에 안이하게 사용하면 틀린 결론을 도출하기 쉽다는 지적도 있습니다

[17] 변수 간에 복잡한 인과관계가 예상되는 경우에는, 이것들을 세세하게 반영한 좀 더 고도의 분석을 해야 합니다. 이 장에서는 기본적인 방법만 소개했지만 그 외에도 그래피컬 모델을 이용한 방법 등 다루지 않은 방법이 있습니다

먼저 무작위 배정 임상시험을 할 수 있다면 실시하는 것이 가장 좋습니다. 다음으로 만약 회귀불연속설계를 사용할 수 있는 상황이라면 사용합니다. 이 방법은 사용할 수 있는 조건이 제한적이지만 강력한 방법입니다.

위의 방법을 사용할 수 없는 경우에 일반적으로 폭넓게 이용할 수 있는 것이 다중회귀분석과 로지스틱 회귀입니다. 중요하다고 생각되는 변수를 가능한 모두 포함해서 분석합니다. 또 정확하게 실시할 수 있다면 성향점수 매칭도 효과적입니다. 이것들은 사용하기 쉬운 방법이지만 인과관계를 결론짓는 근거로는 조금 약합니다.

4장 정리

- 상관관계와 인과관계는 다른 개념이다.

- 서로 얽힌 변수인 '중첩요인'을 통제하는 것이 분석의 요점이다

- 무작위 배정 임상시험은 인과추론을 위한 강력한 방법이다

- 상황에 따라 회귀분석이나 성향점수 매칭, 회귀불연속설계 등을 사용할 수 있다.

데이터 표본추출 방법론

이 장에서는 분석 대상인 데이터를 '어떻게' '어느 정도' 수집할지를 결정할 때 기초
가 되는 개념을 설명합니다. 정확하게 표본이 추출된다면 적은 데이터라도 일정한
정확도로 대상 전체에 관한 추론을 하는 것이 가능해집니다. 한편 시간적, 금전적
비용을 중시한 간편한 방법으로 얻어진 데이터에는 많은 경우 여러 가지 표본편향
이 발생합니다. 표본추출 방법별로 어떤 점에 주의해서 데이터를 수집하고 결과를
해석해야 하는지 자세히 설명합니다.

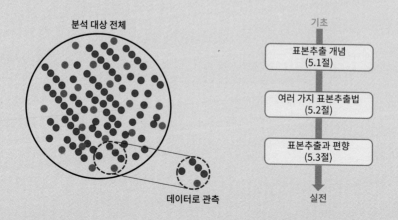

5.1 표본추출 개념

표본조사란

1장에서도 간단히 설명했지만, 대상 집단의 일부에서 데이터를 관측하고 그것으로부터 전체의 성질에 관한 추론을 할 수 있습니다. 이것을 **표본(샘플링) 조사**(sampling survey)라고 합니다(그림 5.1.1). **표본(샘플: sample)**이란 추출한 일부 데이터를 가리킵니다. 이 표본에 포함되어있는 관측값의 개수를 **표본 크기**(sample size)라고 하고, 영문자 n으로 표현합니다. 또 자주 틀리기 쉬운 용어로 **표본의 개수**(the number of samples)가 있으며, 이것은 표본이 몇 세트 있는지를 나타내는 숫자로 표본 크기와는 다른 개념입니다. 100명에게 설문조사를 한 번 실시한 경우 표본 크기는 100이고 표본의 개수는 1이 됩니다.

또 집단 전체를 **모집단**(population)이라고 하고 모집단에 포함되어 있는 모든 대상을 조사하는 것을 **전수조사** 또는 **전부조사**(complete enumeration)라고 합니다(그림5.1.1). 물론 데이터 분석에서는 전수조사를 하는 것이 이상적이지만 비용 문제로 표본조사를 하는 것이 일반적입니다.

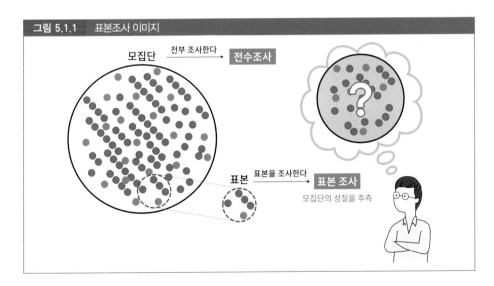

그림 5.1.1 표본조사 이미지

일부 데이터로 전체를 안다

표본조사로 어떻게 모집단의 성질을 추정할 수 있는지 알아봅시다. 미국 대통령선거처럼 유권자가 두 명의 후보 중 한쪽을 지지하는 상황에서(어느 쪽도 지지하지 않는 사람은 여기서는 무시합니다) 유권자 전체에서 각 후보자의 지지율을 추정하는 문제를 생각해봅시다. 이때 유권자 전체(2억 명이라고 합시다)에서 완전히 무작위로 n명을 선택하고 어느 쪽을 지지하는지 물어봅니다. 이렇게 무작위로 표본을 추출하는 것을 **무작위추출**(random sampling)이라고 합니다.

실제로는 유권자 중 60%가 후보자 A를 지지하고 있다고 합시다. 여기서 표본으로 10명, 100명, 1000명에게 응답을 얻었을 경우에 각 결과가 어느 정도 진짜 지지율과 가까워지는지 살펴봅시다. 결정된 인원을 무작위로 표본추출하고 '각 표본에서 지지율을 계산한다'라는 과정을 100번 반복한 결과를 정리한 것이 그림 5.1.2입니다.

표본 크기가 10명인 경우 평균적으로 6명이 후보자 A를 지지하고 있지만, 우연히 표본으로 선택된 사람 중에서 그 후보자를 지지하는 사람이 많거나 적어서 다양한 값이 결과로 발생합니다. 한편, 표본 크기를 100, 1000으로 늘리면 어떤 표본이라도 매번 약 0.6에 가까운 값이 계산됩니다. 이 예에서는 1000명 정도의 표본을 수집한다면 후보자 A가 당선된다는 것을 충분히 예측할 수 있을 것입니다[18]. 1000명이라는 숫자는 유권자 전체로 보면 겨우 0.0005%라는 매우 작은 숫자이지만, 어느 정도의 범위 오차 내에서 예측이 가능합니다.

---

[18] 미국 대통령선거는 주마다 선거인 의석을 다투는 방식이므로 단순하게 지지하는 유권자의 인원수가 그대로 선거결과에 반영되는 것은 아닙니다. 또, 이번은 후보자 A의 지지율이 60%였지만 이것이 51%와 같이 접전인 경우 이 정도의 정확도로는 부족하므로 좀 더 인원수를 늘려야합니다.

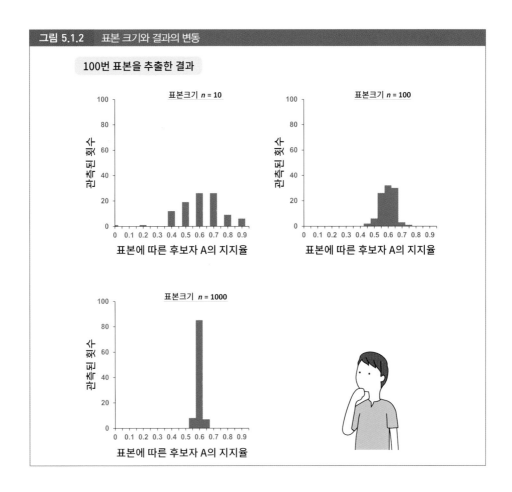

그림 5.1.2   표본 크기와 결과의 변동

표본크기 결정방법

이미 눈치챈 독자도 있으리라 생각되지만, 이 배경에는 2.4절에서도 소개한 대수의 법칙이 숨어있습니다. 여기서는 그림 5.1.2와 같은 결과의 편차가 어느 정도 크기가 될지를 수학적으로 평가해보겠습니다.

무작위로 선택된 피험자가 후보자 A를 지지하는지 여부를 변수 X를 이용해서 '지지한다: $X=1$', '지지하지 않는다: $X=0$'으로 표현하기로 합시다. 무작위로 선택된 유권자가 후보자 A를 지지할 확률은 지지율의 참값과 동일합니다. 수집한 표본에서 X를 전부 더하면 후보자 A를 지지하고 있는 사람의 인원수가 되고 표본의 지지율은 이것을 표본 크기로 나눈 것, 다시 말해서 X의 표본평균이라고 할 수 있습니다. 표본평균의 편차(표준편차)는 표본 크기를 늘리면 $1/\sqrt{n}$배로 작아졌습니다(2.4절).

또, 이 표본평균의 표준편차를 **표준오차**(standard error: SE)라고 합니다. X=1일 확률이 p이고, X=0일 확률이 $(1-p)$인 확률변수의 (한 번의 관측에 의한) 표준편차는 $\sigma = \sqrt{p(1-p)}$라는 식으로 쓸 수 있습니다[19]. 예를 들어 지지율의 참값이 60%일 때 무작위로 선택된 한 사람이 A를 지지할 확률은 p=0.6이므로 $\sigma = \sqrt{0.6(1-0.6)} \cong 0.49$로 계산할 수 있습니다. n=1000일 때 표본평균의 편차(표준편차)는 이것의 $1/\sqrt{n}$배이므로 $SE = \sqrt{0.6(1-0.6)/1000} \cong 0.015$까지 작아집니다. 다시 말해서 표본평균을 계산한 결과의 1σ범위[20]는 58.5%~61.5%, 2σ범위는 57%~63%, 3σ범위는 55.5%~64.5%가 됩니다.

이렇게 표본에서 계산한 평균값이 어느 정도의 편차를 가질지는 이론적으로 계산할 수 있습니다. 표본 크기를 결정할 때에는 이 편차의 범위를 어느 정도까지 억제할 것인가에 따라 적절한 값으로 역산합니다(그림 5.1.3). 이번과 같은 설정으로 표본을 추출하면 95%의 확률로 '표본평균에서 ±1.96×SE의 범위'에 참의 비율(모평균이라고 합니다)이 포함된다는 것이 알려져 있습니다. 이 구간을 **95% 신뢰구간**(95% confidence interval)이라고 합니다.

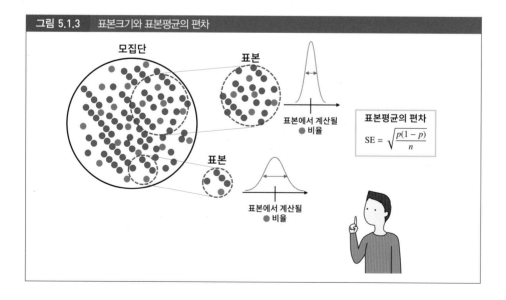

그림 5.1.3   표본크기와 표본평균의 편차

모집단   표본   표본에서 계산될 ● 비율   **표본평균의 편차** $SE = \sqrt{\dfrac{p(1-p)}{n}}$ 표본   표본에서 계산될 ● 비율

여기서는 간단한 예제로 설명했지만, 이것은 모든 표본추출의 기초가 되는 개념입니다. 표본추출을 하는 시점에서 일부 데이터를 무작위로 선택하기 때문에 결과에는 어느 정도 편차가 발생합니다. 실제로 표본추출은 보통 한 번밖에 하지 않지만, 만약 여러 번 표본추출을 하는 경우에 결과가 어느 정도 편차를 가질지를 평가함으로써 '1회 표본추출의 결과는 대체로 이 범위에 포함될 것이다'라는 기준을 결정할 수 있습니다. 그래서 여기가 중요하지만, 이 범위를 '결과가 이 정도 범위에 포함된다면 충분히 결론을 낼 수 있을 것이다'라는 범위까지 표본 크기를 늘리면서 조정합니다.

이를 위해서는 사전 조사나 기존 데이터가 필요할 때도 있습니다. 선거의 예에서 후보자 A의 지지율이 60%인 것을 전제로 평가를 했지만, 일반적으로는 p 값은 알지 못하며 이것을 알아내려고 조사를 하는 것입니다. 이런 경우 표준오차가 가장 크게 되는 $p=0.5$로 가정합니다. 만약 1%를 다투는 접전이 예상되는 경우에는 표본 크기가 $n=1000$이라면 $SE = \sqrt{0.5(1-0.5)/1000} \cong 0.016 = 1.6\%$가 되어 검출하고 싶은 차이에 비해서 편차가 커지게 됩니다. 이럴 때는 표본 크기를 좀 더 늘려야 합니다.

5.2 여러 가지 표본추출법

무작위추출

예를 들면 국민 전체에서 무작위추출로 표본을 얻고 싶다고 합시다. 가장 단순한 것은 국민 전체의 리스트를 준비하고 거기에서 난수를 이용해서 표본을 추출하는 방법입니다. 이것을 **단순 무작위 추출법**(simple random sampling)이라고 합니다. 또 난수를 사용하지 않고 리스트에서 일정 간격으로 표본을 추출하는 **계통추출법**(systematic sampling)도 있습니다. 그러나 이 방법들은 선택되지 않은 개인의 데이터까지 추가로 수집해야 하는 비용이 듭니다 (최근에는 개인정보 관점에서 개인정보취득 비용이 매우 비쌉니다).

그래서 실제로는 **층화 다단계 추출법**(stratified multistage sampling)을 많이 활용합니다. '다단계'라는 것은 '먼저 시도군면을 무작위로 선택하고 그다음에 선택된 시도군면에 사는 사람을 선택'하는 것처럼 개인이 소속된 블록 레벨에서 무작위로 선택하면서 대상을 좁혀 나가는 방법입니다. 대상이 속한 계층구조에 따라 여러 단계에 걸쳐 좁혀 나가는 것도 가능합니다(시도→군→투표구 등). 단지 이 과정에서 완전히 무작위로 각 블록을 선택하면 인구가 많은 대도시와 그렇지 않은 지역이 같은 확률로 선택되므로 인구 밀집 지역에 살고 있는 사람의 영향력이 실제보다 작아집니다. 그래서 실제 인구 비율에 따라 대도시에서 어느 정도, 중간규모 도시에서 어느 정도, 소규모 도시에서 어느 정도와 같이 그룹으로 나눠서 각각 적절한 수의 요소를 무작위로 선택합니다. 이렇게 비슷한 요소를 그룹(층)으로 종합하는 것을 **층화** (stratification)라고 합니다. 이것들을 조합해서 '층화'해서 '다단계'로 추출하는 것이 층화 다단계 추출법입니다. 이것은 여러 가지 상황에서 사용할 수 있는 유용한 개념이므로 꼭 기억해 둡시다(그림5.2.1).

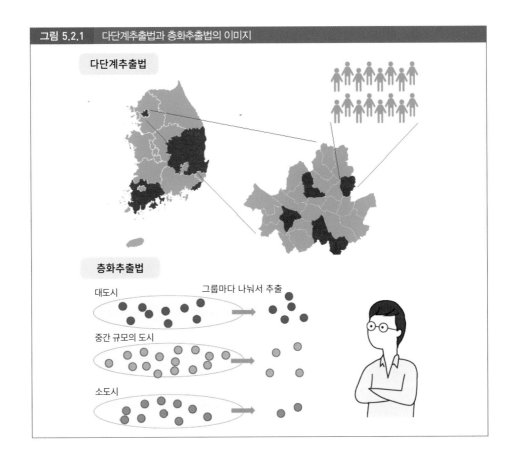

그림 5.2.1 다단계추출법과 층화추출법의 이미지

집락추출로 표본추출 비용을 낮춘다

조사 방법에 따라 조사에 드는 비용은 다르지만(자세한 내용은 다음절에서 소개합니다), 품질 좋은 정보를 많은 대상으로부터 수집하려면 금전적, 시간적으로 큰 비용이 듭니다. 그래서 가능한 한 비용을 낮추면서 표본을 추출하는 방법이 고안되고 있습니다.

대상이 어떤 집단을 형성하고 있을 때 그것을 이용해서 집단별로 요소를 추출하는 방법을 **집락추출**(cluster sampling)이라고 합니다. 예를 들어 SNS에서 '어떤 사용자와 연결된 모든 사용자의 정보를 수집한다'와 같은 것입니다. 조사할 집단의 수는 늘려야 하지만, 같은 집단에 속한 데이터는 한 번에 수집하기 쉽고 비용면에서 유리합니다(같은 집단에 소속되어 있는 요소는 비슷한 성질을 가지는 경우가 많기 때문).

무작위가 아닌 추출법

대상 모집단에서 완전히 무작위로 표본을 추출하는 것을 무작위추출이라고 했습니다. 그러나 실제로 이것을 시행하려면 다음 두 가지 요소가 필요합니다.

1. 모집단에 포함된 대상 전체를 리스트화 한 것
2. 무작위로 선택된 대상을 확실하게 조사할 수 있는 환경

이런 조건을 만족시키지 못할 때에는 '모집단을 대표한다고 생각되는 대상들'을 주관적으로 선택해서 데이터를 수집하는 **유의추출**(purposive sampling)이라는 방법이 있습니다. 데이터를 선택하는 시점에 주관에 의해 표본편향이 포함될 가능성이 있어 결과의 객관성이 보장되지 않는 단점이 있지만, 조사 비용을 낮게 억제할 수 있습니다. 대규모 조사를 하기 전에 사전조사 방법으로 이용되는 등 상황에 따라서는 대단히 효과적인 선택지 중의 하나입니다. 좀 더 조건을 완화하여 '데이터를 수집하기 쉬운 대상을 조사한다'라는 방법을 **편의추출법**(convenience sampling)이라고 합니다. 대학에서 연구할 때 학생을 대상으로 하거나, 비즈니스에서 자사의 고객만 설문을 의뢰하는 깃 대부분의 경우 편의추출이라고 할 수 있습니다. 편의추출의 경우 어떤 표본편향이 데이터에 포함될지를 사전에 예상해두는 것이 중요합니다. 유의추출과 편의추출에서는 무작위추출에서 한 것처럼 사전에 결과의 표준편차를 추정할 수 없습니다(표 5.2.1).

표 5.2.1 여러 가지 표본추출 방법

	비용	편향 제거	표준오차 추정
무작위추출	×	◎	◎
유의추출	○	△	×
편의추출	◎	×	×

결과를 일반화할 수 있는가

표본편향이 발생할 가능성이 있는 방법으로 표본을 추출했을 때 중요한 것이 '그 표본으로 얻어진 결과가 모집단 전체에서도 동일하게 성립하는가'라는 것입니다. 이것을 **일반성**(generality)이나 **외적 타당성**(external validity)이라고 합니다[21]. 이 분석에서는 '우연히 이런 표본을 선택했기 때문에 이런 결과가 나온 것이 아닌가?'라는 비판은 항상 따라다닙니다. 이것은 편향이 없는 데이터를 가지지 않는 한 근본적으로 해결할 수 없는 문제입니다. 따라서 사전에 어떤 편향이 포함될지, 결론에 어느 정도 영향을 미칠지를 검토한 후에 이것들을 근거로 신중하게 결과를 해석합니다.

무작위추출에서는 일반적으로 여러 가지 요인에 대해서 표본과 모집단에서 '집단 레벨로 대략 동일하다고 간주한다' 정도의 큰 표본 크기를 지정해야 합니다. 이 비용을 줄이려고 '일부 조건을 만족하는 대상만을 선택한다'라는 것도 자주 사용됩니다. 예를 들어 대상을 20대 남성만으로 좁히면 연령과 성별에 의한 결과의 편차를 제거할 수 있습니다. 물론 얻어진 결과가 20대 남성 외에도 적용된다고 할 수 없지만, 때에 따라서는 그 결과로 충분할 때도 있습니다.

---

21 일반성이나 외적 타당성과 비슷한 개념을 가진 용어는 분야에 따라 여러 가지가 존재합니다. 머신러닝에서는 구축한 수리 모델이 미지의 데이터도 잘 예측하는 것을 **일반화**(generalization)라고 합니다(10.2절).

5.3 표본추출과 편향

범위오차

표본 선택에 사용하는 리스트를 **표본추출틀**(sampling frame)이라고 합니다. 실제 모집단에는 존재하지만 표본추출틀에 포함되지 않은 요소가 있으면 오차의 원인이 됩니다. 이 오차를 **범위 오차**(coverage error)라고 합니다. 전화 조사에서 전화번호부를 사용해서 표본을 추출하는 경우에, 그 전화번호부에 포함되지 않은 사람이나 원래 유선전화(집 전화)나 휴대전화를 가지고 있지 않은 사람이 조사 대상에서 빠져버리는 것도 범위오차의 일종입니다. 참고로 현재 여론조사에서 이루어지는 전화 조사는 RDD 방식이라고 불리는 무작위로 숫자를 조합해서 전화번호를 생성하는 방법이 이용되고 있습니다.

범위 오차는 어떠한 표본추출에도 따라다니며, 표본추출틀에 포함되지 않은 대상이 모집단에서 어느 정도 비율로 존재하는지 또 이것이 분석 결과에 영향을 주는 특징을 가졌는지를 신중히 검토해야 합니다.

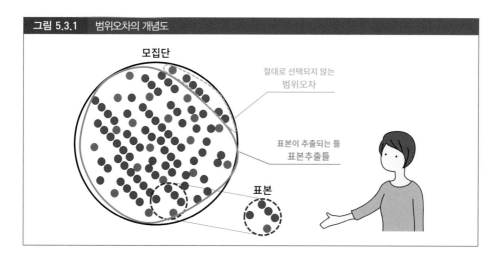

그림 5.3.1   범위오차의 개념도

응답에 발생하는 편향

선택편향의 절(3.2절)에서도 간단히 소개했지만 실제로는 완벽한 무작위추출이 가능한 경우
는 드물고, 데이터에는 어느 정도의 편향이 포함되는 것이 일반적입니다. 여기서는 사람을 대
상으로 표본을 추출할 때 발생하는 편향을 소개합니다. 먼저 우리가 조사·분석할 대상을 선
택하는 경우에 대해서 생각해봅시다.

(1) 면접 조사

조사원이 대상자에게 대면으로 질문하고 응답을 받는 조사법을 생각해봅시다. 가정방문을 하
는 경우는 집에 있는 사람밖에 응답을 얻을 수 없다는 편향이 생깁니다. 또 길거리 인터뷰 조
사처럼 그 자리에서 응답을 받는 경우 바쁜 사람은 응답에 응하기 어렵고, 조사원이 말을 걸
기 쉬워 보이는 사람만 선택함으로써 표본이 치우치는 경우가 있습니다. 게다가 대면조사이
기 때문에 조사대상자가 조사원에게는 대답하기 어려운 대답은 속여서 대답하는 효과를 무시
할 수 없는 경우도 있습니다. 2016년 미국 대통령선거의 사전예측에서 힐러리 클린턴이 압도
적으로 유리하다 생각되었지만, 은밀히 도널드 트럼프를 지지하고 있던 층이 여론조사에 이
렇게 대답하지 않았다는 것이 영향을 미쳤다고 생각되고 있습니다.

(2) 우편조사

질문과 응답을 우편으로 보내고 받는 조사법을 우편조사라고 합니다. 이 방법은 원래 회수율
이 낮으며 자진해서 응답해주는 사람의 데이터만 얻을 수 있는 것이 편향이 되는 경우가 있습
니다. 또 사례를 하는 경우 사례에 반응하는 층에 응답이 치우치는 것도 생각할 수 있습니다.

(3) 전화 조사법

조사원이 조사대상자에게 전화를 걸고 질문을 하는 방법을 전화 조사법이라고 합니다. 전화
조사에서는 전화를 받는 사람의 데이터만 수집할 수 있으므로 일반적으로 집에 있는 주부에
게 응답이 치우치는 경우가 있습니다. 이것을 해결하려고 세대의 인원수를 묻고 무작위로 응
답자를 결정해서 (집에 없는 경우 귀가 후) 응답을 받는 방법이 자주 사용됩니다. 또 최근의

젊은 세대는 유선전화에 가입하지 않는 경우가 많아서 연령층에 관한 편향이 생깁니다. 이 결점을 보완하려고 유선전화와 휴대전화를 사용하는 듀얼 프레임 조사라는 방법도 이용합니다. 지금까지는 '모르는 사람의 전화는 받지 않는다'라는 것이 조사 결과에 미치는 영향은 경미하다고 생각되고 있습니다.

대상 집단에 의한 선택편향

다음으로 대상이 되는 집단에 편향이 포함되는 경우를 소개합니다.

(4) 인터넷 조사

최근 인터넷으로 간단히 설문지와 같은 조사를 할 수 있게 되었습니다. 인터넷 조사에서는 그 페이지에 접속한 사람을 대상으로 하는 경우가 많으며 비용면에서 간단히 할 수 있는 장점이 있지만, 이쪽에서 조사대상자를 선택하기는 어렵습니다. 젊은 세대를 대상으로 하는 조사라면 문제가 없지만 그렇지 않은 경우 '인터넷을 사용하는 사람만 선택된다'라는 편향이 생기는 경우가 있습니다.

(5) 집단에 응답을 의뢰한다

어떤 이벤트나 직장, 학교라는 장소에서 거기에 모여 있는 사람들에게 응답을 의뢰하는 방법이 있습니다. 비교적 회수율이 높고 대상이 되는 집단이 응답자의 집단과 일치하는 경우(직장환경에 관한 조사 등) 편향은 생기기 어렵습니다. 단지, 생존자편향이 문제가 되는 경우가 있습니다. 예를 들어 건강에 관한 조사를 하는 경우 건강을 해친 사람은 이미 휴직이나 퇴직을 해버렸기 때문에 그 집단에 남아있는 시점에서 건강한 사람이 많다는 편향이 생길 수도 있습니다.

(6) 모집에 의한 표본추출

조사응답자나 실험참가자를 모집하는 경우 지원자 편향이 문제가 되는 경우가 있습니다. 예를 들어 건강에 관한 조사나 실험을 할 때 건강에 자신 있는 사람이 많이 응모하는 경우가 있습니다. 심리학 실험이나 경제학 실험 등에서도 모집에 응하는 사람은 그 실험에 관심이 있는 피실험자가 모이기 때문에 일반인과는 동떨어진 샘플이 되어버리는 경우가 있을 수도 있습니다.

이렇게 (특히 사람을 대상으로 하는 경우) 데이터 수집 방법에 따라 다양한 편향이 생깁니다. 실제로 분석할 때에는 표본을 추출할 때 생기는 편향이 결과에 영향을 미치는지를 체크합니다. 편향이 생기는 것이 예상되어도 분석의 목적에 비추어 영향이 경미하다고 생각되는 경우에는 기본적으로 문제가 없을 것입니다. 편향이 결과에 영향을 미치는 경우는 표본추출 방법을 수정하거나 이것을 염두에 두고 결과를 해석합니다.

Supplementary Information: 표본추출에 관한 편향 예

- 성공한 사람은 응답한다: 기업 조사에서 '데이터 활용에 관한 조사'나 '개인정보보호 취급에 관한 조사'와 같이 잘 정비되어 있는 것이 바람직한 사항을 조사하면, 잘 되어있는 기업은 자신 있게 응답하지만, 그렇지 않은 기업은 무응답이 되기 쉬운 편향이 알려져 있습니다.

- 인터넷 이용자: 일본에서 인터넷을 자주 이용하는 사람은 수입이 높거나 도시에 사는 경향이 있다고 알려져 있습니다. 현재 인터넷 조사에서는 전화 조사로 사용되는 RDD 방식처럼 무작위로 개인에게 접근하는 방법이 없어서 이런 편향이 강하게 나타납니다.

- 귀찮은 응답: 선물을 주는 행사나 서비스 이용에 대한 설문에 응답을 의뢰하는 경우 조사대상자가 빨리 끝내려고 건성으로 응답한 결과 신뢰성이 낮은 데이터가 되는 경우도 있습니다. 반대로 서비스를 기다리는 시간(예 : 병원 대기실)처럼 조사대상자에게 시간적 여유가 있을 때 의뢰한 설문에는 정중히 응답받기 쉽습니다.

5장 정리

- 모집단의 극히 일부의 데이터라도 이상적인 표본추출로 일정 범위에서 추론을 할 수 있다.

- 허용된 비용과 표본편향을 고려해서 표본추출 방법을 선택한다

- 실제 조사나 실험에서는 분석대상자를 고르는 단계에서 다양한 편향이 생긴다.

1부 정리

지금까지 데이터를 확률적으로 파악하는 방법과 데이터에 포함된 다양한 편향이나 중첩요인 등을 설명했습니다. 또 이것을 기초로 구체적으로 데이터를 수집할 때 조심해야 할 점이나 표본추출 방법을 배웠습니다. 지금까지의 내용은 모두 데이터 분석을 하려면 반드시 이해해야 하는 기초이므로 확실히 알아두시길 바랍니다. 2부 이후에서는 이것을 이용한 분석 방법을 설명하므로 만약 이해가 부족한 부분이 있다면 그때마다 다시 돌아와 읽는 것을 추천합니다.

02부

데이터 분석에 관한 기초지식

2부에서는 구체적으로 데이터를 분석하는 데 필요한 지식을 설명합니다. 데이터의 기본적인 취급 방법과 분석의 흐름을 설명한 후, 데이터를 보는 방법, 상황에 따른 문제 정의와 분석 방법을 소개합니다. 무엇에 주목하고, 왜 그 분석 방법을 사용하는지(또는 사용하지 않는지)라는 개념에도 초점을 맞추고, 특히 초보자가 빠지기 쉬운 오해도 설명합니다. 데이터의 분석 방법에는 다양한 것이 있으며 이것들을 목적별로 정리하고 전체적으로 파악하는 것을 목적으로 합니다.

6장

데이터 가공

데이터를 수집, 분석, 보관할 때에는 데이터의 품질을 통제하면서 잘못된 조작이나
취급을 하지 않도록 주의해야 합니다. 이 장에서는 이런 데이터 가공에 관한 기초
사항을 설명합니다. 데이터를 수집, 변환할 때 저지르기 쉬운 실수나 분석 방법의
관리 그리고 개인정보 등을 포함한 데이터 보관에 관한 지식을 설명합니다.

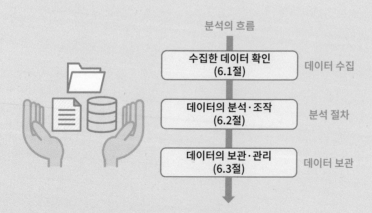

6.1 수집한 데이터 확인

잘못된 데이터에 주의

데이터 분석과정에서는 분석대상이 되는 데이터나 간단한 전처리 · 집계를 한 결과 데이터를 공개된 문헌이나 저장소에서 내려받거나 공동연구 · 개발을 하는 동료, 거래처로부터 받는 일이 자주 있습니다.

데이터를 받은 사람은 '데이터는 기본적으로 정확하게 수집 · 처리된 것'으로 생각하고 분석하기 쉽습니다. 그러나 필자의 경험상 실제로 사람들이 확보한 데이터에는 무시할 수 없는 비율로 여러 가지 오류가 포함되어 있습니다.

(예를 들면 연구 과정에서 같은 사람과 여러 번 데이터를 교환하다 보면 드물게 오류가 포함된 데이터가 보내져 오는 경우가 있으며, 학술 논문과 함께 공개된 데이터에 오류가 발견되어 수정되는 경우도 가끔 볼 수 있습니다)

자신이 관여하지 않은 집계나 분석 프로그램에 경미한 오류가 포함된 경우는 일반적으로 데이터의 값에서 오류를 발견하는 것은 매우 어렵습니다. 그리고 그런 데이터를 분석, 해석한 결과를 논문으로 발표하거나 그것에 근거해서 큰 의사결정을 내리면 종종 큰 손해가 발생합니다. 예를 들어서 잘못된 결과에 근거해서 논문을 발표해버리면 그 결과를 본 다른 연구자들의 추가실험(같은 결과가 재현되는지 확인하는 것)이나 관련 연구를 한 노력 · 연구비가 전부 헛되게 되어 버립니다. 또 논문에 중대한 오류가 포함되어 있다는 것이 발각되면 그 논문은 철회해야 하므로 집필에 들인 방대한 시간이 물거품이 됩니다.

이런 경우가 발생해서 자기 시간만 낭비되면 그나마 다행이지만 공동연구자의 시간도 빼앗는 것이 되므로 절대로 피해야 합니다[1]. 비즈니스에서도 큰 경영 판단을 하려는 데이터가 잘못된 경우 거액의 손실로 이어지기도 합니다.

---

1 필자도 자신의 분석에 오류가 발견되었다고 생각해 가슴이 철렁한 적이 몇 번인가 있습니다(다행히도 모두 착각으로 실제로는 정확한 분석을 하고 있었습니다).

이렇게 데이터 분석의 결과가 가진 파급효과를 생각하면 데이터에 포함된 오류를 확실히 찾아내서 처리해야 하며, 또 자신이 수집 · 처리한 데이터를 밖으로 공개할 때에는 **절대로 오류가 있어서는 안 됩니다.** 물론 인간은 실수하는 동물이기 때문에 실수를 완전히 없애기는 어렵습니다. 그러나 이런 인식으로 데이터를 살펴보고, 이 장에서 소개하는 점에 주의해서 데이터를 처리한다면 어느 정도 실수를 피할 수 있습니다. 데이터 분석의 초보자가 하기 쉬운 것이 분석을 대학의 리포트 수준(아니면 그 이하)의 정확도나 깊이로 해버리는 것입니다. 그러나 실제로 데이터 분석을 사용해서 무엇인가를 할 때는 그에 상응하는 책임이 생긴다는 것을 명심해 둡시다.

단위와 자릿수

먼저 데이터를 집계 · 입력할 때 오류의 원인이 되는 사항에 관해서 설명합니다. 자주 있는 오류 중 하나가 데이터를 수집하고 입력할 때 단위나 자릿수의 실수입니다. 3장에서도 간단히 소개했지만 예를 들면 다음과 같은 점이 단위에 관한 오류의 원인이 됩니다.

- 금액 단위(천 원, 백만 원) 등
- 외국 통화의 경우 어느 시점의 환율인가
- 야드, 파운드법과 미터법의 차이

이런 오류는 데이터를 집계할 때 상식적으로 생각하거나 독립된 다른 데이터와 대조해서 이상한 값이 없는지를 체크하면 거의 회피할 수 있습니다.

또 수치 데이터를 손으로 입력할 때 자주 발생하는 것이 0의 개수를 틀리는 것입니다. 이것은 조심하는 수밖에 없지만, 처음부터 데이터를 손으로 입력하는 환경이 절대 발생하지 않도록 하는 것이 중요합니다. **데이터는 손을 타면 탈수록 에러[2]가 생긴다**고 생각해주세요.

---

2 잘못된 순서나 이상 발생 또는 거기서 생기는 결과의 오류를 통칭해서 '에러'라고 합니다.

예를 들면 종이로 설문이나 조사를 하면 나중에 사람이 결과를 읽어서 전산화해야 합니다. 온라인으로 응답을 받으면 번거로움이 줄어들 뿐만 아니라 이런 실수가 생기는 위험도 줄어듭니다.

집계할 때에도 간단한 실수는 자주 발생합니다. 자주 하는 실수로는 표 계산 소프트웨어로 계산의 대상 범위를 잘못 설정하거나(특히 행이나 열을 숨김으로 설정했을 때), 피험자의 순서가 생각했던 것과 다르거나(ID순인지 이름순인지), 자동 채움 기능 때문에 수치가 날짜로 변경되어버리는 것들이 있습니다. 이것들은 **어떤 값에서 어떤 값으로 계산되었는지 확실히 추적해서 체크**하면 대부분 피할 수 있습니다. 모든 경우를 확인할 필요는 없지만, 예를 들면 일부의 경우에 대해서 독립된 다른 방법으로 계산을 하고 결과가 같은지를 확인하는 것이 효과적입니다.

이상치 확인

관측치 중에서 다른 관측치와 크게 동떨어져 있는 것을 **이상치**(outlier)라고 합니다. 데이터에 이상치가 포함돼 있으면 분석 결과가 크게 왜곡됩니다. 따라서 자기가 다루고 있는 데이터에 이상치가 있는지 체크하는 것은 중요합니다. 이상치라고 생각되는 값이 발견된 경우는 그 값이 어디서 나왔는지를 확인해서 확실히 이상하다면 제거하고 정확한 값을 알면 수정합니다.

예를 들어 성인 남성의 키를 측정한 데이터에 '1700cm'라는 값이 포함된 경우에 이것은 분명히 이상한 값이므로 제거합니다. 정확한 숫자는 '170cm'로 마지막 0을 두 번 입력한 것일 수도 있습니다. 가능하다면 그 데이터를 작성한 사람이나 원래 데이터를 참조해 확인합니다.

이렇게 데이터 수집 시점에 일어난 여러 실수나 계측기의 이상 등에 의해 발생하는 **이상치**(abnormal value)는 제거하되, 그외의 이상치는 제거하지 않을 수도 있습니다(다음 절에서 설명). 그럴 때는 이상치에 크게 영향을 받지 않는 분석 방법을 선택하는 등 여러 가지를 고려해야 합니다. [3]

---

3 (옮긴이) 원서에서는 outlier와 abnormal value에 해당하는 용어를 각각 '外れ値'와 '異常値'로 구분했는데, 국내에서는 일반적으로 '이상치'에 두가지 의미를 다 포함시키고 있는 것으로 조사되어 한 단어로 통일하되 영문을 병기했습니다.

이상치를 찾는 가장 간단한 방법은 데이터를 그래프로 그리는 것입니다. 위에서 소개한 키의 사례는 한 번에 발견할 수 있습니다(그림 6.1.1 왼쪽).

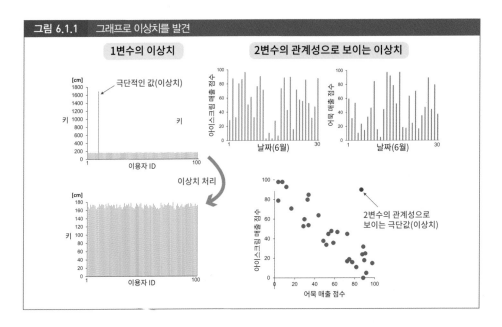

그림 6.1.1   그래프로 이상치를 발견

값 단독으로는 눈에 띄지 않아도 여러 변수 간의 관계성으로 보면 이상치인 것을 확인할 수도 있습니다. 그림 6.1.1 오른쪽은 어느 편의점의 '아이스크림 매출'과 '어묵의 매출'을 0에서 100까지로 점수화한 것(값이 크면 클수록 매출이 큼: 가공 데이터)을 보여줍니다. 각각의 값을 보면 매출이 적은 날이 있는 것이 눈에 띄지만, 키의 예에서 보이는 것처럼 극단적인 값은 보이지 않습니다. 이번에는 이 두 변수의 산점도를 그려봅시다(그림 6.1.1 오른쪽 아래). 그러면 이 두 개에는 강한 음의 상관관계가 보입니다. '기온이 높은 날은 아이스크림이 팔리고 어묵은 팔리지 않는다' 또는 반대로 '추운 날은 어묵이 팔리고 아이스크림이 팔리지 않는다'라는 관계가 있기 때문입니다.

이 데이터에는 다른 관측치들과는 크게 떨어진 위치에 아이스크림의 매출과 어묵의 매출이 매우 높은 날이 있다는 것을 알 수 있습니다. 이것은 데이터의 입력 실수일 수도 있지만, '데이터로는 정상이며 추운 날 아이스크림을 많이 산 손님이 있다'라는 상황을 나타내고 있는지도 모릅니다. 데이터 입력 실수라면 잘못된 값을 제거하거나 가능하다면 수정하되, 실제로 일어난 일이라면 이런 손님이 매출의 일정 비율을 차지하고 있을지도 모르므로 제거하지 않고 분석하는 편이 좋을 수도 있습니다.

어쨌든 여기서는 여러 변수의 값을 종합해서 보지 않으면 발견할 수 없는 이상치도 있다는 것을 기억해두세요.

또 극단적인 값이 아니지만 연속치(1.1425, −0.5289, 3.3292, −1.2664, … 같이 숫자가 나열된 데이터)에서 자주 발생하는 에러의 하나로 많은 장소에서 값이 0(또는 NaN[4]) 등의 다른 값이 있는 경우가 있습니다. 이런 데이터에서 많은 관측치가 0이 되는 것은 거의 있을 수 없으므로 계측이나 분석 처리 도중에 문제가 생겼다고 생각할 수 있습니다. 이런 경우 값이 0과 일치하는 수치의 개수를 프로그램으로 세거나, 눈으로 전체를 바라보면서 체크하는('0'은 줄지어 있으면 찾기 쉽다)것이 효과적입니다.

제거해도 괜찮은 이상치인가

이상치 같은 값이 발견되었다고 해서 그것이 정말 이상치인지 어떤지는 그 데이터만으로는 판단할 수 없는 때가 있습니다. '다른 관측치와 비교해서 특히 크(작)지만 정말 그런 값이었다'라는 패턴도 있기 때문입니다. 흥미로운 예로 1985년 갑자기 발견된 지구 오존 홀에 관한 연구가 있습니다. 남극의 오존의 양은 이전부터 계속 관측되었으며 극단적으로 낮은 값(오존 홀)이 관측되었을 때, 그 데이터를 이상치로 제거했습니다. 이것을 나중에 알아챈 연구자들이 다시 데이터를 정리해서 간신히 오존 홀의 존재를 알아차렸습니다.

이렇게 언뜻 봐서 이상치로 보이는 값이 관측되어도 실제 분석에서 제거할 것인가는 어려운 문제입니다. 계측값으로서 있을 수 없는 값이나 계측할 때의 에러라고 단정할 수 있다면 제거해도 괜찮을 것입니다. 반대로 그런 이유가 없는 경우는 단순히 다른 관측치와 동떨어져 있다는 이유로 안이하게 제거하면 안 됩니다.

4　not a number의 약자로 부정확한 계산(0으로 나누는 등)의 결과로 정상적인 값을 얻을 수 없는 것을 나타냅니다. 비슷한 개념으로 NA 또는 N/A(not avail-able)가 있습니다. 이것은 관측치가 들어올 장소에 유효한 값이 들어오지 않은것(=결측치)를 나타냅니다. NaN이나 NA가 포함된 데이터를 처리하려고 하면 대부분의 경우 도중에 에러가 발생하기 때문에 눈치채지 못하고 그대로 진행되는 경우는 별로 없지만, '0'은 그냥 계산되어 버리므로 발견하기 어렵습니다.

Supplementary Information: 무시할 수 없는 이상치(?)

- 이상치에 해당하는 부자: 세계에서 가장 부자는 아마존의 제프 베조스로 자산이 20조가 넘는다. 미국에서는 이런 이상치에 해당하는 부자 상위 1%가 국민 전체의 자산의 30% 이상을 보유하고 있다.

- 대공황의 발단: 서브프라임론을 증권화한 금융상품을 설계할 때 계산상 아주 작은 확률로 이상치의 사건이 일어나는 것은 무시했지만 2008년의 리만 쇼크는 이것이 실제로 발생한 것이다.

- 미증유의 자연재해: 재해 대책은 과거의 사례로부터 계산된 리스크에 근거해서 이루어지지만, 현실적으로는 사전에 예상되지 않았던(이상치로 간주된) 규모의 재해가 종종 발생하고 있다.

6.2 데이터의 분석 조작

데이터 해석까지의 흐름

여기서부터는 구체적인 데이터 처리과정을 살펴봅시다. 먼저 전형적인 데이터 분석작업의 흐름을 설명합니다[5](그림 6.2.1).

먼저 데이터 확보부터 시작합니다. 데이터는 목적에 따라 실험이나 조사를 하거나, 계측을 하는 시스템의 도입 · 데이터 출력(예를 들면 고객 데이터나 주문 데이터를 기록하고 관리하는 것), 공개 저장소에서 데이터 내려 받거나, 전문업자로부터 데이터 구입 등으로 확보합니다.

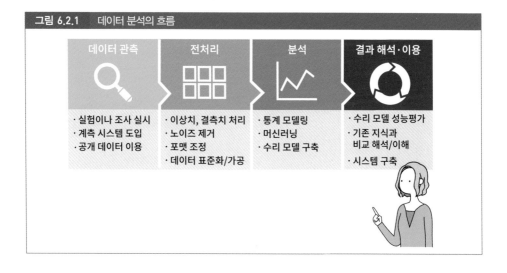

그림 6.2.1 데이터 분석의 흐름

데이터 관측	전처리	분석	결과 해석 · 이용
· 실험이나 조사 실시 · 계측 시스템 도입 · 공개 데이터 이용	· 이상치, 결측치 처리 · 노이즈 제거 · 포맷 조정 · 데이터 표준화/가공	· 통계 모델링 · 머신러닝 · 수리 모델 구축	· 수리 모델 성능평가 · 기존 지식과 비교 해석/이해 · 시스템 구축

애써서 데이터를 확보해도 유감스럽지만 바로 데이터 분석을 할 수 있는 것은 아닙니다. 데이터에 포함된 이상치나 **결측치**(missing value: 누락된 값)를 처리하고, 수치의 형식을 조정하고, 필요한 데이터를 결합하거나 잘라내고, 같은 값이 다르게 표시되어있는 것을 통일시키고, 노이즈 제거와 같은 작업이 필요합니다. 이것을 **전처리**(preprocessing)라고 합니다.

---

5 덧붙여 실제로 분석을 시작하기 전에 문제와 함께 어떤 데이터를 수집하고 어떻게 분석할 것인가와 같은 계획을 검토해야 합니다.

전처리는 데이터 분석의 품질을 결정하는 대단히 중요한 과정입니다. 요리로 말하면 생선의 내장과 비늘, 뼈를 처리하는 사전작업과 같습니다. 데이터 분석에서는 이 전처리에 가장 많은 시간이 걸린다고 해도 과언이 아닙니다(정말로 막대한 시간이 필요하기도 합니다). 따라서 일류 요리사처럼 사전 작업을 철저히 하는 것이 품질 좋은 데이터 해석으로 연결됩니다.

그리고 전처리가 끝나면 드디어 해석에 들어갑니다. 준비한 데이터를 목적에 맞는 방법을 이용해서 분석합니다. 그리고 마지막으로 나온 결과를 바탕으로 데이터를 해석하고 활용합니다. 데이터 분석, 해석에 대해서는 다음 장에서 자세히 설명합니다.

이렇게 데이터를 확보하고 나서 해석 · 활용에 이르기까지는 여러 단계를 밟아야 합니다.

각 처리에서 에러를 체크

좀 더 자세하게 하나하나의 처리를 살펴봅시다. 전처리 과정에서도 몇 가지 처리를 적용해서 데이터를 변환합니다(그림 6.2.2 왼쪽). 이런 처리는 스스로 분석 프로그램의 코드를 작성하거나(파이썬, 매트랩, C++, 자바, R, Stan, SQL 등), 엑셀 등의 표 계산 프로그램이나 통계 해석 소프트웨어를 이용해서 실시합니다.

데이터 변환 과정에서 실수하지 않기 위한 주의점을 설명합니다.

먼저 중요한 것이 **생각한 처리가 정확하게 이루어졌는지를 처리 전후에 모두 확인**하는 것입니다. 확인용 데이터를 준비해서 각 단계의 입력 데이터와 처리후에 나온 데이터를 대조해서 확인합니다. 확인용 데이터로는 프로그램이나 소프트웨어의 작동을 확인할 수 있는 최소한의 것을 적당히 준비합니다. 처리내용에 따라서는 항상 완벽하게 확인할 수 있다고는 볼 수 없지만 최선을 다합니다.

또 다른 중요한 점으로, 여러 가지 처리를 한 번에 해버리면 안 됩니다. 이렇게 하면 에러가 생겨도 발견하기 어렵고 어디서 잘못되었는지 파악하기 어렵습니다. 특히 두 가지 이상의 에러가 동시에 발생해버리면 발생할 수 있는 에러의 패턴이 기하급수적으로 증가해 분석에 숙련된 사람이라도 파악하는 데 시간이 걸립니다.

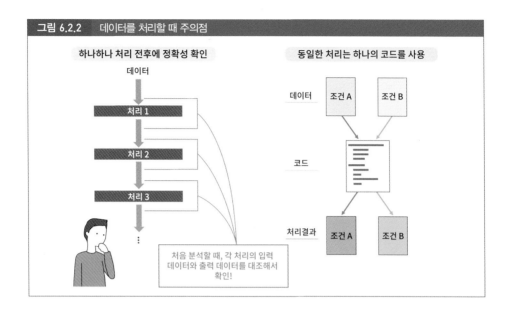

그림 6.2.2　　데이터를 처리할 때 주의점

하나하나 처리 전후에 정확성 확인

데이터

처리 1

처리 2

처리 3

처음 분석할 때, 각 처리의 입력 데이터와 출력 데이터를 대조해서 확인!

동일한 처리는 하나의 코드를 사용

데이터　　조건 A　　조건 B

코드

처리결과　　조건 A　　조건 B

처리 코드를 통일한다

데이터를 처리하는 프로그램을 작성하는 경우에 동일한 처리를 하는 코드는 하나로 정리하는 것도 중요합니다(그림 6.2.2 오른쪽). 특히 다른 조건(실험군 vs 통제군)의 데이터를 각각 다른 코드로 처리하면 코드의 차이(버전이나 매개변수)가 결과의 차이로 나타나는 위험이 발생합니다. 또 분석을 진행하면서 여러 가지 추가 분석을 하는 경우가 있지만, 이때에도 같은 처리를 하는 코드는 한곳에 모으고 간단히 복사해서 사용하지 않도록 하는 것도 중요합니다. 이것은 버전의 차이로 업데이트한 코드와 그렇지 않은 것이 섞이는 상황을 피하기 위해서입니다. 분석 코드를 수정해서 업데이트하는 경우는 반드시 날짜와 수정한 장소를 기록해둡니다.

분석 코드 관리

또 분석 코드와 출력 결과를 서로 참고할 수 있게 이름을 붙여 관리하는 것도 중요합니다. 결과에 잘못이 발견된 경우, 어떤 코드에서 어떤 처리를 했는지를 나중에 확인하기 위해서입니다. 또 소프트웨어를 사용한 분석에 대해서도 어떤 데이터를 어떻게 처리했는지를 기록해서 관리합니다.

처리 코드나 처리 후의 데이터는 나중에 어떤 처리를 했는지 확인하기 위해서 참조하게 됩니다. 이것은 필자의 경험상 거의 반드시 발생합니다. 따라서 나중에라도 (잊어버렸다 하더라도) 정확한 정보를 확인할 수 있게 세심하게 관리합니다.

최근에는 학술논문을 발표할 때 분석 코드 공개를 요구하는 곳이 늘어났습니다. 분석 결과만 나오면 된다는 기분으로 코드를 작성하면 이해하기 어려운 코드가 되기 쉬우며 자신뿐만 아니라 다른 사람이 봐도 알기 쉽게 자세하게 쓰는 것이 결국은 시간을 단축하는 일이 됩니다.

또 표 계산 소프트웨어 등을 이용해서 분석하는 경우는 원시 데이터(Raw data)가 들어 있는 파일을 직접 편집하는 것이 아니라 새롭게 복사본을 작성하고 그것을 편집하도록 합니다. 이렇게 하면 어떤 문제가 발생해도 다시 돌아와서 어디가 틀렸는지를 확인할 수 있습니다. 같은 파일을 몇 번이고 갱신하면 이런 추적이 어렵게 됩니다.

소프트웨어 이용

분석 소프트웨어나 공개된 분석 라이브러리를 사용하는 경우의 주의점도 살펴봅시다. 종종 우려되는 것이 분석 프로그램에 오류가 없는가 하는 것입니다. 특히 통계해석이나 알고리즘이 복잡한 분석에서는 이런 문제가 자주 발생합니다. 이상적으로는 동일한 분석을 자기 손으로 계산하거나 프로그램을 작성해서 같은 결과가 나오는지 확인하는 것이 가장 좋습니다. 그렇게 할 수 없는 경우는 다른 소프트웨어나 라이브러리로 같은 분석을 진행하고 결과를 비교하는 것도 효과적입니다. 비교한 두 개의 소프트웨어 · 라이브러리에 동일한 오류가 포함되어 있을 가능성은 아주 낮으므로 일반적으로 문제없을 것입니다[6].

위와 같은 문제보다 좀 더 자주 일어나는 것은 설정 · 계산한 것이 기대한 것과 다른 경우입니다. 단순한 예로 엑셀에서 데이터의 표준편차를 계산하는 함수 중 '=STDEV(수치 1, [수치 2], …)'가 실제로 계산하는 것은 2장에서 설명한 표준편차가 아닌 불편 표준편차라는 보정된 값

---

6 다만, 어떤 분석소프트웨어의 알고리즘이 다른 분석 소프트웨어에 포함되어 있는 경우도 (드물지만) 있으니 주의하세요.

입니다[7]. 내부 로직을 모르는 함수를 사용할 때는 반드시 사양을 확인합시다. 분석의 종류를 지정하는 매개변수들도 이것들이 무엇을 의미하는지를 반드시 확인해둡니다.

Supplementary Information: 알기 쉬운 코드를 쓰는 법

- 알기 쉬운 변수명: 주석을 읽지 않아도 변수나 함수의 이름만으로 무슨 처리를 하는지를 문장을 읽는 것처럼 이해할 수 있게 한다. 조금 시간이 걸려도 좋다.

- 여러 번 반복하는 처리는 하나로 정리한다: 함수나 클래스를 이용해서 반복하는 처리나 기능은 한곳에 모아둔다.

- 긴 처리는 가능한 한 분할한다: 처리의 내용이 많은 경우 나눠서 여러 개의 함수로 나누면 관리하기 쉽다.

- 짧게 쓰는 것이 항상 좋지만은 않다: 짧지만 이해하기 어려운 처리보다는 조금 처리가 길어지더라도 이해하기 쉬운 처리를 사용하는 것이 좋은 경우가 많다.

---

7 2.3절에서는 분산을 계산할 때 관측치의 개수 n으로 나눗셈을 했지만, 표본추출로 모집단의 분산을 추정할 때에는 이렇게 하면 분산이 작아진다고 알려져 있습니다. 이것을 보정하기 위해서 n이 아닌 $n-1$로 나눈 분산, 표준편차를 각각 불편 분산, 불편 표준편차라고 합니다. 또 엑셀에서는 '=STDEV.P(수치 1, [수치 2], …)'로 하면 일반적인 표준편차가, '=STDEV.S(수치 1, [수치 2], …)'로 하면 불편 표준편차가 계산됩니다.

6.3 데이터의 보관 관리

데이터의 보관

마지막으로 데이터의 보관 · 관리를 설명합니다. 분석 방법이나 코드의 기록과 동일하게 데이터 분석의 토대가 된 데이터나 자료는 오류가 발견된 후에도 확인할 수 있도록 관리해야 합니다. 또 실험으로 얻은 시료도 가능한 한 보관하는 것이 요구됩니다.

데이터 분석 결과를 학술논문에 발표하는 경우에 그 데이터는 원칙적으로 10년간 보존하는 것이 바람직하다[8]라고 되어있습니다. 또 실험으로 얻어진 시료도 장기간 보관이 가능한 것에 한해 5년간의 보존이 권장됩니다. 학술연구 이외에 데이터를 분석하는 경우 분야에 따라 필요한 보존 기간은 다르지만, 데이터 수집을 계획하는 단계에서 누가 언제까지 어떻게 데이터를 관리할 것인가를 검토해두는 것이 중요합니다. 데이터의 관리가 소홀해지면 시간의 경과와 함께 데이터의 분실이나 누설의 위험성이 커집니다.

데이터가 소규모라면 엑셀 파일이나 csv파일 등으로 충분히 관리할 수 있지만 대규모의 데이터(예를 들면 수백만 건의 고객 데이터)의 관리는 데이터베이스를 준비할 필요가 있습니다. 데이터 관리 장소로는 하드디스크나 스토리지 시스템 등 최근에는 보안이 뛰어난 온라인 스토리지 서비스도 있어 여러 가지 선택사항이 있습니다.

보안관리

데이터를 보존할 보존 매체의 보안에도 완벽히 해야 합니다만, 실제로 일어나고 있는 정보누설 사례로는 외부 공격에 의한 보존 매체의 취약성 문제보다는 내부자의 인적 요인에 의한 것이 대부분입니다.

---

8 데이터의 양이 너무 커서 보존이 어려운 등의 합리적인 이유가 있는 경우는 처리 중 발생한 데이터부터 먼저 삭제합니다(최초의 데이터와 처리 코드가 있다면 재현할 수 있기 때문). 10년이라면 길게 느껴질지도 모르지만 10년 전 정도의 학술논문이라면 다른 연구자로부터 문의를 받는 것이 충분히 예상 가능합니다.

예를 들면 안이하게 멀웨어를 실행해버리거나, 데이터가 있는 PC나 디스크를 밖에서 분실하거나, 패스워드의 관리가 허술해서 중요 데이터를 누구라도 꺼낼 수 있는 상태가 되기도 합니다.

높은 보안이 요구되는 경우는 데이터 저장 매체를 네트워크에 연결하지 않으며, 저장 매체의 접근을 관리하고, 데이터의 반출을 금지하는 등의 운용 측면도 포함된 종합적인 관리가 필요합니다. 보안 수준은 운용비용과 누설 시의 위험을 생각해 적절히 설정합니다. 누설되면 곤란한 정보는 처음부터 허술하게 보관하지 않는 것이 중요합니다.

개인정보 취급

데이터의 보관에서 특히 주의해야 하는 것이 개인정보 취급입니다. 개인정보[9]란 개인에 관한 정보 중에서 개인을 식별할 수 있는 것(일례로 이름, 생년월일을 조합한 것, 얼굴 사진, 지문, 유전자 데이터, 여권번호 등)을 가리킵니다. 또 다른 정보(회원리스트 등)와 결합해서 간단하게 개인이 식별되는 것도 여기에 포함됩니다.

개인정보의 취득, 보관, 양도 공개 등의 취급에 대해서는 '개인정보 보호에 관한 법률'('개인정보보호법')로 규정되어있습니다[10]. 취득할 데이터에 개인정보가 포함된 경우에는 가이드라인을 주의 깊게 확인하고 적절히 대처해야 합니다. 또 불필요한 개인정보는 취득하지 않는 것도 위험을 줄이는 데 중요합니다.

덧붙여 대학 외의 연구기관이 학술연구를 목적으로 하는 경우에는 개인정보 보호법의 대상에서 제외되지만 국가가 정하는 학술 윤리 가이드라인에 나타난 지침을 따릅니다.

---

9 일본의 개인정보보호법(2015년 개정)에 따른 것으로 국가에 따라 상세한 정의가 다릅니다. 또 향후 한층 넓은 범위로 대상이 확장되어 갈 가능성이 있습니다. 우리나라의 개인정보보호법에서 정의하는 개인정보에 관해서는 개인정보보호 포털의 관련 페이지(https://www.privacy.go.kr/nns/ntc/inf/personalInfo.do)를 참조하세요.

10 이 절의 내용은 본서 집필 시의 정보에 기초하고 있으며 향후의 법 개정에 의해 변경될 가능성이 있습니다. 최신정보를 참조하세요.

가명정보 활용

개인정보 취급에서는 엄한 규칙이 설정되어있지만, 개인정보를 가공하여 개인을 식별할 수 없게 한 **가명정보**라면 느슨한 기준으로 이용할 수 있습니다. 익명 가공의 예로는 다음과 같은 것 이있습니다.

- 특정 개인을 식별할 수 있는 정보를 삭제 또는 치환한다(예 : 이름 삭제나 이니셜로 치환, 얼굴이나 지문 등의 삭제)
- 개인정보를 다른 정보로 연관 지을 수 있는 리스트를 삭제한다
- 특정 개인을 식별할 수 있는 특이한 값은 삭제한다(예 : 나이 117살[10])

이렇게 가공된 데이터는 일정한 규칙하에 본인의 동의 없이 활용할 수 있습니다. 이것에 의해 통계, 기록보존, 과학적 연구 목적으로 가명정보는 동의 없이 활용할 수 있게 되었습니다.

또 다수의 개인 데이터를 통계를 바탕으로 처리한 것은 개인정보에 해당하지 않습니다. 따라서 예를 들면 어떤 조건을 만족하는 개인들의 평균값을 산출한 것 등은 개인정보 보호법의 규정에 얽매이지 않고 이용할 수 있습니다.

이 절에서 본 것처럼 데이터의 수집 · 분석뿐만이 아니라 확보한 데이터를 어떻게 관리 · 운용하는지에 대해서도 확실히 계획해둘 필요가 있다는 것을 기억해둡시다.

6장 정리
▪ 데이터 분석에서 오류는 큰 손실을 발생시키는 경우가 있다.
▪ 실행한 처리는 나중에 확인할 수 있도록 알기 쉽게 관리한다.
▪ 개인정보 취급, 보안을 포함한 데이터 관리계획이 중요하다.

---

11 2020년 집필 시 현재 세계 최고령인 다나카카고씨의 나이입니다.

일변수 데이터

여기부터는 구체적으로 먼저 일변수 데이터의 특징을 분석하는 방법에 대해서 설명합니다. 예를 들어 수학 점수라는 하나의 양을 한 반 전부 모은 데이터처럼 같은 변수를 계측한 관측치가 여러 개 있는 경우를 생각합니다. 여기서 알고 싶은 것은 '이 데이터가 어떻게 분포하고 있는가'입니다. 일변수 데이터의 이해는 이변수 이상의 데이터 분석의 기초가 되므로 확실히 알아둡시다.

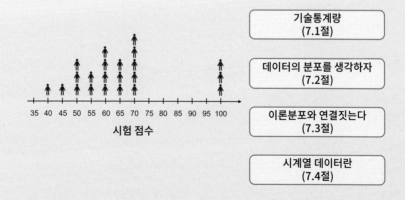

7.1 기술통계량

양적 변수와 범주형 변수

변수는 취할 수 있는 값이 수량인지 아닌 지에 따라 크게 두 가지로 나눌 수 있습니다. 수량을 나타내는 변수를 **양적 변수**(quantitative variable)라고 합니다. 수량으로 다룰 수 없는 것, 예를 들어서 성별, 통제군인지 실험군인지를 기술하는 변수, 무엇인가의 유무를 나타내는 변수, 선택지에 대한 응답 데이터와 같은 것들을 **범주형 변수**(categorical variable) 또는 **질적변수**(qualitative variable)라고 합니다. 설문조사와 같이 질문에 응답으로 받은 데이터에서 자주 출현합니다. 범주형 변수는 일반적으로 덧셈 · 뺄셈과 같은 계산이 불가능하고, 취할 수 있는 값의 패턴이 셀 수 있으며, 양적 변수의 표준적인 분석조작을 할 수 없는 경우가 많습니다.

이 장에서는 양적 변수와 범주형 변수 중에서 양적 변수의 분석방법을 중점적으로 설명합니다. 범주형 변수의 분석은 9.4절에서 소개합니다.

대표적인 값을 계산한다

제일 간단한 분석 방법으로 데이터의 평균값과 표준편차라는 양을 구하는 것을 생각할 수 있습니다. 이렇게 데이터의 특징을 표현하는 양을 **기술통계량**(descriptive statistic) 또는 **요약 통계량**(summary statistic)이라고 합니다. 예를 들어 평균이 70점이라거나 표준편차가 20점 정도로 퍼져 있는 것과 같은 상황을 파악 · 설명하는 데 이용할 수 있습니다.

데이터 전체를 대표하는 지표로서 기본이 되는 것이 평균값이지만, 이것 외에도 상황에 따라 유용한 여러 가지 기술통계량이 있습니다(그림 7.1.1). 하나는 **중앙값**(median)입니다. 이것은 데이터를 큰 데이터순(또는 작은 데이터순)으로 나열했을 때 가장 중앙에 있는 관측값을 가리킵니다. 개인의 재산액 등 전형적인 값의 몇 배나 되는 관측값이 포함되어있는 데이터에서는 단순히 평균값을 계산하면 큰 값에 영향을 받아 '실질적인 가운데'에서 한참 동떨어진 값이 되어버립니다. 만일 총자산액이 20조 원의 부자가 어떤 지방으로 이사한 경우, 그 지방의 개인 평균 자산액은 엄청나게 상승합니다. 하지만 중앙값은 이런 예외적인 관측값이 존재해도 영향을 받기 어려운 성질이 있습니다. 하지만 데이터가 정규분포와 같은 모양을 한 경우 평균값은 데이터 전체를 대표하는 값이 됩니다.

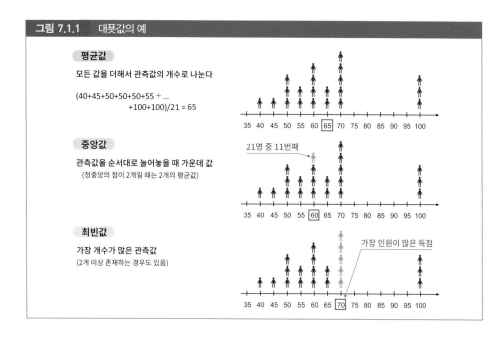

그림 7.1.1 대푯값의 예

평균값

모든 값을 더해서 관측값의 개수로 나눈다

(40+45+50+50+50+55 + ...
　　　+100+100)/21 = 65

중앙값

관측값을 순서대로 늘어놓을 때 가운데 값
(정중앙의 점이 2개일 때는 2개의 평균값)

21명 중 11번째

최빈값

가장 개수가 많은 관측값
(2개 이상 존재하는 경우도 있음)

가장 인원이 많은 득점

다른 유용한 기술통계량으로 **최빈값**(mode)이 있습니다. 그 이름처럼 관측치가 가장 많이 모여있는 점을 가리킵니다. 시험 점수의 예에서는 70점을 받은 학생이 가장 많다면 70점을 집단의 대표적인 학력 레벨로 해석한다고 사용할 수 있습니다. 단지 최빈값에는 '데이터에 포함된 관측값의 개수가 데이터가 취할 수 있는 값의 수보다 충분히 크지 않으면 대표하는 값으로의 역할을 잘 하지 못한다'라는 약점이 있습니다.

평균값은 전체 데이터의 특징을 보여주는 양, 중앙값은 데이터의 중심 주변의 모습을 보여주는 양, 최빈값은 가장 많이 출현한 값을 모습을 대표하는 양이며, 각각 목적이나 상황에 따라 알맞게 사용합니다. 실제로는 우선 평균값을 검토하고 데이터가 정규분포와 크게 다른 분포를 따를 경우, 중앙값이나 최빈값을 이용하는 것이 좋습니다.

산포를 표현하는 기술통계량

다음에 데이터의 산포를 표현하는 기술통계량에 대해서 설명합니다. 산포의 크기는 분산과 표준편차라는 지표로 특징을 나타낸다고 이미 여러 번 설명했습니다. 데이터가 정규분포에 가까운 분포를 따르는 경우, 평균과 분산(또는 표준편차)을 안다면, 분포의 형태에 관한 충분한 정보가 됩니다[1]. 이런 의미에서 이 지표는 데이터의 분포를 설명하는 데 가장 기본이 됩니다.

한편, 만약 데이터의 분포가 정규분포와 다른 형태라면 이것만으로는 불충분한 때도 있습니다. 산포를 설명할 때 좀 더 일반적으로 사용할 수 있는 기술통계량도 몇 가지 소개합니다.

우선 기본적이지만 의외로 중요한 것이 **최댓값**(maximum value)과 **최솟값**(minimum value)입니다. 이름 그대로 관측값에서 가장 큰 값과 가장 작은 값이며 데이터가 어떤 범위에 존재하는지 파악하려면 가장 먼저 확인해야 할 지표입니다.

다음으로 **백분위수**(percentile)의 개념을 설명합니다. 이것은 데이터를 작은 순서로 나열했을 때 작은 쪽에서부터 특정 비율에 있는 관측값을 나타냅니다. '50백분위수'를 예로 설명합니다(그림 7.1.2 오른쪽 아래). 데이터를 작은 순으로 나열하고 아래에서 개수를 세어 50%의 부분에 있는 데이터를 지정합니다. 데이터 전체가 100개의 관측값으로 구성되어 있다면 아래에서 50번째가 50백분위수가 됩니다. 많은 독자가 알아차렸으리라 생각되지만, 이것은 앞에서 소개한 중앙값과 같은 것입니다. 백분위수는 50% 이외에도 계산할 수 있습니다. 특히 25백분위수, 50백분위수, 75백분위수에는 특별한 이름이 붙어있고, 각각 **제1사분위수**, **제2사분위수**, **제3사분위수**라고 합니다(그림 7.1.2 왼쪽).

---

1 정규분포의 형태를 결정하는 매개변수는 평균값과 분산(표준편차)의 두 가지 양이기 때문에, 이것들이 정해지면 정규분포가 확정됩니다.

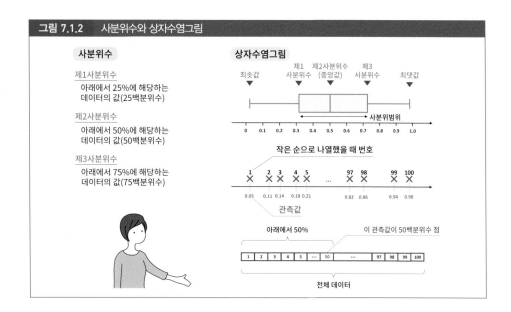

그림 7.1.2   사분위수와 상자수염그림

이 **사분위수**(quartile)를 보면 데이터가 어떻게 퍼져있는지를 파악할 수 있습니다. 상자수염그림(box plot)은 사분위수와 최댓값·최솟값의 정보를 종합해서 데이터 전체가 어떻게 분포하고 있는지를 보여줍니다(그림 7.1.2 오른쪽 위). 또 제1사분위수에서 제3사분위수까지, 다시 말해서 아래에서 25%~75%까지 데이터의 50%가 포함된 범위의 폭을 **사분위범위**(interquartile range: IQR)라고 하고 산포의 지표로 활용합니다.[2]

그 밖에 자주 사용되는 백분위수 지표로 5백분위수, 95백분위수가 있습니다. 이것들은 5% 정도의 확률로 생기는 작은 값이나 큰 값을 제거한 데이터의 최솟값·최댓값이 어느 정도의 값이 되는지를 파악하는 데 사용합니다. 단순히 최솟값, 최댓값을 구하는 것보다 이상치에 대해 엄격한 지표가 됩니다.

기술통계량에는 위에서 소개한 것 외에도 상황(특정 이론분포를 따르는 것을 알고 있는 경우 등)에 따라 유용한 지표가 여러 가지 존재하며, 분포 형태를 모르는 상황에서는 먼저 이러한 지표를 이용해서 대강의 모습을 파악할 수 있습니다.

---

2   이 상자의 바깥쪽 1.5×사분위범위(IQR)의 범위보다 밖으로 나온 관측치, 다시 말해서 '(25백분위수)− 1.5×IQR'보다 작거나 '(75백분위수) + 1.5×IQR' 보다 큰 값을 이상치로 보는 기준도 종종 사용됩니다. 1.5×IQR이라는 숫자는 상자수염그림을 고안한 J. W. Tukey(1915~2000)가 정의한 것으로 정규분포라면 약 2.7σ보다 바깥쪽 범위를 이상치로 보고 대응합니다.

기술통계량만으로 파악할 수 없다

기술통계량은 데이터의 특징을 간단히 종합한 양이지만 데이터의 분포가 특수한 형태를 하고 있으면 실제와는 동떨어진 상황을 예상해버리는 경우가 있으므로 주의해야 합니다. 예를 들어 평균값과 분산을 계산하면 '데이터는 대체로 평균값 주위에 이 정도의 분산으로 퍼져있구나'라는 생각을 하게 되지만, 그룹이 두개 이상 있는 분포나 특정 값에 데이터가 집중되는 분포라면 오히려 잘못된 양이 됩니다(그림 7.1.3).

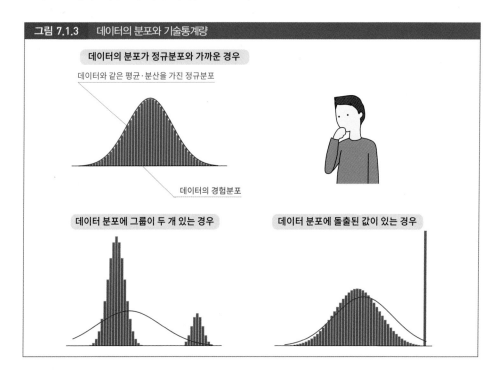

그림 7.1.3   데이터의 분포와 기술통계량

7.2 데이터의 분포를 생각하자

분포를 보자

기술통계량은 데이터의 분포가 정규분포나 그 외의 특정분포에 가깝다면 특징을 잘 설명할 수 있지만, 데이터의 분포가 특수한 형태를 한 경우에는 사용할 수 없습니다 (그림 7.1.3). **기술통계량은 분포 전체의 정보를 대략 종합한 것**이므로 세세한 부분은 표현할 수 없기 때문입니다.

세세한 부분까지 파악하려면 분포의 형태를 실제로 살펴봐야 합니다. 예를 들면 앞의 그림 7.1.1에서 평균이 65점, 표준편차가 16.6점이라고 계산할 수 있지만, 분포의 형태는 정규분포와 크게 다릅니다. 특히 70점을 받은 사람이 가장 많지만 75~95점을 받은 사람이 0명이고 100점이 3명이라는 것이 특징입니다. 여기서는 70점이 기본 문제로 배점되어 있고 나머지 30점은 내용을 깊이 이해하지 못하면 풀지 못하지만, 이해하는 학생에게는 간단한 문제였다는 내용이 숨어있을지도 모릅니다.

데이터가 어떻게 분포하고 있는지를 가시화하는 여러 가지 방법을 소개합니다. 그림7.2.1은 동일한 데이터를 여러 가지 방법으로 가시화한 것을 보여줍니다.

먼저 그림 7.2.1 왼쪽 위와 같이 단순히 관측값을 그대로 그린 것을 **스트립플롯**(strip plot) 이라고 합니다. 점이 겹친 곳에 어느 정도 관측치가 모여있는지를 보기 쉽게 한 **스웜플롯** (swarm plot)도 자주 사용합니다[3]. 또 단순히 히스토그램을 그리는 것도 물론 좋은 방법의 하나입니다. 이것들은 데이터의 분포를 그대로 보는 방법이지만 기술 통계량에도 흥미가 있는 경우는 그림 7.2.1 아래와 같은 그래프를 이용합니다.

---

3   스트립플롯에서도 각각의 점을 좌우에 무작위로 퍼뜨려 겹치는 것을 보기 쉽게 하는 방법도 있습니다.

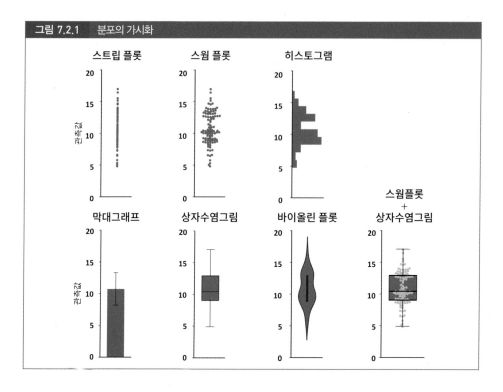

그림 7.2.1   분포의 가시화

막대그래프(bar plot)는 데이터의 평균값과 (필요에 따라서) 산포의 크기를 **에러바**(error bar)로 표시한 그래프입니다. 에러바는 상황에 따라 표준편차나 표준오차, 신뢰구간 등의 값을 나타내므로 사용할 때에는 에러바가 무엇을 나타내고 있는지 표시해야 합니다. 막대그래프는 평균값과 산포의 정보 밖에 가지지 않아 분포를 설명하기에는 불충분할 때도 많습니다.

상자수염그림은 데이터가 어느 범위에 어느 정도의 산포로 퍼져 있는지를 표현하는 우수한 방법으로 실제 데이터 분석에서도 자주 이용됩니다. **바이올린 플롯**(violin plot)도 최근 자주 사용됩니다. 이것은 데이터의 분포를 커널 밀도추정이라는 방법으로 추정해서 표시한 것입니다. 이 방법은 데이터에 두 개의 최빈값이 있는 것 같은 세세한 특징까지 표현할 수 있습니다. 단 바이올린 플롯을 모르는 사람은 정확한 정의를 알기 어려운(설명하기에 시간에 필요한) 것이 약점입니다.

이렇게 각 가시화 방법에는 상단점이 존재하며 이것들을 조합해서 사용할 수도 있습니다. 예를 들어서 상자수염그림과 스웜플롯을 조합하면 관측치가 어느 정도로 분포하고 있는가와 함께 기술통계량의 값도 표시할 수 있습니다.

이런 그래프는 파이썬이나 R 등의 분석 패키지로 제공되어 간단히 이용할 수 있습니다[4].

목적에 맞는 가시화

분포의 가시화로 몇 가지 방법을 소개했지만 실제로 어떤 방법을 사용하면 좋을까요? 여기에서는 기본적인 개념을 살펴보겠습니다.

데이터의 분포의 정보를 완전히 재현하고 싶다면 스웜 플롯이나 바이올린 플롯, 히스토그램을 사용하거나 이것들을 함께 사용하는 것이 좋습니다. 반면 분포 그 자체에는 흥미가 없는 경우도 있습니다. 특히 표본 크기가 작고 원래 분포의 형태를 추정하기에는 정보가 너무 작은 상황은 자주 발생합니다. 또 데이터의 분포 자체가 의미가 있다고 생각할지, 오차로서의 산포에 불과하다고 생각할 지라는 관점도 중요합니다(2.3절). 분포의 형태에 흥미가 없는 경우는 데이터가 어느 정도의 범위에서 퍼져있는지만을 알면 되므로 막대그래프나 상자수염그래프를 이용합니다.

한편 분포의 형태 자체에는 흥미가 없어도 데이터에 어떠한 가공을 하는 경우, 이상치나 특수한 데이터의 분포로 인해 악영향이 출현하지 않을지를 확인하고 싶은 경우가 있습니다. 이때 스웜플롯 등으로 모든 관측치를 표시해서 비정상인 일이 일어나지 않았는지 체크합니다. 최근 학술잡지 등에서는 막대그래프보다 좀 더 원래 데이터의 분포를 알 수 있게 표시하도록 권장하는 경우가 늘어나고 있습니다.

히스토그램의 함정

히스토그램은 분포의 형태를 알기 위한 유용한 방법이라고 설명했지만 변수가 연속치인 경우 빈의 폭을 어떻게 설정할 것인가라는 문제가 발생합니다. 시험 삼아 400개의 관측치를 빈의 폭을 바꿔서 히스토그램을 그려봤습니다(그림 7.2.2). 각각의 조건에서 받는 인상이 크게 바뀝니다. 빈이 너무 크면 분포의 세세한 형태가 사라지고, 반대로 너무 작으면 삐죽삐죽한 형

---

4   스웜 플롯과 바이올린 플롯을 제외하면 엑셀에서도 충분히 그릴 수 있습니다.

태가 되어버립니다. 실제 데이터를 분석할 때 우연히 나타난 데이터의 치우침이, 빈의 폭에 따라서는 의미가 있는 것 같은 패턴으로 보이는 경우가 있습니다. 이것이 본질적인지는 좀 더 상세하게 조사해서 판단해야 하며, 우선 빈의 폭에 의해 히스토그램의 외형이 크게 바뀐다는 것을 기억해두세요. 정확한 빈의 폭에 대해서 일정 기준을 주는 공식과 같은 것이 몇 가지 존재하지만 실제로 이것들은 별로 도움되지 않습니다. 원래 '정확한 빈의 폭'이라는 것은 존재하지 않습니다. 어떤 빈의 폭이라도 그 폭에서 볼 수 있는 데이터의 한 측면을 나타내기 때문입니다. 실제로 어떤 세세한 특징에 주목할지에 따라 빈의 폭을 설정합니다.

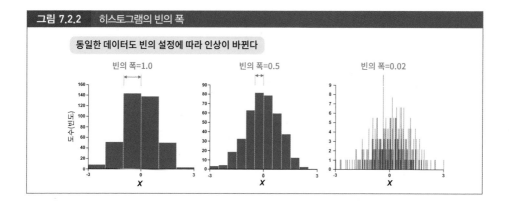

그림 7.2.2 히스토그램의 빈의 폭

동일한 데이터도 빈의 설정에 따라 인상이 바뀐다

7.3 이론분포와 연결짓는다

이론분포를 생각하자

문제에 따라서는 확보한 데이터가 특정 이론분포(2.3절)로 잘 설명할 수 있는 경우가 있습니다. 정규분포가 여러 분야에서 자주 등장한다는 것은 설명했습니다. 이런 이론분포는 정규분포 이외에도 존재하며, 데이터가 생성되는 메커니즘을 시사하는 경우도 있습니다. 예를 들어 시간 간격에 관계있는 데이터(기계 고장이 발생할 때까지의 시간 분포나, 서비스 대기시간의 분포 등)는 좌우대칭이 아닌 분포를 따르는 경우가 자주 있으며 이 경우에는 정규분포와는 다른 이론분포의 이용을 검토합니다(표 7.3.1). 이런 분포에는 각각 '어떤 프로세스 결과로 발생하는가'라는 메커니즘이나 '실제 어떤 양이 그 분포를 따르는가'와 같은 특징이 이미 알려져 있어 데이터 해석을 할 때 참고할 수 있습니다.

2.3절에서도 설명했듯이 이론분포에는 그 형태를 결정하는 **매개변수**(parameter)라고 불리는 값이 존재합니다. 예를 들면 정규분포는 평균값과 표준편차라는 두 개의 매개변수를 가지고 있습니다. 이 이론분포가 데이터의 분포와 가깝게 되도록 매개변수의 값을 결정하는 것을 **매개변수 추정**(parameter estimation) 또는 **피팅**(fitting)이라고 합니다. 이렇게 데이터를 이론분포로 표현하는 것을 **통계모델링**(statistical modeling)이라고 합니다.

예를 들어 0 또는 1이 관측되는 대상을 여러 번 관측해서, 1이 나오는 횟수의 경험분포를 조사한 결과, p=0.2인 **이항분포**(binomial distribution: 표 7.3.1)와 거의 일치한다고 합시다. 그러면 이 대상은 앞면이 나올 확률이 20%인 동전을 여러 번 던지는 것과 비슷한 프로세스로서 0 또는 1을 무작위로 생성하는 것으로 추정할 수 있는 것입니다. 표 7.3.1에 나타낸 내용을 모두 외울 필요는 없지만, 분포의 이름이나 이런 분포가 존재한다는 것은 머릿속에 넣어두면 좋습니다.

표 7.3.1 자주 등장하는 분포의 예

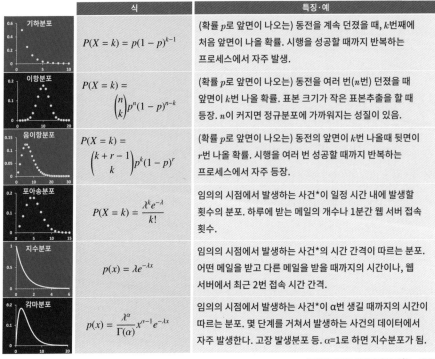

	식	특징·예
기하분포	$P(X = k) = p(1 - p)^{k-1}$	(확률 p로 앞면이 나오는) 동전을 계속 던졌을 때, k번째에 처음 앞면이 나올 확률. 시행을 성공할 때까지 반복하는 프로세스에서 자주 발생.
이항분포	$P(X = k) = \binom{n}{k}p^n(1 - p)^{n-k}$	(확률 p로 앞면이 나오는) 동전을 여러 번(n번) 던졌을 때 앞면이 k번 나올 확률. 표본 크기가 작은 표본추출을 할 때 등장. n이 커지면 정규분포에 가까워지는 성질이 있음.
음이항분포	$P(X = k) = \binom{k + r - 1}{k}p^k(1 - p)^r$	(확률 p로 앞면이 나오는) 동전의 앞면이 k번 나올때 뒷면이 r번 나올 확률. 시행을 여러 번 성공할 때까지 반복하는 프로세스에서 자주 등장.
포아송분포	$P(X = k) = \dfrac{\lambda^k e^{-\lambda}}{k!}$	임의의 시점에서 발생하는 사건*이 일정 시간 내에 발생할 횟수의 분포. 하루에 받는 메일의 개수나 1분간 웹 서버 접속 횟수.
지수분포	$p(x) = \lambda e^{-\lambda x}$	임의의 시점에서 발생하는 사건*의 시간 간격이 따르는 분포. 어떤 메일을 받고 다른 메일을 받을 때까지의 시간이나, 웹 서버에서 최근 2번 접속 시간 간격.
감마분포	$p(x) = \dfrac{\lambda^\alpha}{\Gamma(\alpha)}x^{r-1}e^{-\lambda x}$	임의의 시점에서 발생하는 사건*이 α번 생길 때까지의 시간이 따르는 분포. 몇 단계를 거쳐서 발생하는 사건의 데이터에서 자주 발생한다. 고장 발생분포 등. α=1로 하면 지수분포가 됨.

(* 독립적으로 일정하게 발생하는 사건)

꼬리가 두꺼운 분포

대체로 정규분포로 볼 수 있는 분포라면 평균값과 분산이라는 기술통계량만 알아도 괜찮지만, 특히 주의해야 할 것은 지금까지 여러 번 등장한 '대단히 큰 값이 무시할 수 없는 확률로 발생하는 분포'입니다. 예를 들면 경제 데이터의 분석에서 자주 사용되는 **로그 정규분포**(log-normal distribution)라는 것이 있습니다.

이 분포는 이름대로 로그로 변환[5]하면 정규분포가 되는 분포입니다. 이렇게 변환하면 매우 큰 값이 무시할 수 없는 확률로 발생하는 분포를 표현할 수 있습니다. 이 분포의 끝을 분포의 **꼬리**(tail)라고 하고, 이런 성질을 가진 분포를 '**꼬리가 두꺼운 분포**'라고 표현합니다. 꼬리가 두꺼운 분포에는 그 외에도 **파레토 분포**(Pareto distribution), **레비 분포**(Lévy distribution), **와이블 분포**(Weibull distribution) 등 여러 가지가 있습니다. 꼬리가 두꺼운 분포에는 분산과 평균이 존재하지 않는 경우가 있으며 이것들은 분석에는 이용할 수 없습니다.[6]

로그정규분포는 정규분포와 같이 여러 분야에서 발생하기 쉬운 분포입니다. 예를 들면 투자처럼 자금이 무작위로 몇 배가 되는 (줄어들어도 괜찮음) 이벤트를 여러 번 반복하는 프로세스를 생각해봅시다. 이때 최종적으로 남은 자금은 임의의 배율을 초기투자액에 차례차례 곱한 것이 됩니다(그림 7.3.1). 이 투자에 계속해서 이긴 사람은 자금이 몇 배로 늘어나며 최종적으로는 매우 큰 금액이 될 것입니다.

이 식의 양변에 로그(log)를 취합니다. 그러면 로그의 세계에서 곱셈은 덧셈이 되므로 배율의 곱이 합으로 바뀝니다. 이것은 확률변수의 합이며 이것을 따르는 분포는 중심극한정리에 의해(조건을 만족한다면) 정규분포에 가까워집니다[7]. 이것을 로그를 취하기 전의 원래의 세계에서 보면 로그 정규분포로 바뀐 것입니다. 랜덤으로 몇 배가 되는 프로세스가 배후에 있다면 로그 정규분포가 출현하기 쉽다는 것을 반드시 알아두세요. 매우 큰 값이 출현하는 데이터는 먼저 변수를 로그 변환한 후에 분포의 특징을 보는 것도 효과적입니다.

---

5   하나의 축(여기서는 가로 측)을 로그 눈금으로 한 그래프를 로그 그래프라고 합니다. 배수로 늘어나는 것(감염병의 감염자 수나 소득분포)를 표현하는 데 자주 사용됩니다.

6   이론분포(2.3절)의 평균, 분산의 참값 이야기임에 주의하세요. 경험분포(2.3절)에서는 원래 데이터가 유한한 값을 유한 개 모은 것이기 때문에 (표본)평균과 (표본) 분산을 계산하는 것이 가능합니다.

7   이 책에서는 조금 어려운 수준의 이야기이지만, 익숙하지 않은 독자는 중심극한정리에 관해서 설명한 2.3절도 함께 읽어보세요.

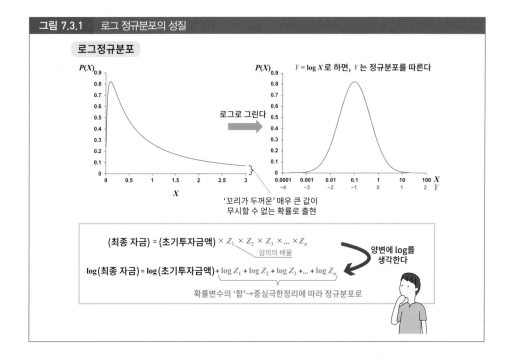

그림 7.3.1   로그 정규분포의 성질

누적분포함수로 경험분포와 이론분포를 비교

경험분포의 형태를 직감적으로 파악하기 위해서는 히스토그램을 이용하는 것이 편리하지만 정량적으로 분포의 형태를 측정할 때는 **누적분포함수**(cumulative distribution function)를 이용합니다. 누적분포함수는 확률분포로부터 계산할 수 있는 함수입니다. 이것은 확률분포를 왼쪽부터 보면서 그 장소보다 왼쪽에 어느 정도의 비율의 데이터가 존재하는지를 나타내는 함수입니다(그림 7.3.2). 이것도 데이터가 어떻게 퍼져있는지를 표현하고 있으며, 확률분포와 동일한 정보를 가지고 있습니다. 이 정의에 따라 어떤 영역에 들어간 데이터의 비율을 구해서 계산할 수 있습니다. 그림 7.3.2는 정규분포로부터 생성한 400개의 데이터의 경험분포와 원래 이론 분포인 정규분포의 누적분포함수를 계산해서 비교한 것을 보여줍니다.

여기에서 중요한 점은 함수의 성질상 빈의 폭을 따로 지정하지 않아도 된다는 것입니다. 확률분포에서 경험분포와 이론분포를 직접 비교하려고 하면 빈의 폭을 '잘' 설정해야 하며 잘 설정해도 어느 정도는 어긋납니다. 그러나 누적분포함수는 이렇게 정확도 높게 비교할 수 있습니다. 확률변수의 합을 취하기 때문에 임의의 요소가 서로 상쇄되고 평균적인 모양을 볼 수 있는 것입니다.

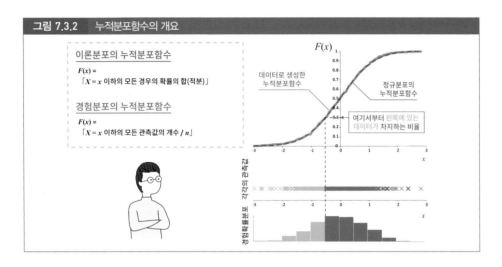

그림 7.3.2 누적분포함수의 개요

7.4 시계열 데이터란

동일한 양을 계속 관측한다

하나의 변수를 여러 번 관측해서 시간적인 추이를 보는 경우를 생각해봅니다. 이런 데이터를 **시계열 데이터**(time series data)라고 합니다. 3장에서 소개한 자폐아 비율의 연도별 추이(그림 3.1.2)도 시계열 데이터의 일종입니다. 이 책에서는 지금까지 시간적으로 변화가 없는 대상을 여러 번 관측하는 작업이 자주 등장했지만, 이 절에서는 시간적으로 변화하는 대상이 '어떻게 변화하는지'에 주목합니다. 예를 들면 어떤 신상품의 일일 매출이 어떻게 변화하는지를 분석해봅시다. 인기상품이 되어 지금부터 점점 매출이 늘어날지, 반대로 불발로 끝나서 점점 판매되지 않을지, 팔려도 어느 정도의 기간 팔릴지 등이 궁금합니다.

시계열 데이터는 관심 있는 변수와 시간을 나타내는 변수로 이루어진 데이터입니다[8]. 그래서 언뜻 보면 이변수 데이터로 볼 수도 있지만 '시간'은 특별한 변수이므로 일반적인 이변수 데이터를 분석하는 방법은 거의 적용할 수 없습니다. 이것은 시간 경과가 다른 변수에 주는 영향이 단순하지 않고 상황에 따라 다양하기 때문입니다(그림 7.4.1). 어떤 변수 X의 시간 변화를 생각해봅시다. 시간을 나타내는 변수를 t로 둡니다. X의 값은 t 값에 의해 변화하는 것처럼 보이지만 잘 생각해보면 X의 값에 't 값 그 자체'가 영향을 주고 있는 것이 아닙니다. X의 과거의 값이나 시간에 따라 다른 그것 이외의 요인이 X의 값을 결정합니다. 따라서 t를 일반 변수로 다루면 분석이 잘 안 되므로 시계열의 분석에 특화된 방법을 이용해야 합니다.

시계열해석은 심오해서 이 절에서 전부 설명하기는 어려우며, 여기서는 시계열 데이터 특유의 성질인 주기변동과 자기상관을 소개합니다.

---

8 여러 변수의 시간 변화를 기록한 데이터를 분석하는 경우도 있습니다. 이런 데이터를 **다차원 시계열데이터**(multivariate time series data)이라고 합니다. 여기서는 일차원시계열에 한정해서 설명합니다.

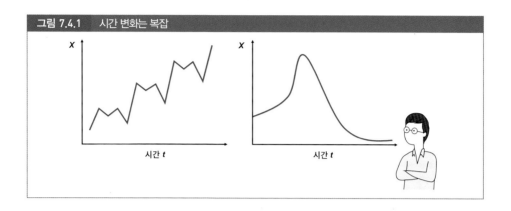

그림 7.4.1   시간 변화는 복잡

주기성분 분리

데이터에서 본질적인 정보를 끌어내려면 관측할 때 발생하는 산포나 다른 요인의 영향을 처리하는 것이 중요합니다. 물론 이것은 시계열 데이터도 마찬가지입니다. 시계열 데이터는 제거하고 싶은 영향이 특정한 시간적 구조로 되어있는 경우가 있습니다. 예를 들면 '편의점에서 어떤 상품의 매출'을 보면 매일매일 편차가 있지만 요일에 따라 일정한 변동 패턴(예: 주말에 고객이 많고 수요일은 가장 적어 매출에 영향을 줌)을 보이는 경우도 있습니다(그림 7.4.2: 가공 데이터).

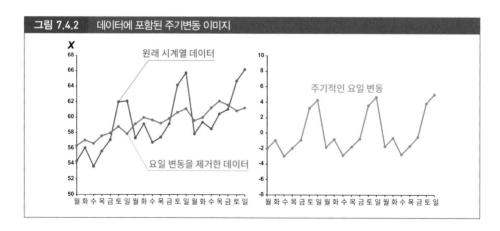

그림 7.4.2   데이터에 포함된 주기변동 이미지

요일이나 계절의 영향처럼 비슷하게 반복되는 변동을 **주기변동**(periodic fluctuation)이라고 합니다. 주기변동이 존재한다는 것을 파악한 경우에는 원래의 시계열 데이터를 주기변동 성분과 그 이외의 변동 성분으로 나누면 데이터의 경향을 좀 더 확실히 볼 수 있습니다. 만일 주기변동을 단순한 잡음(각 시각에서의 독립적인 산포)으로 보면 분석이 부정확해집니다[9]. 주기변동은 1주기(요일이라면 1주일)마다 같은 값으로 돌아가는 특징이 있음으로 이것을 이용하면 좀 더 정확한 분석을 할 수 있습니다.

가장 간단한 주기변동 제거 방법은 주기마다 차분을 계산하는 방법입니다. 예를 들어서 '일요일에 손님이 많이 온다'라는 효과는 지난주 일요일에도 이번 주 일요일에도 같다고 생각되므로 두 일요일의 매출 차이를 계산하면 이 효과를 제거할 수 있습니다. 다른 요일도 지난주의 같은 요일과 어느 정도 변동했는지를 계산하면 요일의 영향을 어느 정도 제거할 수 있습니다.

마찬가지로 계절변동을 제거하고 싶으면, 예를 들면 작년의 같은 날과 차분을 계산하는 것을 생각할 수 있습니다. 또 주기변동은 잡음으로 제거되지만, 주기변동 자체가 분석의 대상이 되는 경우도 있습니다. 특정 요일에 어느 정도 손님이 오는지를 수치로 알고 있다면 그것에 따라 판매전략을 세울 수도 있습니다.

주기변동성분을 분리하려면, 당연하지만 1주기보다 많은 양의 데이터가 필요합니다. 요일 변동이라면 1주일 전 데이터가 있으면 좋으며 계절변동이라면 1년 전 데이터가 필요합니다. 주기 성분의 제거 방법에는 차분을 계산하는 것과 수리 모델을 이용한 고도의 방법이 있으며 좀 더 자세한 것은 참고서를 참고하세요.

과거의 영향을 자기상관으로 본다

시계열 데이터는 같은 대상을 계속해서 측정한 것이므로 인접한 관측치끼리는(측정 간격이 짧다면) 기본적으로 비슷할 것입니다. 또 주기변동이 있는 데이터는 어떤 주기로 떨어진 점끼리는 비슷한 값일 것이라고 기대합니다. 이렇게 '과거의 값이 어느 정도 미래의 값에 영향을 미치고 있는가'를 정량화하는 방법으로 **자기상관**(autocorrelation)이라는 양을 계산하는 접근이 있습니다(그림 7.4.3).

---

9   예를 들면 각종 가설검정이나 회귀분석 방법은 각 관측값에 독립적인 우연오차가 포함되어 있다고 가정합니다.

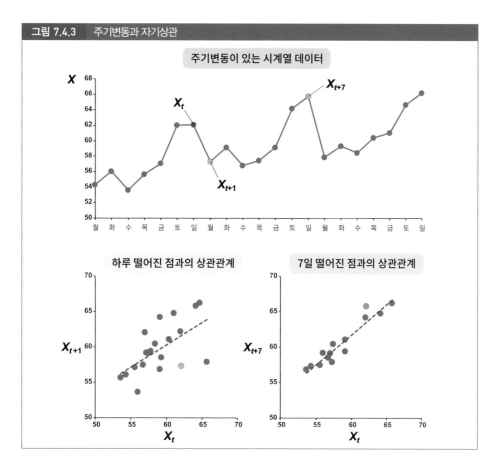

그림 7.4.3　주기변동과 자기상관

자기상관에서는 주목하는 시간의 폭, 예를 들면 바로 옆(시간 폭=1)의 데이터를 쌍으로 생각합니다(그림 7.4.3 위). 그림 7.4.3 왼쪽 아래와 같이 모든 쌍에 대해서 가로축에 과거의 값, 세로축에 대응하는 미래의 값으로 산점도를 그릴 수 있습니다. 이 그림에 의한 상관계수가 자기상관계수가 됩니다[10]. 이 예에서는 1주일의 주기변동이 있으므로 7일 떨어진 점으로 계산한 자기상관계수가 가장 큰 값이 됩니다. 자기상관계수의 값을 모든 시간 폭으로 각각 계산해서 종합한 것을 **자기상관함수**(autocorrelation function)라고 합니다. 그 자기상관함수의 성질을 조사하면 데이터의 시간적인 구조를 파악할 수 있다고 알려져 있습니다.

10　문제에 따라서는 다른 정의의 자기상관(함수)를 사용하기도 하지만 기본적인 개념은 여기서 소개한 것과 같습니다.

시계열 데이터를 분석하는 것은 현상의 배후에 있는 동적 메커니즘을 직접 파악하는 것입니다. 이 세상에는 셀 수 없이 많은 종류의 메커니즘이 존재하므로 각각에 맞는 적절한 해석 방법이 필요합니다.

이 절에서는 시계열 데이터의 '무엇이 다른 종류의 데이터와 다른가'라는 것에 중점을 두고 설명했습니다. 좀 더 알고 싶은 독자는 참고서를 참고하세요.

7장 정리

- 기술통계량을 계산하면 데이터의 대략적인 특징을 파악할 수 있다.

- 분포를 가시화하는 방법은 목적에 맞게 선택한다.

- 이론분포와의 연결로 데이터의 생성 메커니즘을 찾을 수 있다.

- 시계열 데이터 특유의 시간적인 구조에 주의하자.

변수 간의 관계를 조사한다

데이터 분석의 중심은 두 그룹 사이의 관계를 조사하는 것입니다. 두 그룹 간에 차이가 있는지, 두 그룹 사이에 상관관계가 있는지와 같은 것이 관심 대상입니다. 이 장에서는 '왜 이런 절차를 밟지 않으면 안 되는가'라는 기초 개념에 중점을 두고 이변수 데이터의 특징을 파악하는 구체적인 방법론을 설명합니다. 데이터로부터 결론을 도출할 때 중요한 도구인 가설검정도 자세히 설명합니다.

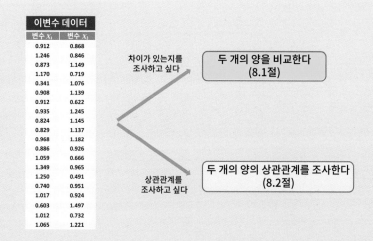

이변수 데이터	
변수 x_1	변수 x_2
0.912	0.868
1.246	0.846
0.873	1.149
1.170	0.719
0.341	1.076
0.908	1.139
0.912	0.622
0.935	1.245
0.824	1.145
0.829	1.137
0.968	1.182
0.886	0.926
1.059	0.666
1.349	0.965
1.250	0.491
0.740	0.951
1.017	0.924
0.603	1.497
1.012	0.732
1.065	1.221

차이가 있는지를 조사하고 싶다 → **두 개의 양을 비교한다 (8.1절)**

상관관계를 조사하고 싶다 → **두 개의 양의 상관관계를 조사한다 (8.2절)**

8.1 두 개의 양을 비교한다

어느쪽이 큰가

우선 동일한 양을 두 그룹이나 조건에 대해 분석하는 상황을 생각해봅시다. 이것은 실험이나 조사에서 가장 기본적인 문제로 자주 나타납니다. 실험이라면 통제군과 실험군에 차이가 있다는 것을 나타내는 것을 목표로 하거나, 편의점의 상품 1과 상품 2의 매출 데이터를 비교해서 어느 쪽 상품이 잘 팔리는지를 조사하는 것과 같습니다.

주목하는 양에 관한 데이터를 두 대상으로부터 수집해 어느 쪽이 큰지를 비교해서 결론을 내리고 싶다고 합시다. 예를 들어 편의점의 상품 1과 상품 2의 하루 매출 데이터를 살펴보니, 상품 1은 54개, 상품 2는 62개 팔렸습니다. 자, 그날은 상품 2가 잘 팔렸지만, 이 사실을 가지고 상품 2가 잘 팔리는 상품이라고 판단할 수 있을까요[1]?

사실은 이렇게 한정된 숫자만으로 결론을 도출하려고 하면 틀리는 경우가 많습니다. 이에 대해 순서대로 설명합니다.

편차와 결과의 중요성

여기서 비슷한 다른 문제를 생각해봅시다. A와 B의 체중을 측정하고 누가 무거운지 조사해봅시다. 사용할 체중계는 일반적으로 판매되는 것으로 계측값은 조금씩 편차가 있지만, 체중계의 기능으로는 충분합니다. A와 B가 각 1번씩 측정한 결과 A가 54.0kg, B가 62.0kg이었습니다. 이 경우에 상식적으로 생각하면 B가 확실히 무겁다는 결론을 내릴 것입니다. 이것은 우리가 일반적인 체중계에서 8kg의 차이가 체중계의 오차로 뒤집히는 일은 없다는 것을 알고 있기 때문입니다. 다른 예를 생각해봅시다. A와 B는 게임에서 점수 많이 내기로 시합을 합니다. 이 게임은 랜덤한 요소가 강해서 플레이할 때마다 점수는 크게 차이 납니다. 어떤 날의 결과로 A가 54점, B는 62점이 나왔습니다. 그날은 B가 A보다 높은 점수를 기록했지만, 우연히

---

1   여기에서 상품 판매의 외적 요인(홍보 여부, 미디어 소개 등)은 상품 1과 상품 2의 차이가 없는 것으로 합니다.

B 쪽이 점수가 높았을지도 모릅니다. 따라서 이 결과를 가지고 A보다 B가 게임을 더 잘한다는 결론을 내리기는 어렵습니다.

이렇게 두 양(量)을 비교할 때에는 데이터에서 보이는 차이가 (여러 번 측정했을 때 보이는) 편차의 크기와 비교해서 충분히 큰지를 조사해야 합니다.

여기서 다음과 같은 두 가지 문제가 발생합니다.

- 편차의 크기를 어떻게 알 수 있는가
- 어느 정도의 차이가 있어야 '충분히 크다'라고 할 수 있는가

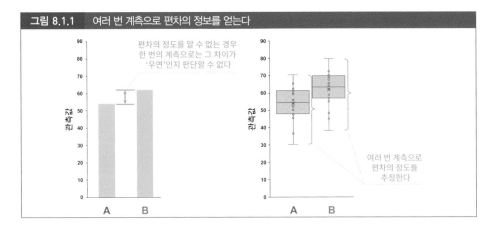

그림 8.1.1   여러 번 계측으로 편차의 정보를 얻는다

데이터의 생성과정이나 성질을 잘 아는 경우를 제외하고 편차의 참값의 크기를 관측한 데이터로부터 정확하게 계산하기는 어렵습니다. 그래도 여러 번 관측을 반복하면 추정을 할 수는 있습니다. 예를 들면 관측값의 표본 크기가 크다면 (불편)표준편차를 계산해서 표준편차의 참값에 가까운 값을 얻을 수는 있습니다. 반대로 한 개의 관측값에서 산포를 추정할 수는 없습니다. 따라서 산포의 크기를 모르는 두 양의 많고 적음을 비교하는 문제에서는 기본적으로 관측값들의 '그룹끼리'의 비교를 해야 합니다(그림 8.1.1).

어느 정도 차이가 나야 충분히 크다고 할 수 있는지는 다음에 설명하는 것처럼 확률에 근거해서 평가합니다. 다만 생각하고 있는 관측값의 차이와 비교해서 산포의 크기가 명확하게 작다

는 것을 알고 있는 경우(체중계의 오차 등)에는 단순히 한 개의 관측값끼리 비교해서 결론을 내려도 문제없습니다.

가설검정의 개념

데이터에서 보이는 성질이 어느 정도 '우연히 일어난 것이 아닌가'를 평가하는 데 자주 사용되는 방법이 **가설검정**(hypothesis testing)입니다[2]. 여기서는 우선 간단한 예로 그 개념[3]을 배워봅시다.

2장에서 등장한 체중계를 다시 사용해봅시다. 그 체중계는 정확하게 50kg인 물건을 올리면, 평균 μ=50kg, 표준편차 σ=0.1kg인 정규분포를 따르는 산포로 측정 결과를 표시합니다(그림 8.1.2). C는 얼마 전 다이어트 후의 정밀 검사 결과로 체중이 정확히 50kg이었다[4]'라는 것을 알고 있습니다. 일주일 후에 체중이 늘지 않았는지 궁금해서 이 체중계에 다시 올라갔습니다. 그 결과는 50.2kg이었습니다. 이때 'C는 체중이 증가했다'라고 할 수 있을까요?

이 문제에 대해서 가설검정을 해봅시다.

먼저 주장하고 싶은 가설과는 반대이며, '체중은 50kg에서 변하지 않았지만 오차 때문에 우연히 50.2kg이 나왔다'라는 가능성을 생각해봅시다. 이렇게 '제시하고 싶은 차이나 특징은 존재하지 않지만, 우연히 그랬다'라는 '제시하고 싶은 주장을 부정하는 가설'을 가설검정에서는 **귀무가설**(null hypothesis)이라고 합니다. 이 귀무가설의 타당성을 검증함으로써 만약 귀무가설이 타당하지 않다면 그 반대의 상황을 의미하는 가설(**대립가설**: alternative hypothesis)인 **'우연으로는 설명할 수 없는 차이나 특징이 데이터에 보인다'**라는 해석이 타당하다고 생각할 수 있습니다.

그러면 구체적으로 살펴봅시다.

---

2   이 내용은 비교적 까다롭기 때문에 초보자인 분들은 필요하다면 이 절을 반복해서 읽는 것을 추천합니다. 가설검정은 여러 가지 분야에서 넓게 사용되고 있지만 분석 이론으로서는 어려운 쪽이라고 생각합니다.

3   현재 넓게 사용되는 가설검정은 피셔의 가설검정 이론과 네이먼 피어슨에 의한 가설검정의 이론 논쟁으로 생긴 불완전한 하이브리드형 이론입니다. 그래서 운용과 해석에 다양한 문제가 지적되고 있습니다.

4   정확하게 50kg일 수는 없지만 여기서는 정확하게 딱 50kg이라고 합시다.

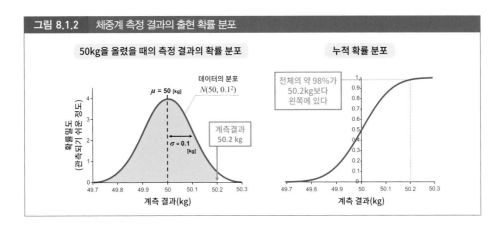

그림 8.1.2   체중계 측정 결과의 출현 확률 분포

귀무가설이 옳다면 체중의 참값은 50kg이므로 체중의 계측값은 앞에서 이야기한 확률분포에서 생성되었을 것입니다(그림8.1.2 왼쪽). 이때 50.2kg처럼 0.2kg 큰 값이 계측될 확률은 어느 정도일까요?

이것을 평가하기 위해 계측값이 50.2kg 미만이 될 확률을 계산합니다. 확률분포에서 50.2kg보다 왼쪽에 있는 부분의 비율(면적)을 구하면 됩니다. 이것은 7.3절에서 등장한 누적분포함수(그림 8.1.2 오른쪽)로도 계산할 수 있습니다.

이 예에서는 약 98%가 이 영역에 포함됩니다. 다시 말해서 일반적으로 측정하면 약 98%나 되는 '매우 높은 확률'로 50.2kg보다 작은 값이 나와야 하지만 실제 계측값은 그렇지 않은 값이 나온 것이 됩니다.

가설검정에서는 이렇게 '귀무가설에 의하면 작은 확률의 사건이 발생했다'라는 경우, 그 사건을 '우연'으로 설명하기보다 '귀무가설이 틀렸다'라고 해석하는 쪽이 타당하다고 생각합니다. 따라서 귀무가설을 채택하지 않고(**기각한다**라고 합니다) 대립가설(제시하고 싶은 가설)을 채택하게 됩니다. 결론도 'C의 체중은 50kg보다 **유의하게 크다**'라고 표현합니다.

가설검정에서는 이렇게 귀무가설을 만들고 그것을 근거로 관측으로 보인 성질이 '우연적으로' 발생할 확률[5]을 계산합니다. 이 확률을 p **값**(p value)이라고 합니다. 이번 경우 p 값은 $p=0.02$가 됩니다.

p 값이 작으면 대립가설이 채택된다고 설명했지만, 어느 정도로 작아야 될까요? 이 기준을 **유의수준**(significance level)이라고 하고, α라는 문자로 표현합니다. 설정할 유의수준 값에 정답은 없지만 자주 사용되는 것이 $\alpha=0.05$나 $\alpha=0.01$이라는 기준입니다[6]. $\alpha=0.05$로 설정하면 p 값이 $p=0.05$보다 작을 경우 유의한 차이나 경향이 보였다고 결론을 짓게 됩니다. 가설검정에 따른 주의점에 대해서는 9장에서 자세히 설명합니다.

가설검정 사용법

여기서 초보자를 위해 가설검정의 사용법을 개략적으로 소개합니다.

(1) 가설 설정

먼저 데이터를 분석하기 전에 제시하고 싶은 가설을 결정합니다 '두 그룹 사이에 차이가 있다', '두 변수 사이에 상관관계가 존재한다'(다음 절에서 설명합니다) 등이 여기서 말하는 대립가설이 됩니다. 그러면 귀무가설도 결정됩니다.

(2) 검정 방법 선택

다음으로 목적에 맞는 검정 방법을 선택합니다. 나중에 설명하겠지만 대부분의 경우에 '이런 경우에는 이런 방법을 사용한다'라는 것이 알려져 있습니다

앞의 예에서는 귀무가설에 의해 생성되는 데이터의 확률분포(=50kg인 사람을 계측했을 때의 관측값의 분포)를 사전에 알고 있었습니다. 그러나 일반적으로는 이 확률분포를 알 수 없

---

5 '우연히' 발생할 확률을 계산하려면 데이터의 확률분포를 알고 있어야합 니다. 이번에는 확률분포가 이미 알려진 체중계를 사용했지만 실제로는 데이터에서 추정하거나 모델을 가정하는 작업이 필요합니다.
6 분야에 따라서는 α=0.001이나 좀 더 작은 값을 사용하는 일도 있습니다.

습니다. 따라서 임의의 확률분포로 가정하고 그 매개변수의 일부를 데이터로부터 추정하거나 아예 분포에 의존하지 않는 평가 방법을 이용하게 됩니다. 이런 확률분포의 계산 방법이나 문제 정의에 따라 여러 가지 검정 방법이 존재합니다[7]. 실제로는 이 계산은 분석 소프트웨어에 의해 이루어지므로 문제마다 어느 방법을 사용해야 하는지만 이해한다면 (우선은) 분석을 할 수 있습니다.

(3) 가설검정 시행

분석소프트웨어에 데이터를 입력하고 가설검정을 지정하면 자동으로 계산된 결과가 출력됩니다. 구체적으로는 p 값이나 검정의 타당성을 평가할 여러 가지 지표가 검정 방법에 따라 계산됩니다. p 값이 사전에 결정한(아니면 습관적으로 이용되는) 유의수준보다 작은지와 평가지표를 종합적으로 판단하고 제시한 가설을 주장할 수 있는지 검토합니다.

▌ t 검정을 이용한 두 그룹 비교

그러면 실제로 가설검정을 해봅시다. 그림 8.1.3에 보이는 두 개의 그룹 A와 B에서 얻은 관측값을 비교해서 이 두 그룹 사이에 차이가 있는지를 조사합니다. 각각의 표본 크기는 $n=20$ 입니다. 유의수준은 $\alpha=0.05$로 설정합니다.

먼저 어떤 검정 방법을 이용할 것인가를 결정합니다. 이렇게 문제나 조건에 따라 이용하는 방법이 다릅니다. 지금부터 이 선택의 흐름을 소개합니다. 초보자는 대략 읽고 '이런 것을 검토해서 방법을 결정하는구나'라는 것만 이해하면 문제없습니다.

먼저 관측치의 분포가 정규분포라고 볼 수 있는지를 검토합니다. 이것을 **정규성**(normality)이라고 합니다. 데이터가 정규성을 만족시키고 있는지는 또 다른 가설검정[8]으로 검정할 수 있습니다. 만약 데이터가 정규분포와 다르다면 만-위트니 U 검정(Mann-Whitney U test)을 이용합니다. 예를 들면 표본 크기가 작거나 데이터가 꼬리가 두꺼운 분포를 따른다고 생각되

---

7   이 책에서는 상세한 방법은 생략합니다. 자주 이용되는 가설검정 방법을 정리한 참고서가 분야마다 존재하고 있으니 필요하면 참고하시길 바랍니다.

8   정규성 검정이라고 합니다. 콜모고로프 스미르노프 검정(Kolmogorov-Smirnov test)이나 샤피로-윌크 검정(shapiro-wilk test)이 알려져 있습니다.

는 경우가 여기에 해당합니다. 다음으로 정규성을 만족하는 경우에는 두 그룹의 분산이 같은
지(**등분산성** homoscedasticity이라고 합니다)를 검토합니다. 이것도 분산에 차이가 있는지
를 조사하는 가설검정을 이용할 수 있습니다(*F* **검정**:*F* test). 등분산성을 가정할 수 있는 경
우에는 **스튜던트** *t* **검정**(Student's *t* test), 가정할 수 없는 경우에는 웰치 *t* 검정(Welch's *t*
test)을 사용합니다.

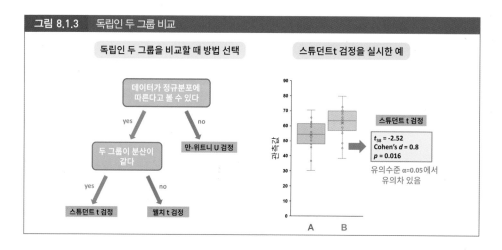

그림 8.1.3   독립인 두 그룹 비교

이렇게 검토한 결과 스튜던트 *t* 검정이 적당하다는 결론이 났다고 합시다. 스튜던트 *t* 검정은
데이터의 표본평균이나 (불편) 분산으로부터 *t* **값**(*t* value)이라는 두 그룹의 차이를 나타내
는 양을 계산합니다. *t* 값은 데이터가 가정을 만족한다면 *t* **분포**(t distribution)라는 (이론)
확률분포를 따르는 것을 알고 있으며[9] *t* 값을 이용해서 *p* 값을 계산할 수 있습니다. 검정 자체
는 통계분석 소프트웨어를 이용해서 데이터를 입력하고 방법을 지정하면 완료됩니다(자기 손
으로 프로그램을 짜거나 계산하는 일은 드뭅니다). 결과로 *t* 값이나 **효과크기**(effect size)라
고 불리는 차이의 크기를 정량화한 양(여기서는 **코헨의** *d* : Cohen's *d*라는 양을 표시합니다)
과 함께 *p* 값이 계산됩니다. 여기서는 *p* 값(*p*=0.016)이 유의수준 *α*=0.05보다 작아서 두 그
룹 사이에 유의한 차이가 인정됩니다. *p* 값은 '차이가 있는지 없는지'에 관한 정보만 주므로
'차이가 어느 정도 큰가'에 대해서는 효과크기 같은 지표도 참고해야 합니다. 여기에 대해서는
다음 절에 자세히 설명합니다.

---

9 체중계의 예에서는 관측치의 확률분포의 정보를 사전에 완전히 알고 있었기 때문에 이런 방법은 필요 없었습니다. 한편 이 문제에서는 각 그룹이 어떤 평균과
표준편차를 가지는 정규분포를 따르는지 모르기 때문에 연구해서 분포의 형태가 결정되는 양(*t* 값)을 만들고, 그 확률분포를 이용하는 것입니다. 이런 양을 **검
정통계량**(test statistic)이라고 합니다.

대응 비교

이번에는 다음과 같은 문제를 생각해봅시다. 자신의 몸무게에 관심이 많은 피험자 20명이 1주일간의 식생활 개선의 프로그램에 참가했습니다. 그림 8.1.4는 피험자들의 프로그램 참가 전(개입 전)과 참가 후(개입 후)의 몸무게를 그린 것입니다[10]. 개입 전후의 그룹의 평균값의 차이를 보면 데이터의 편차에 비해서 작게 보입니다(그림 8.1.4왼쪽).

이것은 이 프로그램에는 체중을 감소시키는 효과는 없다는 것일까요?

사실은 그렇지 않습니다. 이렇게 같은 사람을 추적한 데이터에서는 전체적인 평균의 차이뿐만 아니라 개인의 차이에도 주목해야 합니다. 그림 8.1.4 오른쪽에 표시한 것처럼 개입 전후의 차이를 보면 이 데이터에서는 개인이 평균 2kg 정도의 감량에 성공한 것을 알 수 있습니다. 이번에는 감량 폭에 비해 피험자들의 원래 체중의 편차가 크기 때문에, 개입 전과 개입 후의 조건만 비교하면 언뜻 차이가 없는 것처럼 보이지만 실제로 봐야 할 것은 체중 변화량의 편차입니다.

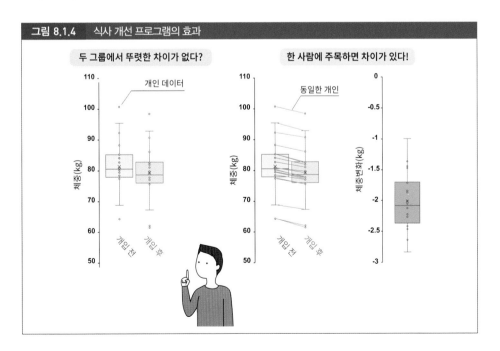

그림 8.1.4　식사 개선 프로그램의 효과

10　가공 데이터입니다.

이렇게 두 그룹 간의 관측값끼리 연결해서 비교하는 것을 **대응 비교**(paired comparison)라고 하고, 그렇지 않은 일반적인 비교를 **비대응 비교**(unpaired comparison)라고 구별합니다.

비교 데이터끼리 서로 대응이 되는 데이터(대응 표본)는 앞에서 소개한 독립인 두 그룹에 대한 가설검정 방법은 이용할 수 없으며 다른 방법을 이용합니다. 데이터의 분포가 정규분포라고 가정할 수 있는 경우는 **대응 표본 t 검정**(paired t test), 볼 수 없는 경우는 **윌콕슨 부호 순위검정**(Wilcoxon signed-rank test)을 이용합니다. 이번 예에서 '대응 표폰 t 검정'을 실시하면 $p < 10^{-13}$이 되고 유의하게 체중이 감소했다는 결론을 얻을 수 있습니다.

8.2 두 개의 양의 상관관계를 조사한다

상관관계의 유무

두 변수 사이의 상관관계는 4장에서 기초를 설명했습니다. 여기서는 분석을 할 때 이런 관계성을 발견하고 특징을 파악하는 방법과 개념을 설명합니다.

두 개의 양이 관측되고 있을 때, 그 사이에 관계성이 있는지를 조사하는 상황을 생각해봅시다. 예를 들어서 '대학생의 입학 성적과 졸업 성적에는 어떤 관계가 있는가', '기온과 방문 고객 수 사이에 어떤 관계가 있는가' 같은 것입니다. 또 여기서 분석할 두 변수 간의 데이터는 대응 관계여야 한다는 것에 주의하세요. 앞에서 단순한 두 그룹 비교에서는 대응 관계에 상관없이 비교하고 분석할 수 있었지만, 상관관계를 조사할 때에는 하나의 관측대상에서 두 개의 정보를 얻어야 합니다.

먼저 해야 할 것은 데이터를 산점도로 그리고 분석 소프트웨어 등을 이용해서 상관계수를 계산하는 것입니다(그림 8.2.1 위). 이상치가 포함되어 있는지도 체크합니다. 상관계수의 값의 크기를 보면 관계성을 대충 파악할 수 있었습니다(4.1절). 그림 8.2.1 아래는 여러 가지 경우의 상관계수를 보여줍니다. 두 변수 간에 큰 상관관계가 인정되는 경우는 관계성이 있다는 것을 시사한 것이므로 그것을 근거로 좀 더 상세한 분석을 진행합니다. 또 절댓값이 큰 상관계수가 나왔다고 해서 그것만으로 결론을 지으면 안 됩니다.

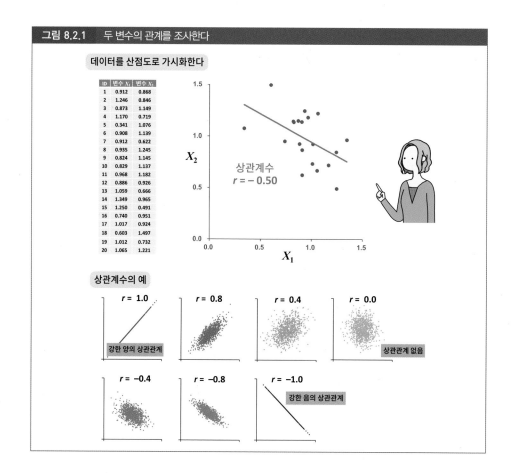

그림 8.2.1   두 변수의 관계를 조사한다

상관계수의 함정

상관계수는 편리한 지표이지만 만능은 아닙니다. 분석 초기에 산점도를 그리는 과정이 필요하다고 설명했지만, 그 작업을 건너뛰고 상관계수의 값만 보면 발목을 잡히는 경우가 자주 있습니다.

그림 8.2.2 좌측 상단은 앞에서 소개한 데이터에 이상치(5.0, 5.0)을 추가한 것입니다. 이상치를 추가하기 전에는 $r=-0.50$이라는 음의 상관관계가 보였지만 이상치를 추가한 후 상관계

수를 계산하면 $r=+0.90$이라는 강한 양의 상관관계가 보입니다. 이렇게 상관계수는 이상치에 크게 영향을 받으므로 주의해야 합니다[11].

또 데이터에 여러 개의 그룹이 존재하는 경우 주의해야 합니다. 그림 8.2.2 상단 오른쪽을 보면 각 그룹 안에서는 상관관계가 없지만 두 개의 그룹이 분포하는 위치가 달라서 계산해보면 전체에서 상관관계가 있는 것처럼 보입니다. 평균값이 다른 2개 이상의 집단이 데이터에 포함되는 경우는 한 번에 분석하지 말고 각각 나눠서 생각합시다[12].

또 상관관계가 없다고 해서 특별한 관계성이 없다고는 할 수 없습니다(그림 8.2.2 왼쪽 아래). 상관계수는 어디까지나 직선적인 관계성을 측정하는 지표이므로 그 외의 특징을 표현할 수 없습니다. 이런 특징을 발견하려면 역시 산점도를 그리는 것이 기본입니다.

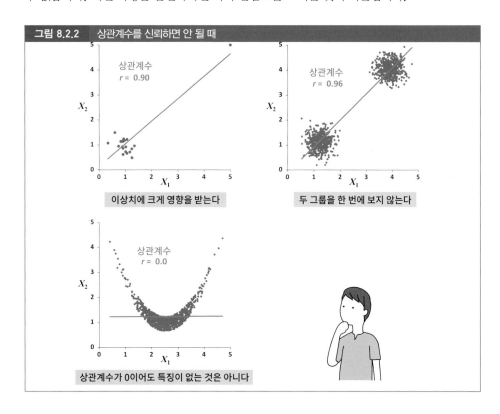

그림 8.2.2   상관계수를 신뢰하면 안 될 때

상관계수
$r = 0.90$
이상치에 크게 영향을 받는다

상관계수
$r = 0.96$
두 그룹을 한 번에 보지 않는다

상관계수
$r = 0.0$
상관계수가 0이어도 특징이 없는 것은 아니다

---

11 이상치에 크게 영향을 받는 그림을 나타내고 '양/음의 상관관계가 있다'라고 주장해버리는 예를 종종 볼 수 있습니다만, 이런 경우에서는 상관계수의 값 자체에는 어떤 의미도 없습니다.
12 이렇게 데이터의 분포가 완전히 두 개로 분리된 경우에는 알기 쉽지만 붙어버린 경우에는 산점도만으로 판별하기는 어렵습니다.

상관관계와 가설검정

그림 8.2.3은 두 개의 표본에 대한 산점도를 그리고 상관계수를 계산한 것입니다. 두 개의 표본은 표본 크기는 다르지만 상관계수는 같습니다. 표본 크기가 큰 쪽의 데이터는 두 변수 간에 양의 상관관계가 있는 것처럼 보이지만 작은 쪽의 데이터에는 어떤가요? 4개의 점이 직선으로 늘어서 있기는 하지만 관측값의 편차로 '우연히' 이런 배치가 되었을 가능성은 없을까요?

실제로 데이터 분석을 할 때는 이렇게 '우연히' 상관계수가 큰 값이 나오는 경우가 자주 있습니다.

역시 이런 경우에 사용하는 것이 가설검정입니다. 여기서는 '상관계수 $r=0$이다'를 귀무가설로 설정하고 '실제로 상관관계는 없지만, 우연히 수집된 데이터에 상관계수(여기서는 $r=0.92$)가 발생할 확률'을 값으로 계산합니다. 이 값이 사전에 설정한 유의수준보다 작다면 귀무가설로는 설명하기 어려운 것이 일어났다는 것이므로 대립가설인 '상관계수가 0이 아니다'라는 가설을 지지할 수 있는 것입니다.

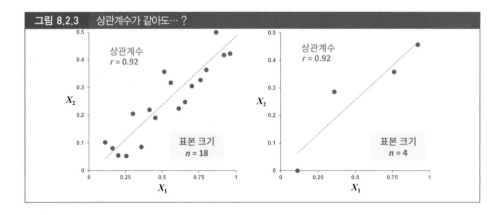

그림 8.2.3   상관계수가 같아도… ?

이 가설검정을 **무상관 검정**이라고 합니다.

그림 8.2.3 왼쪽 데이터에 무상관 검정을 실시하면 $p<10^{-7}$가 되어 유의수준 $\alpha=0.15$에서 유의한 상관관계가 인정되며 그림 8.2.3 오른쪽은 $p=0.069$가 되어 '상관관계가 있다고는 할 수 없다'라는 결론이 됩니다. 여기서 주의할 점은 p 값이 유의수준보다 커서 귀무가설이 채택되

었더라도 상관관계가 없다는 것을 나타내는 것은 아니라는 것입니다. 여기에서 주장은 어디까지나 '상관계수가 0일 가능성은 남아있다'라는 것입니다.

효과크기와 p 값의 해석

상관계수는 앞의 두 그룹 비교에서도 등장한 효과크기의 일종입니다. 효과크기라는 것은 주목하는 차이나 관계성의 크기를 나타내는 양이었습니다. 효과크기인 상관계수가 크다면 두 변수 간에 강한 관계성이 기대되며, 표본 크기가 작으면 그 효과크기가 우연히 발생할 가능성을 고려해야 합니다. 여기서 결과 해석에 대해서 정리해둡시다.

먼저 어느 정도 큰 상관계수가 얻어져야 '강한 상관관계가 있다'라고 말할 수 있는지에 대한 결정된 기준은 없습니다. 이것은 분야나 데이터에 따라 달라지기 때문입니다. 일반적으로 강한 관계성이 존재한다고 생각되는 두 변수 간에는 $r=0.8 \sim 0.9$정도가 요구되며, 큰 우연오차가 포함된 데이터에서는 $r=0.5 \sim 0.7$ 정도라도 '충분히 강한 상관관계'라고 말할 수 있습니다.

또 이것과는 **독립**적으로 생각해야 하는 것이 가설검정입니다. 표본크기가 작다면 비교적 큰 상관계수도 '우연적으로' 발생합니다. 그 정도를 평가하는 것이 무상관 검정이었습니다. 무상관 검정에서 평가하는 것은 '상관관계가 0인지 아닌지'이며 **상관관계의 강도**를 p 값으로 주장하기는 어렵습니다. 그리고 일반적으로 같은 상관계수의 크기라도 샘플 크기가 크다면 p 값은 작아집니다[13].

위에서 설명한 상관계수의 값과 무상관 검정의 결과를 종합적으로 판단해서 변수 간의 상관관계를 평가합니다(그림 8.2.4).

---

13 '샘플 크기를 너무 크게 하면 무엇이든 유의하게 되어버려 좋지 않다'라는 이야기를 자주 들을 수 있지만 그런 일은 없습니다. 먼저 정말 전혀 관계가 없는 두 개의 변수 간에 유의한 상관관계가 인정될 확률은 표본 크기가 어떻든 유의수준과 일치합니다. 다음으로 유의한 상관관계 존재 여부와 상관계수의 크기는 어디까지나 독립입니다. '유의하지만 상관계수가 작다'라는 상황이라면 '어떤 관계성이 적어도 존재한다'라고 주장할 수 있습니다. 그래서 '관계의 강도가 약하면 의미가 없다'라는 것이 됩니다.

1. **r의 절댓값이 크고 p값도 유의수준보다 작은 경우**

   두 변수 간에 어떤 관계가 있다고 해석하는 것이 타당합니다.

2. **r의 절댓값은 작지만 p값은 유의수준보다 작은 경우**

   상관관계는 존재한다고 생각되지만, 관계의 강도는 약하다고 해석합니다.

3. **p값이 유의수준보다 큰 경우**

   표본에서 얻어진 r의 값은 상관관계가 없는 변수 간에서도 우연히 발생하는 정도이므로 상관관계의 여부는 이 데이터로는 결론지을 수 없습니다.

또 여기서 설명한 효과크기와 p 값의 개념은 무상관 검정만 아니라 다른 가설검정에도 적용할 수 있습니다[14].

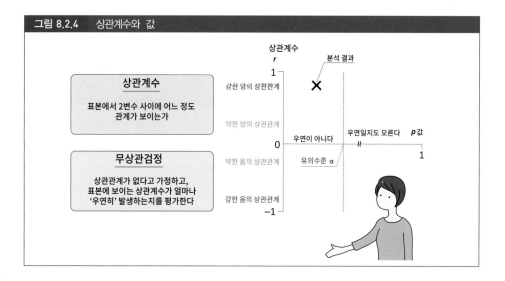

그림 8.2.4   상관계수와 값

Supplementary Information: p 값에 관한 오해

▪ 오해(1) p 값은 귀무가설이 맞을 확률이다

'귀무가설이 맞을 때 어떤 결과가 얻어질 확률'이지 '어떤 결과가 나왔을 때 귀무가설이 맞을 확률(=베이즈통계에 있어서의 사후 확률)'은 아니다. 이것들은 서로 다른 것이며 사후 확률을 구하고 싶으면 사전 확률을 설정해야 한다.

▪ 오해(2) $1-p$는 대립가설이 맞을 확률이다

위의 (1)과 동일하게 '○○ 가설이 맞을 확률'과 같은 양은 가설검증에서는 계산할 수 없다.

▪ 오해(3) p 값은 얻어진 결과가 우연적으로 발생할 확률이다

위의 (1), (2)와 같이 어디까지나 '귀무가설이 맞을 때 어떤 결과가 얻어질 확률'이며 '우연적으로 그 결과가 발생할 확률'은 아니다.

▪ 오해(4) p 값은 재현성의 지표이다

p값은 그 표본에 관한 지표이며 결과의 재현성(다른 데이터를 이용해도 같은 결과가 얻어지는가: 12.1절)을 측정할 수 없다.

▪ 오해(5) p 값은 효과의 크기의 지표이다

p값은 효과의 크기와 표본 크기로 결정되는 것이지 p값만으로 효과의 크기를 결론을 내릴 수 없다.

▪ 오해(6) 통계적으로 유의하지 않은 것은 효과가 없는 것을 의미한다.

통계적으로 유의하지 않아도 귀무가설이 기각되지 않을 뿐이며 효과가 없다는 것을 적극적으로 주장을 할 수 없다.

▪ 오해(7) 통계적으로 유의한 결과에는 이론적으로 중요한 의미가 있다

효과가 작아도 통계적으로 유의한 경우는 있지만 그런 작은 효과에 의미가 없는 경우도 있다(11.3절).

8장 정리

▪ 두 집단의 크기를 비교할 때에는 산포의 정보가 필요하다.

▪ 가설검정으로 결과가 어느 정도 '우연적인 일인가'를 평가한다.

▪ 상관관계의 유무는 무상관 검정을 이용해서 종합적으로 판단한다.

다변량 데이터 해석

관심 있는 요인(변수)이 많은 상황에서, 데이터에서 이들의 특징을 찾고 싶을 때 실시하는 것이 다변량해석입니다. 다변량해석은 목적이나 다루는 데이터의 종류에 따라 여러 가지가 존재합니다. 이 장에서는 다변량 데이터를 해석할 때 실수하기 쉬운 다중검정 문제로 시작해서 주요한 방법을 폭넓게 설명합니다. 그리고 마지막으로 이 책에서 등장한 기법을 문제에 따라 어떻게 나눠서 사용하면 좋을지를 정리합니다.

여러 가지 방법 정리
(9.4절)

목적에 따른 여러가지 분석법

탐색적 분석과 다중검정
(9.1절)

분산분석과 다중비교
(9.2절)

상관관계 구조를 파헤친다
(9.3절)

9.1 탐색적 분석과 다중검정

쌍으로 놓고 생각하자

8장에서는 두 개의 양의 대소관계나 상관관계 유무를 조사했습니다. 여기서는 두 개 이상의 좀 더 많은 변수가 있는 경우를 생각해봅시다. 예를 들어 개인들의 몸무게를 나라별로 조사한 데이터나, 어떤 대학에 소속된 학생들의 몸무게, 키, 체지방률 등 여러 항목의 신체측정 데이터 등입니다. 전자는 조사한 나라의 수만큼 변수를 가지고, 후자는 조사한 지표의 수만큼 변수를 가지는 **다변량 데이터**(multivariate data)가 됩니다.

다변량 데이터를 살펴봅시다. 여기서는 20명에 대한 어떤 5개의 점수(점수 1, 점수 2, …, 점수 5)를 계측한 것을 분석해봅니다(이 점수의 정체는 다음 항에서 밝혀집니다). 현재 이 점수들 사이에 어떤 관계가 있는지는 전혀 모르며, 검증하고 싶은 가설(점수2와 3과는 양의 상관관계가 있을 것 등)도 가지고 있지 않습니다. 이때 데이터에서 특징을 찾는 것을 목적으로 한 분석을 **탐색적 데이터 분석**(exploratory data analysis)이라고 합니다. 반대로 검증하고 싶은 가설이 있고, 그것을 체크하는 분석을 **확증적 데이터 분석**(confirmatory data analysis)이라고 합니다. 이 분류는 이 절에서 설명하는 것처럼 **결과의 해석에 중요한 차이를 가져옵니다.**

이변수 분석에서는 먼저 산점도를 그려서 데이터를 파악했습니다. 이번 경우는 변수가 많으므로[1] 변수를 두 개씩 선택해서 산점도를 그립니다(그림 9.1.1). 이 그림은 파이썬이나 R과 같은 분석 소프트웨어를 사용하면 비교적 간단하게 그릴 수 있습니다[2]. 이 그림에서 가장 왼쪽 열에는 '가로축이 점수 1이고, 세로축을 각각 점수 1에서 점수 5까지 변화시킨 5개의 그림'이 나열되어 있습니다.

가장 왼쪽 위의 점수 1끼리는 산점도를 그려도 의미가 없으므로(데이터가 일직선 위에 나열됨) 히스토그램이 그려져 있습니다. 두 번째 열 이후도 점수2에서 점수 5까지를 가로축으로

---

1   변수의 수가 좀 더 많은 경우(예를 들면 10개 이상)에는 이 방법은 효과적이지 않음으로 다른 방법으로 중요한 변수를 선택하거나 그것이 안 되는 경우에는 이후 소개하는 다른 방법으로 분석합니다.

2   이번에는 파이썬의 Seaborn이라는 패키지의 pairplot 함수를 이용했습니다.

하고, 같은 형식의 그림이 나열된 형태입니다. 또 대각선을 기준으로 그림은 대칭이므로 실질적인 정보로는 절반(다시 말해서 10개의 쌍의 패턴)만 분석하면 됩니다.

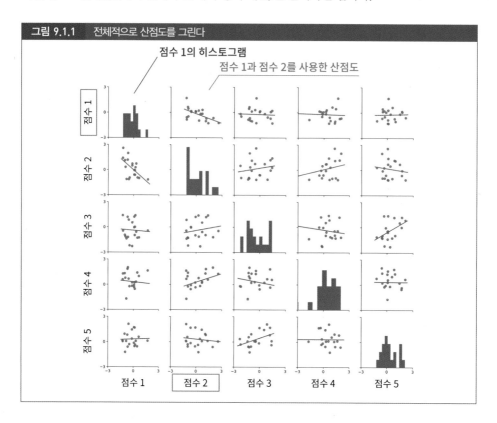

그림 9.1.1   전체적으로 산점도를 그린다

자 어떤 특별한 경향이 보이나요? 점수 1과 점수 2 사이에는 음의 상관관계가 있는 것처럼 보입니다(상관계수 $r=-0.58$). 그리고 점수 3과 점수 5의 상관관계($r=0.47$)도 무엇인가 의미하고 있는지 모릅니다. 다른 점수 간의 산점도에는 뚜렷한 특징은 없다고 말할 수 있을 것입니다.

다중 검정이란

이 두 쌍(점수 1과 점수 2, 점수 3과 점수 5)의 상관관계를 '각각' 무상관 검정을 하면 $p=0.007$, $p=0.036$으로 $\alpha=0.05$에서 유의한 상관관계가 인정됩니다. 그럼 이 결과에서 점수

1과 점수 3 사이에는 음의 상관관계가, 점수 3과 점수 5사이에는 양의 상관관계가 있다고 해석을 해도 될까요?

사실 여기에는 데이터 분석의 초보자가 빠지기 쉬운 함정이 있습니다.

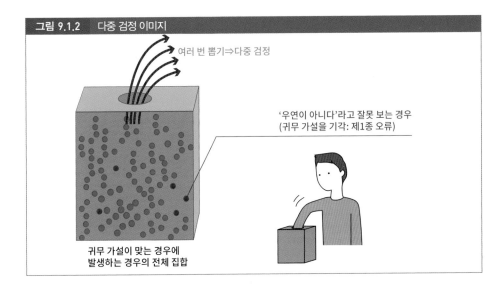

그림 9.1.2 다중 검정 이미지

여러 번 뽑기⇒다중 검정

'우연이 아니다'라고 잘못 보는 경우
(귀무 가설을 기각: 제1종 오류)

귀무 가설이 맞는 경우에
발생하는 경우의 전체 집합

지금까지의 진행 과정을 되돌아보면 먼저 모든 점수의 쌍(중복인 것을 빼고 10종류 있습니다)의 산점도를 그려서 상관관계를 조사했습니다. 그중에서 상관관계가 보이는 것 같은 두 개를 고른 것입니다. 앞장에서 상관계수(의 절댓값)는 '우연히' 큰 값이 나올 수 있다고 소개했습니다. 그리고 이 '우연히' 발생할 확률을 p 값으로 평가한 것입니다. 유의수준 $\alpha=0.05$는 '20번 중 1번 이하로 발생하는 것'은 발생하지 않는 것으로 해석하는 것이 가설검정의 개념이었으며 이번처럼 많은 경우에 대해 상관관계를 조사하면 한 번 정도는 이 '우연히' 발생하는 경우도 생깁니다. 1번의 시행에서 5%로밖에 발생하지 않는 사건도 10번 반복하면 약 40%의 확률로 1번은 발생합니다.

이렇게 가설검정을 여러 번 반복함으로써 발생하는 문제를 **다중 검정의 문제**라고 합니다(그림 9.1.2).

자, 여기서 5개의 점수의 정체를 밝히겠습니다. 사실 이 점수들은 필자가 (서로 독립인) 표준 정규분포에서 완전히 무작위로 만든 데이터로 각 점수를 생성한 분포 간에는 전혀 상관관계가 없습니다. **다시 말해서 그림 9.1.1에서 보이는(?) 상관관계는 모두 완전히 '우연히' 생긴 것입니다.**

이렇게 **탐색적으로 상관관계를 조사하면 원래는 관계가 없는 변수 간에도 상관관계가 보이는 경우가 있습니다.** 만일 이것이 해석하기 쉬운 변수 쌍이었다면 바로 결론으로 연결지으려 하는 것이 인간입니다. 그래서 이런 분석 방법이 얼마나 위험한지를 알아두는 것이 중요합니다.

다중성을 보정하자

그러면 이 다중 검정의 문제를 어떻게 처리하면 좋을까요?

여기서는 유의수준을 보정해서 해결하는 방법을 소개합니다. 아래에 설명하는 내용은 다소 전문적인 내용이므로, 초보자라면 이런 보정이 필요하다는 것만 기억해두면 문제없습니다.

첫 번째 방법은 '전체적으로 p 값을 평가한다'입니다[3]. 먼저 가장 간단하고 범용성이 높은 방법인 **본페로니법**(Bonferroni method)을 설명합니다.

본페로니법에서는 검정 횟수를 M으로 하고 유의수준을 M으로 나눕니다. 그리고 개별로 계산한 p 값과 이 새로운 유의수준을 비교합니다. 예를 들어서 그림 9.1.1에서는 상관관계를 조사하는 작업을 10번 한 것이 되므로 이 경우에는 유의수준을 $\alpha=0.05/10=0.005$로 설정하게 됩니다(그림 9.1.3). 가장 관계성이 강하게 보인 점수 1과 점수 2 간의 무상관 검정의 p 값은 $p=0.007$이었으므로 이 유의수준을 만족시키지 못합니다. 따라서 '우연이었다'라고 정확하게 결론지을 수 있습니다.

---

3 여러 개의 검정에서 적어도 하나의 귀무가설이 기각될 확률을 집단별 오류율(family-wise error rate: FWER)이라고 합니다. 본페로니법에서는 이 FWER을 일정 값 이하로 억제하는 것을 목적으로 고안된 방법입니다.

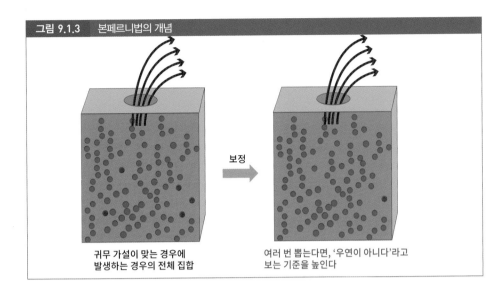

그림 9.1.3   본페르니법의 개념

귀무 가설이 맞는 경우에
발생하는 경우의 전체 집합

보정

여러 번 뽑는다면, '우연이 아니다'라고
보는 기준을 높인다

이렇게 본페로니법은 단순히 개별적으로 가설검정을 시행한 결과로 얻어진 p 값을 검정 횟수로 나눈 유의수준과 비교하는 것만으로 여러 번 검정을 시행한 효과를 보정할 수 있어 대단히 사용하기 쉬운 방법입니다. 한편, 이 방법에서는 검정의 횟수가 많아지면 거기에 따라서 유의수준이 점점 작아지므로 귀무가설을 기각하기 어려워지는 문제가 있습니다. 다시 말해서 이 보정 방법을 사용하면 '사실은 변수 간에는 상관관계가 있지만, 유의수준이 너무 작아서 검출이 안 된다'라는 것도 자주 발생합니다. 이것을 **제2종 오류**(type II error)라고 합니다. 반대로 '사실은 상관관계가 존재하지 않지만 잘못해서 유의하다라고 결론을 지어버린다'라는 오류(**제1종 오류** : type I error 라고 합니다)는 적어집니다[4].

이상과 같은 이유에서 본페로니법은 보수적인 평가 방법이라고 할 수 있습니다.

본페로니법의 엄격한 기준을 완화할 목적으로 유의수준을 낮추는 **홈법**(Holm method)도 자주 활용합니다. 본페로니법에서는 유의수준 α를 검정 횟수 M으로 나눈 것을 일괄적으로 사용했지만, 홈법에서는 '가장 p 값이 작은 것에는 α/M을(본페로니법과 동일하게), 두 번째로 작은 것에는 $\alpha/(M-1)$을, …,'과 같이 순서대로 유의수준을 완화합니다. 이렇게 p 값이 작

---

4   가설검정에서는 제1종 오류와 제2종 오류는 일반적으로 트레이드오프의 관계가 있어서, 양쪽이 발생확률을 동시에 낮추기는 어렵습니다. 제1종 오류를 작게 하려고 유의수준을 엄격하게 하면 (α를 작게 하면) 대립가설이 맞더라도 귀무가설을 기각하기 어렵게 되고, 제2종 오류가 늘어납니다. 반대로 제2종 오류를 억제하려고 유의수준을 크게 하면 귀무가설이 맞더라도 기각해버리기 때문에 제1종 오류가 늘어납니다.

은 순서대로 조사하면서 보정된 유의수준보다 크게 되는 부분에서 멈추고 거기까지 유의수준을 통과한 검정만 귀무가설을 기각합니다. 그림 9.1.1의 예에 홈법을 적용하면 첫 번째 시점에서(여기서는 본페로니법과 같은 유의수준이 적용됩니다) 귀무가설이 기각되지 않으므로 여기서 종료합니다.

다중검정을 보정하는 방법에는 지금까지 소개한 방법 외에도 여러 가지 방법이 있습니다. 이 보정으로 데이터에 보이는 성질이 어느 정도 '우연히' 나타난 것인지를 정확하게 평가하는 것이 중요합니다.[5]

새로운 데이터를 수집한다

다중 검정의 보정은 시행할 모든 가설검정이 사전에 결정되어있는 경우에는 어느 정도 제1종 오류를 제어할 수 있습니다. 예를 들어 수집할 데이터와 변수가 결정되어있고 이것들 사이의 상관관계를 전체적으로 조사하는 경우가 여기에 해당합니다.[6]

한편 탐색적 데이터 분석에서는 무엇인가가 발견될 때까지 여러 가지 방법으로 데이터를 분석하는 경우가 있습니다. 이 과정에서 실행한 모든 가설검정에 대해서 보정하는 것은 현실적이지 않습니다. 원래 탐색적 데이터 분석 자체가 가설검정의 사고방식과는 맞지 않는 것입니다. 반대로 확증적 데이터 분석에서는 진행할 분석을 포함해서 데이터를 수집하기 전에 모든 것을 결정해두고, 거기에 근거해서 가설검정을 하므로 이런 문제는 발생하지 않습니다.

정리하면 탐색적 데이터 분석으로 발견된 데이터의 특징이 '우연히' 발견된 것인지는 가설검정으로는 잘 평가할 수 없다는 것입니다. 해결방법으로는 '독립된 새로운 데이터를 수집한다'라는 것을 생각할 수 있습니다. 다시 말해서 탐색적 데이터 분석에서 발견한 특징(그림 9.1.1

---

5   지금까지의 설명에서 '예를 들면 그림 9.1.1의 데이터로 점수 1과 점수 2만 분석하면 상관관계는 유의했는데 다른 상관관계도 조사한 경우에는 유의하지 않게 된 것은 이상하다'라고 생각하는 독자도 있을지 모릅니다. 왜 이런 일이 생길까요? 그것은 원래 가설검정이 단지 결론의 강도를 측정하는 지표를 계산하는 절차가 아니기 때문입니다. 데이터의 준비, 분석내용, 해석까지의 전체의 로직이 가설검정이며, p 값이나 유의성만을 비교하는 것은 전혀 의미가 없는 것입니다. 따라서 앞에서 질문에 대답하면 '원래 비교하는 것이 잘못이고 어느 쪽도 동시에 정확한 것은 있을 수 있다. 가설검정이란 그런 것'이라는 것이 됩니다. 또 검정을 여러 번 시행할 때에는 항상 보정이 필요한 것은 아닙니다. 어떤 데이터 A에 대해서 가설검정을 행하고 다음으로 다른 데이터 B에 대해서 다른 독립한 가설검정을 할 때에는 가설이 독립이기 때문에 이 두 개의 사이에 보정을 할 필요가 없습니다.

6   예를 들면 뇌의 데이터에서는 어느 특정 영역과 시간적으로 높은 상관관계를 가지고 활동하고 있는 영역을 망라하여 찾는 분석을 자주 시행합니다.

의 예에서는 '점수 1과 점수 2의 사이에 음의 상관관계가 있다' 등)이 존재하고 있는지를 조사하는 확증적 데이터 분석을 추가로 하는 것입니다(그림 9.1.4). 이때에는 가설이 하나로 정해지므로 다중비교 문제는 발생하지 않습니다.

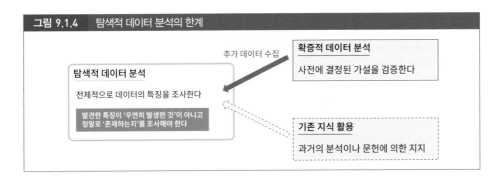

그림 9.1.4   탐색적 데이터 분석의 한계

또 어디까지나 부분적인 해결방법이지만 비슷한 분석을 한 기존의 조사결과를 바탕으로 결과를 해석하는 방법도 있습니다. 예를 들면 점수 1과 비슷한 점수 1'와 점수 2의 관계성을 조사한 기존 연구가 있고, 거기에서도 동일한 결과가 보고되었다면 정말로 그런 관계성이 존재한다고 생각하는 근거가 되는 것입니다. 여러 개의 기존연구에서 보고된 결과를 종합적으로 분석해서 결론을 내리는 것을 **메타분석**(meta-analysis)이라고 하고 이것에 의해 얻어진 결과의 신뢰성은 높다고 합니다.

또 일부에는 '결과를 자연스럽게 설명할 수 있는 논리가 존재한다'라는 것을 이용해서 부분적인 근거로 하는 생각도 존재하지만, 그것은 실제로 도움이 되지 않으며 해서는 안 됩니다.

또한 발견한 특징이 '우연히' 발생한 것이 아님을 의심할 필요가 없을 정도의 표본 크기가 큰 데이터를 확보한 경우에는, 원래 가설검정을 할 필요가 없고(실시해도 손해는 없지만) 이런 문제는 발생하지 않습니다. 그러나 이 경우에도 표본편향에 의해 결과가 치우쳐버릴 가능성이 있으므로 역시 독립된 데이터를 이용해 같은 결과가 나오는지 확인하는 것이 좋습니다.

9.2 분산분석과 다중비교

3개 이상의 비교

A 교수는 대학에서 수학을 강의하고 있습니다. 이 강의는 세 개의 학부의 학생들이 수강하고 있습니다. 학기가 끝나고 시험성적을 학부별로 나타낸 것이 그림 9.2.1입니다(가공 데이터). A 교수는 다음 학기의 수업 진행을 위해, 학부에 따라 수업 이해도가 다른지를 살펴보기로 했습니다. 앞장에서 설명했듯이 비교할 그룹이 두 개인 경우 t 검정 등을 시행하면 되지만 이번은 그룹이 3개입니다. 예를 들어 단순히 t 검정을 모든 조합에 대해서 시행하면 앞 절에서 설명한 다중검정의 문제가 발생합니다.

이런 경우에 유효한 방법의 하나가 **분산분석**(analysis of variance: ANOVA)입니다. 분산분석에서는 관심 있는 요인(여기서는 학부의 차이)이 관측값(여기서는 성적)에 영향을 주는지를 평가할 수 있습니다.

간단히 분석의 개념만을 소개하면 먼저 데이터 전체(여기서는 수강학생 전체)의 산포(분산)를, 데이터를 각 그룹(**수준**: Level이라고 합니다. 여기서는 각 학부)으로 나눴을 때의 각 그룹 내의 산포와 각 그룹의 평균값의 차이로 기인하는 산포로 분해합니다. 만약 각 수준의 평균값이 달라서 생기는 산포가 큰 경우에 수준 간에 차이가 있다고 판단합니다. 이 평가에는 F 검정(F test)라는 가설검정을 사용합니다. 이번에는 p 값이 $p=0.06$으로 계산되고 유의수준 $\alpha=0.05$에서 유의한 차이가 있다고 할 수 없다는 결론이 나왔습니다.

이번같이 관심 있는 요인이 하나인 경우의 분석을 **일원 배치 분산분석**(one-way ANOVA)이라고 하고 일반적인 통계분석 소프트웨어로 실시할 수 있습니다.

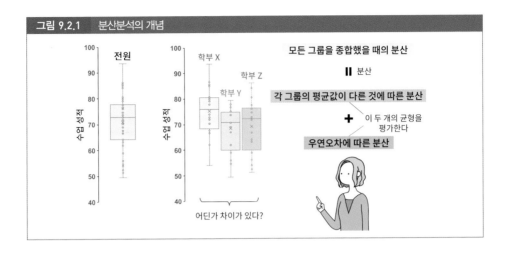

그림 9.2.1   분산분석의 개념

이 분석으로 조사할 수 있는 것은 수준 간(학부 X와 Y, Y와 Z, Z와 X)의 어딘가에 차이가 존재하는지입니다. 유의한 차이가 있다는 결론이 나왔다고 해서 어떤 하나에 차이가 있을지도 모르고 두 개 이상에서 차이가 있을지도 모릅니다. 따라서 이번 문제처럼 어디에 차이가 있는지는 흥미가 없고 '어디든 좋으니 차이가 존재하는가'를 알고 싶을 때에 사용하는 방법입니다 (어디에 차이가 있는지를 알고 싶은 경우는 이 절 후반에 설명합니다). 덧붙여서 수준의 수가 두 개인 경우에 일원 배치 분산분석을 하면 검정과 같은 방법이 됩니다.

여러 개의 요인을 조사한다

앞의 예에서는 A 교수가 수업을 담당했지만, 같은 수업을 동료 B 교수와 격년으로 분담하는 경우를 생각해봅시다. 다시 말해서 '올해는 A 교수가 내년은 B 교수가 내후년은 A 교수가…' 라는 순서로 수업을 합니다. A 교수도 B 교수도 자기가 담당하는 해는 같은 강의를 한다고 합시다. 몇 년 후 학부마다 강의의 이해도에 차이가 없는지를 조사합니다. 이번에는 A 교수가 담당한 해와 B 교수가 담당한 해, 그리고 3개의 학부가 있으므로 총 6가지 조건이 생깁니다 (그림 9.2.2).

여기서 알고 싶은 것은 먼저 '학부의 차이가 성적에 영향을 미치는가', '교수의 차이가 성적에 영향을 미치는가'의 두 가지입니다. 이 요인으로 설명할 수 있는 차이를 **주효과**(main effect)

라고 합니다. 예를 들어 A 교수가 가르치는 방법과 B 교수가 가르치는 방법의 차이가 달라서 성적에 영향을 준다면 '교수'의 주효과가 있다는 것입니다.

덧붙여 요인이 두 개로 증가한 것에 의해 생기는 것이 **상호작용**(interaction)이라는 개념입니다[7]. 예를 들어 '학부 X의 학생에게는 A 교수가 이해하기 쉬웠지만 학부 Y의 학생에게 B 교수가 이해하기 쉬워서 성적에 영향을 주고 있다'라는 상황도 있을 수 있습니다. 이때 단순히 A 교수 (또는 B 교수) 쪽이 성적에 플러스 영향을 주고 있다고 말할 수 없는 복잡한 상황이 됩니다. 실제 데이터 분석에서는 이런 상호작용이 상황 파악의 열쇠를 쥐고 있는 경우도 자주 있습니다.

분산분석에서는 이런 요인에 관한 영향을 조사해서 어떤 주효과나 상호작용이 있는지/없는지를 평가할 수 있습니다. 특히 요인이 두 개인 경우의 분산분석을 이원배치분산분석(two-way ANOVA)이라고 합니다. 분산분석에서는 요인의 수가 증가하거나 변수에 대응 관계가 있는 경우에도 분석을 시행할 수 있습니다. 상세한 내용은 참고서를 참고하시고 상황에 따라서 적절한 방법을 선택합니다.

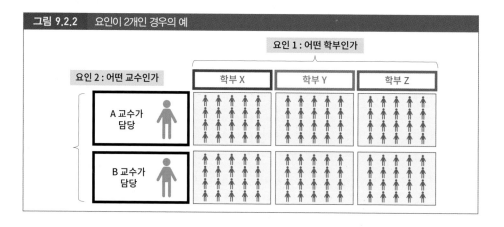

그림 9.2.2　요인이 2개인 경우의 예

---

[7] 다중회귀분석(4.3절)에서 등장한 '상호작용'과 같은 것이지만 여기에서도 다시 설명합니다.

어디에 차이가 있는지 알고 싶은 경우

분산분석에서는 요인의 차이가 영향을 주고 있는지를 조사할 수 있었습니다. 다음으로 좀 더 자세한 것을 알고 싶은 경우를 생각해봅시다. A 교수는 이미 있는 수학 이론강의에 새롭게 2종류의 실습강의(기초실습, 심화실습)를 추가했습니다. 3개의 학부(학생들 수학 능력은 같다고 가정합니다)의 커리큘럼에서 학부 X는 이론강의만 진행하고, 학부 Y는 기초실습만 추가, 학부 Z는 심화 실습만을 추가했습니다.

여기서 A 교수는 실습 강의가 이론강의의 이해 향상에 도움을 주는지를 조사하려고 그룹별로 성적을 비교해봤습니다(그림 9.2.3 왼쪽: 가공 데이터).

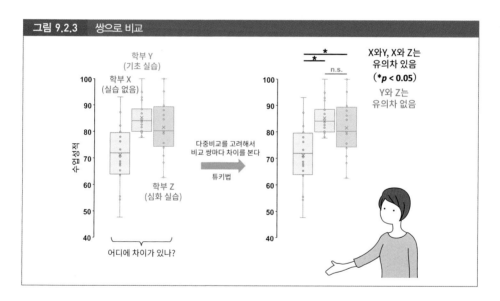

그림 9.2.3   쌍으로 비교

이 문제에서는 '각 실습 강의는 이론강의의 이해도를 높이는가'와 '기초 실습과 심화 실습 중에서 어느 쪽이 좋은가'라는 비교에 흥미가 있습니다. 이 경우에는 다중검정(이번처럼 여러 그룹 간에 비교하는 것은 **다중비교** : multiple comparison라고 합니다.)을 보정한 방법으로 가설검정을 수행합니다. 이것은 앞에서 소개한 본페르니법이나 홈법도 이용할 수 있으며, 이번처럼 평균값의 차이를 여러 쌍에서 비교하고 싶은 경우는 **튜키법**(Tukey method)도 편리합니다. 비교하고 싶은 쌍의 수와 패턴에 따라 여러 다른 다중비교 검정 방법도 이용할 수 있습니다.

이번은 모든 쌍에 대해서 각각의 평균값이 다른지를 조사하려고 튜키법을 이용해 검정을 수행했습니다. 그 결과 유의수준 $\alpha = 0.05$에서 학부 X와 학부 Y 및 학부 X와 학부 Z의 사이에 차이가 인정되었습니다. 다시 말해서 실습 수업은 둘 다 이론 강의의 이해도를 높이는 데 효과가 있다는 것이 됩니다[8]. 한편 기초 실습과 심화 실습의 효과 사이의 유의한 차이는 인정되지 않았습니다. 이 비교 결과를 그림 9.2.3 오른쪽처럼 표시할 수 있습니다. 유의차가 보인 쌍끼리 가로선을 그려 p 값을 기입하거나 '*' 기호를 써 놓고 다른 곳에 '* $p < 0.05$'라고 표시합니다[9]. 또 차이가 유의하지 않은 쌍에는 'not significant'를 간단히 'n.s'나 'ns'로 씁니다.

분산분석과 다중비교

일반적인 분석 방법으로는 먼저 분산분석으로 요인에 의한 효과가 있는지를 확인하고, 그다음에 다중비교 검정으로 어떤 그룹 간에 차이가 있는지를 조사합니다. 여기서 두번째의 다중비교를 사후분석(post-hoc analysis)이라고 합니다. 실제로는 이런 순서로 분석을 해도 나쁘지는 않지만 항상 이런 순서를 밟을 필요는 없습니다[10]. 개별그룹 간의 차이에 흥미가 있다면 처음부터 다중비교를 합니다. 반대로 요인의 주는 영향이 있는지만을 알고 싶다면 분산분석을 합니다.

---

8   여기에서는 실습 수업을 받았는지 여부 이외의 요인이 이론 성적에 주는 영향은 고려하지 않아도 좋은 것으로 합니다.

9   분야에 따라 다르지만 $p < 0.1$을 '† (칼표)'로, $p < 0.05$를 '*'로, $p < 0.01$을 '**'로, $p < 0.001$을 '***'로 표현하기도 합니다. 어떤 것이든 결정된 정의는 존재하지 않으므로 이렇게 표시하는 경우에는 각각의 기호가 무엇을 의미하는지를 표시합니다. 심리학 분야에서는 p 값의 최초의 0을 생략해서 $p < .05$와 같이 쓰기도 합니다.

10 당연하지만 이렇게 하면 '분산분석에서는 유의하지 않지만, 사후해석에서는 유의해질 가능성(그런 경우도 있습니다)'을 사전에 제한하는 것이 되기 때문에 사후해석에서 설정한 유의수준과는 다른 유의수준으로 검정을 한 것이 됩니다.

9.3 상관관계 구조를 파헤친다

편상관관계를 본다

다변수 데이터 분석에서는 여러 변수 간에 서로 상관관계가 있는 경우가 자주 있습니다. 데이터 전체의 상관관계 구조를 파악하기 위한 하나의 출발점은 역시 그림 9.1.1과 같이 변수들 간의 관계성을 확인하는 것입니다.

각 쌍의 상관계수를 계산해서 그림 9.1.1과 같은 배열로 늘어놓은 것을 **상관행렬** (correlation matrix)이라고 합니다. 산점도와 상관행렬을 보면 어느 변수와 어느 변수가 관계있는지를 어느 정도 파악할 수 있습니다[11]. 여러 곳에서 상관관계가 보이는 경우에 주의해야 할 것이 '겉으로만 보이는 상관관계'입니다.

예를 들어 두 개의 변수 X와 변수 Y 사이에 높은 상관관계가 보였다고 합시다(그림 9.3.1 왼쪽 위). 그러나 두 변수 사이에 동시에 영향을 주는 다른 변수 Z가 존재하고 있고, 변수 X와 변수 Y 사이는 관계가 없는(그림 9.3.1 왼쪽 아래) 경우가 있을 수 있습니다.

이런 것이 예상되는 경우, 변수 Z의 영향을 제거한 상태에서 변수 X와 변수 Y의 상관계수가 얼마나 되는지를 계산한 **편상관계수**(partial correlation coefficient)로 평가하는 것이 편리합니다(그림 9.3.1). 이 지표는 관심 있는 변수 간의 상관계수(r_{XY}), 제3의 변수와 두 변수 간의 상관계수(r_{YZ}, r_{ZX})로 간단히 계산할 수 있으니 기억해둡시다. 또 변수가 4개 이상인 경우, 관심 있는 두 변수 이외에 모든 변수의 영향을 제거한 편상관계수를 계산할 수도 있습니다(구체적인 수식은 생략합니다).

---

11 또한 그림 9.1.1에서는 굳이 작은 표본 크기의 데이터를 분석했기 때문에 '우연히 생긴' 상관관계에 주의가 필요했지만 표본 크기가 충분히 큰 경우에는 우연오차에 의한 겉보기 관계성이 생길 위험성은 신경 쓰지 않아도 됩니다. 이 절에서는 충분히 큰 표본 크기가 얻어진 것을 가정합니다.

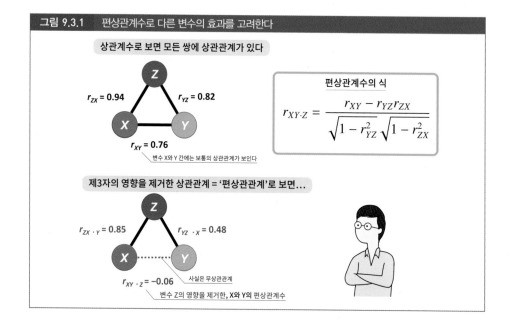

그림 9.3.1 편상관계수로 다른 변수의 효과를 고려한다

상관계수로 보면 모든 쌍에 상관관계가 있다

$r_{ZX} = 0.94$ $r_{YZ} = 0.82$

$r_{XY} = 0.76$

변수 X와 Y 간에는 보통의 상관관계가 보인다

편상관계수의 식

$$r_{XY \cdot Z} = \frac{r_{XY} - r_{YZ}r_{ZX}}{\sqrt{1 - r_{YZ}^2}\sqrt{1 - r_{ZX}^2}}$$

제3자의 영향을 제거한 상관관계 = '편상관관계'로 보면…

$r_{ZX \cdot Y} = 0.85$ $r_{YZ \cdot X} = 0.48$

$r_{XY \cdot Z} = -0.06$

사실은 무상관관계

변수 Z의 영향을 제거한, X와 Y의 편상관계수

요인분석

상관계수나 편상관계수를 이용한 분석은 편리하지만 여러 변수 간의 관계성은 잘 파악할 수 없습니다.

예를 들면 어떤 대학의 모든 학생의 모든 과목 성적을 리스트화한 데이터를 생각해봅시다. 영어에 관련된 여러 과목(읽기, 쓰기, 회화 등)의 성적 사이에는 양의 상관관계가 있을 것입니다. 또 어학 성적과 수리과학 과목의 성적 사이에는 음의 상관관계가 있을지도 모릅니다. 원래 공부를 열심히 하는 학생은 모든 과목에서 좋은 성적을 받으므로 과목 전체에 양의 상관관계를 보이는 경우도 있을 것입니다.

이렇게 데이터의 복잡한 상관관계 패턴을 찾아낼 수 있다면 그 이유를 읽고 해석할 수 있습니다.

여기서는 좀 더 복잡한 상관관계 구조를 분석하는 방법에 대해서 간단히 소개합니다.

먼저 대표적인 방법으로 **요인분석**(factor analysis)이 있습니다. 요인 분석의 목적은 각 변수의 배후에 존재하는 잠재된 요인을 파악하는 것입니다(그림 9.3.2).

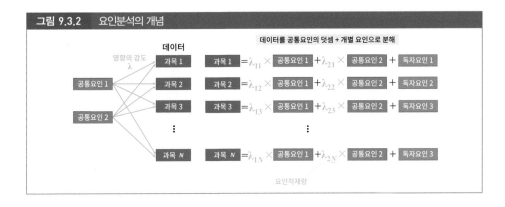

요인분석은 각 변수를 적은 수의 공통 요인의 합으로 잘 표현하는 것이 목적입니다. 공통 요인이란 예를 들면 공부에 관심이 있는가, 문과인가 이과인가와 같이 각 과목의 성적을 추상적으로 결정하는 요인이라고 생각하세요. 이 공통 요인은 분석이 완료된 후에 결정되며 각각이 무엇을 의미하는지는 분석자의 해석에 의해 결정됩니다(따라서 자동으로 '정답'이라고 결정할 성질의 것은 아닌 것에 주의하세요).

공통 요인의 합으로 표현할 수 없는 개별의 요인들을 독자 요인이라는 것으로 설명합니다. 각 공통 요인이 각 변수에 어느 정도 포함되어 있는지를 나타내는 것을 요인 적재량(factor loading)이라고 하며 영향의 크기를 나타냅니다. 요인적재량을 보면 예를 들면 '공통 요인1은 모든 과목에 플러스 영향을 미친다'라든지 '공통요인 2는 어학계열 과목에 플러스 영향을 미치고 있지만 수리 과목 쪽에는 마이너스 영향을 미친다'라는 특징이 보입니다. 이것으로부터 각 요인을 '공부에 대한 관심도'나 '잘하는 과목이 어학 쪽인지 수리 쪽인지'와 같이 해석할 수 있습니다.

따라서 이런 분석이 얻어지면 그 외에도 편리하게 사용을 할 수 있습니다. 위의 분석은 변수 간에 변환을 유도했지만, 그 변환을 사용하면 데이터 각각의 관측값을 공통요인의 점수로 표현할 수 있습니다(그림 9.3.3). 예를 들면 '학생1은 공부 관심도 점수가 조금 높고 문과형인지 이과형인지를 나타내는 점수는 평균에 가까우므로 공부에 관심이 높은 균형 잡힌 타입이다'라고 설명을 할 수 있게 된다는 것입니다. 여기서 포인트는 많은 과목에서 생긴 다변수 데이터가 적은 수의 변수로 표현된다는 것입니다. 이 절차로 전체적인 경향을 보기 좋게 해석할 수 있습니다.

다만 이 방법은 변수 간에 상관관계가 어느 정도 이상 존재할 때만 유효한 방법입니다. 적은 변수로 데이터 전체를 잘 표현할 수 있다는 것은 원래 데이터에 장황하고 쓸데없는 정보가 많다는 것을 의미합니다. 그렇지 않은 경우에는 적은 수의 공통 요인으로 데이터 전체를 설명하는 것은 터무니없으며 이런 방법이 통하지 않은 경우가 많습니다.

요인분석을 이용할 수 있는 경우로는 예를 들면 설문조사 등에서 사람들이 비슷한 응답을 하는 질문이 여러 개 있는 경우나 능력을 측정하는 시험에서 여러 가지 점수가 계측되고 있을 때입니다.

그림 9.3.3   요인 득점으로 변환

	데이터						공부 관심도	문과형인가 이과형인가
	과목 1	과목 2	...	과목 N			공통요인 1	공통요인 2
학생 1	95	80		87		학생 1	1.21	0.02
학생 2	62	77		67		학생 2	-0.51	0.14
학생 3	85	80		70		학생 3	2.32	0.86
학생 4	76	89		81		학생 4	0.35	-0.71
⋮	⋮	⋮	⋮	⋮		⋮	⋮	⋮
학생 M	65	56		72		학생 M	-1.29	0.62

(요인득점으로 변환)

좀 더 복잡한 관계성

요인분석에서는 공통요인이라는 관측이 안 된 변수(이것을 **잠재변수** latent variable라고 합니다)로 각 변수의 값을 어느 정도 설명할 수 있다는 것을 가정하고 분석을 진행했습니다. 이 것은 시험과목처럼 변수 간에 인과관계가 없고 비슷한 성질의 변수에 대해서는 유효한 분석 방법입니다.

한편 관측한 변수 간이나 여러 잠재변수 간에도 인과관계가 있어서 이것을 분석하고 싶을 때도 있습니다. 예를 들어서 고령자의 생활 스타일을 분석하려고 '현재의 신체 건강도, 젊었을 때의 신체 건강도, 참가하고 있는 동호회 유무, 경제 상황'과 같은 항목에 대해서 데이터를 수집했다고 합시다. 이것들 사이에는 상관관계가 있을 것 같이 보이며, 공통요인에 의한 영향이외에도 예를 들면 '원래 신체가 약한 고령자는 밖에 나오지 않아서 동호회에 참가하기 어렵다'라는 인과관계가 있을지도 모릅니다. 또 신체 건강은 경제 상황에도 영향을 줄지도 모르며 경제 상황은 또 외출 활동에 영향을 준다고도 생각할 수도 있습니다.

이런 경우 관측변수나 이것들을 종합한 잠재 변수 간에 좀 더 복잡한 관계성을 가정하고, 그 관계성으로 데이터를 어느 정도 설명할 수 있는지를 평가하거나, 변수 간의 (다른 변수에 의존하지 않는) 실질적인 상관관계를 구하는 방법도 존재합니다. 자세한 내용은 이 책의 범위를 넘어서므로 다른 책을 참고하세요. 이런 상황에서는 **그래피컬 모델링**(graphical modeling), **경로 분석**(path analysis), **공분산 구조분석**(covariance structure analysis), **구조 방정식 모델링**(structural equation modeling : SEM)이라는 방법이 자주 사용됩니다.

주성분분석

요인분석에서는 각 변수에 영향을 주는 공통요인의 존재를 가정하고 그것으로 데이터를 표현했습니다. 이것은 데이터의 배후에 어떤 요인이 존재하는지를 분석하는 데 편리한 방법입니다. 반면 단순히 데이터를 적은 변수로 (가능한 한 정보를 잃지 않고) 표현하고 싶을 때 사용하는 것이 **주성분분석**(principal component analysis: PCA)입니다.

주성분분석의 개념을 간단히 소개합니다. 각 관측값은 변수의 개수만큼 값을 가지고 있으며 그만큼의 좌표축을 가진 공간의 점으로 표현할 수 있습니다[12]. 주성분분석에서는 그 공간에서 데이터가 가장 넓게 퍼져있는 '방향'을 찾아서 새로운 좌표축을 만드는 방법입니다(그림 9.3.4). '데이터가 퍼져 있지 않은 방향'은 모든 관측값이 비슷한 값을 가지므로, 그 방향에 대해서는 데이터를 설명하는 변수를 준비하지 않아도 정보가 사라지지 않는다는 이유입니다.

---

12 예를 들면, 이변수의 경우는 그림 9.3.4 왼쪽 위처럼, 이차원 평면의 점으로 표현할 수 있습니다. 또, 이 그림에서는 설명을 위해 이변수의 예를 들었지만, 실제로 이변수 데이터에 대한 주성분분석을 하는 예는 드뭅니다.

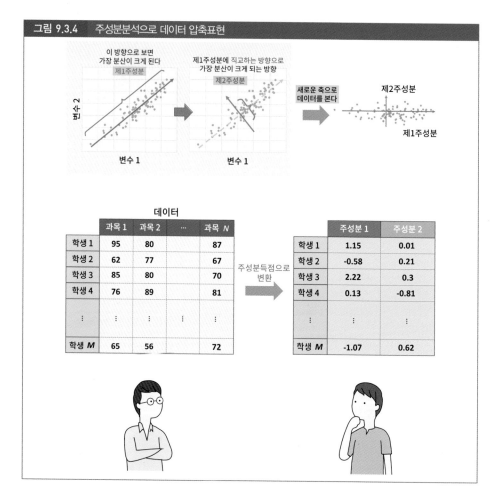

그림 9.3.4 주성분분석으로 데이터 압축표현

분산이 특히 큰 좌표축만을 남기고, 그것에 따른 각 관측값의 '좌표'를 새롭게 구한 것이 **주성분 득점**(principal component score)입니다. 이 주성분 득점을 이용하면 원래 데이터를 적은 변수로 표시할 수 있습니다.

특히 변수가 매우 많은 데이터의 경우 처음에 주성분분석으로 변수의 수를 줄이고 분석을 하는 방법이 자주 사용됩니다. 이렇게 변수의 수를 줄이는 것을 **차원**[13] **축소**(dimensionality reduction)라고 합니다.

---

13 변수의 개수를 '차원'이라고 할 수 있습니다. 마찬가지로 다변수 데이터를 **다차원 데이터**(multi-dimensional data) 또는 **고차원 데이터**(high-dimensional data)라고도 합니다.

주성분석은 요인분석과 매우 닮은 성질을 지닌 분석이기 때문에 혼동하는 경우가 많지만, 개념이 다르므로 구별해서 이해해둡시다. 변수의 배후에 있는 잠재변수를 구해서 해석·분석하고 싶은 경우에는 요인분석, 데이터를 압축한 표현을 원할 때에는 주성분석을 이용합니다.

군집화

학생의 성적 데이터를 사용해서 '어떤 타입의 학생이 있는지'를 분류해봅시다. 이때 이용할 수 있는것이 **군집화**(clustering)입니다(그림 9.3.5). 데이터 속의 가까운 관측값끼리 그룹으로 묶으면 데이터 전체를 몇 개의 그룹으로 파악할 수 있습니다. 최종적으로 나온 그룹의 성질을 조사해서 예를 들면 '이 그룹은 어학을 잘하는 사람들', '이 그룹은 공부를 열심히 하는 사람들'이라는 해석을 할 수 있습니다.

변수가 많은 경우, 데이터가 어느 정도 퍼져있는지를 직감적으로 파악할 수 없습니다(변수가 두 개라면 이차원평면에 그려서 전체의 모양을 파악할 수 있습니다). 이런 경우 군집화로 각 관측값이 어느 그룹에 포함되는지를 나타내는 라벨을 붙이는 것으로 분석이나 해석이 쉬워집니다. 그림 9.3.5처럼 단순히 그룹으로 나누는 군집화를 **비계층적 군집화**(non-hierarchical clustering)라고 합니다.

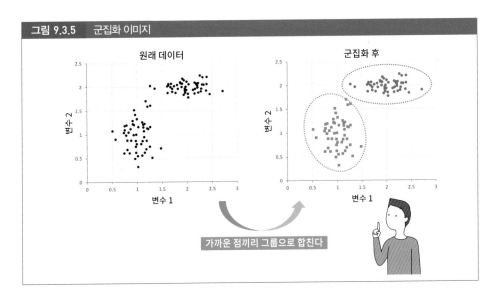

그림 9.3.5   군집화 이미지

Supplementary Information: 비계층적 군집화의 예

- k-means법(k-means method): 각각 그룹의 중심이 되는 점에서 각각의 그룹에 포함되는 관측값까지의 거리가 최소가 되도록 분류하는 가장 일반적인 군집화 방법

- 가우시안 혼합 모델(Gaussian mixture model): 각 그룹이 정규분포(다차원)에서 데이터가 생성된다고 가정하고 확률분포를 계산해서 데이터를 군집화한다.

계층적 군집화

한편 어떤 관측값끼리 '가까운지', 어떻게 군집화할 것인지를 분석하기 편한 것이 **계층적 군집화**(hierarchical clustering)입니다. 두 개의 관측값이 어느 정도 떨어져 있는가(비슷하지 않은지)를 여기서는 '거리'라고 부릅니다[14]. 군집화는 가까운 관측값끼리 합치는 작업이며, 그림 9.3.6에 표시한 것처럼 순서대로 그룹을 만들어 갑니다.

먼저 작은 거리의 값을 하나 결정합니다. 만약 어떤 관측값끼리의 거리가 이것보다 작다면 (그림 9.3.6의 빨간 원이 겹쳐있는 경우), 이 두 개의 관측값을 하나의 그룹으로 합칩니다. 다음에 거리의 값을 조금 크게 하면 다른 관측값끼리 합쳐집니다. 이 작업을 계속해 나가면 최종적으로 모든 관측값이 하나로 정리됩니다. 이 과정으로 생긴 것을 한 장의 그림으로 표현한 것이 **덴드로그램**(dendrogram)입니다(그림 9.3.6 오른쪽).

이 토너먼트 표와 같은 그림으로 각 관측값끼리 어느 정도 떨어져있는지, 어떤 순서로 그룹 지어져 있는지를 설명할 수 있습니다. 어떤 거리(그림 9.3.6의 빨간 선)를 임의로 결정하고 덴드로그램을 가로로 잘랐을 때 선으로 연결된 관측값들이 그 거리로 나눈 그룹이 됩니다.

---

14   단순히 좌표공간상에서의 거리(유클리드 거리)를 계산해도 되며, 어떠한 방법으로 '유사도'를 정의할 수 있는 경우에는 거기서 결정할 수도 있습니다.

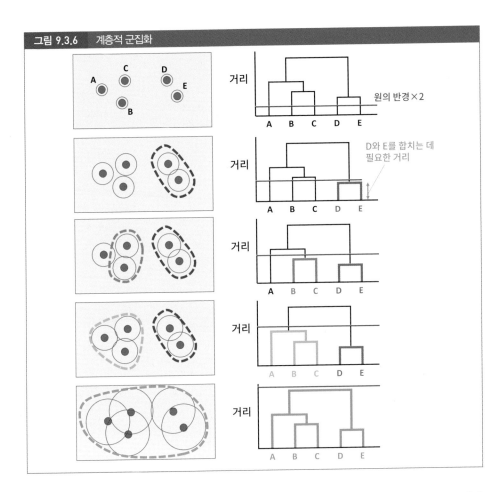

그림 9.3.6   계층적 군집화

예를 들면 그림 9.3.6에서는 'DE, ABC가 각각 가까운 위치에 모여있고 그사이는 조금 떨어져 있다'라는 것을 알 수 있습니다. 이런 관계성은 단순히 평면상에 데이터를 그리면 알 수 있을지도 모르지만, 데이터의 변수가 많아지면 이런 가시화가 어려우므로 계층적 군집화를 이용해서 특징을 파악하는 것이 효과적입니다. 계층적 군집화에는 여러 가지 유명한 방법들이 있으며, 일반적인 통계분석 소프트웨어에서 지원합니다.

마지막으로 군집화에 관해서 기억해둘 것이 있습니다. 군집화에서는 이용하는 방법의 차이로 결과가 달라지며 '어떤 방법을 이용하는 것이 좋은가' 또는 '어느 결과가 맞는가'에 정답은 없습니다. 군집화에 의해 얻어진 결과는 '어디까지나 하나의 견해로 이렇게 정리할 수 있다'라는 해석이 됩니다.

9.4 여러 가지 방법 정리

설명하는 변수 · 설명되는 변수

지금까지 다변수 데이터를 분석하기 위한 여러 가지 방법과 개념에 관해서 설명했습니다. 이 절에서는 어떤 경우에 어떤 방법을 사용하면 좋을지에 대해서 간단히 정리합니다.

데이터 분석에서 자주 있는 것이 관심 있는 변수에 대해서 다른 변수가 미치는 영향을 알고 싶은 경우입니다. 예를 들면 기상 조건이 와인의 품질에 미치는 영향(4.3절)을 알고 싶거나 성별, 연령, 체중과 같은 신체적 특징이 약을 먹었을 때의 효과에 주는 영향을 알고 싶은 경우입니다. 여기에서 설명되는 변수를 **목적변수**(objective variable) 또는 **종속변수** (dependent variable)라고 합니다. 한편 설명에 사용할 변수를 **설명변수**(explanatory variable) 또는 **독립변수**(independent variable)라고 합니다. 목적변수에 대한 설명변수의 움직임을 분석하는 방법에 대해서는 4.3절에서도 간단히 다루었습니다. 특히 다중회귀분석이나 로지스틱 회귀와 같은 회귀는 유력한 분석 도구가 됩니다.

한편 특정 변수를 설명하는 것이 아닌 데이터 전체의 모양이 알고 싶을 때도 있습니다. 어떤 것을 목적으로 하는지에 따라 이용하는 분석 방법이 다릅니다[15]. 다음에서 순서대로 살펴봅니다.

탐색적 분석을 하고 싶은 경우

먼저 변수 간에 목적변수/설명변수와 같은 서열 관계가 없는(예를 들면 학생의 각 과목의 성적과 고객 데이터의 프로필 정보 등)경우에 관측값의 분포 형태를 조사하거나 배후에 있는 구조를 파악하는 방법에 대해서 정리합니다[16].

---

[15] '예측'을 목표로 하는 경우에 대해서는 10장에서 설명합니다.

[16] 이 책에서는 기본적인 방법과 개념만을 설명하기 때문에 실제로 분석을 할 때는 좀 더 자세한 수준으로 방법을 선택하는 것이나 다른 방법을 검토하는 것도 필요할 것입니다.

먼저 개별 상관관계가 어떻게 존재하는지를 보고 싶은 경우에는 각 변수 간의 산점도와 상관 행렬을 계산합니다. 필요하면 편상관계수를 계산해서 특정 변수의 영향을 제거하고 보는 것 도 효과적입니다.

게다가 많은 변수를 적은 변수로 표현하고, 본질적인 특징을 발견하고 싶은 경우에 효과적인 것이 요인분석, 주성분분석, 군집화와 같은 방법입니다. 특히 이 압축된 정보를 사용해서 새 로운 분석을 하고 싶은 경우에는 요인분석, 주성분분석 등의 방법으로 관측값마다 적은 수의 점수(요인 득점/주성분 득점)로 변환하는 것이 효과적입니다.

데이터의 전체적인 모양이 보고 싶은 경우는 여러 가지 군집화 방법을 이용합니다. 다변수 데이터를 2차원 평면에 그려서 각 관측값끼리의 가까움을 표현하는 방법으로 **다차원척도법** (multi-dimensional scaling)이라는 방법도 있습니다[17].

설명변수로서 영향을 보고 싶은 경우

다음으로 어떤 목적변수에 여러 개의 설명변수가 주는 영향을 분석하고 싶은 경우를 설명합 니다. 이 경우 목적변수와 설명변수가 각각 양적 변수인지 범주형 변수인지(7.1절)에 따라 이 용하는 방법이 다릅니다.

(1) '목적변수와 설명변수가 양적 변수'인 경우

모든 변수가 양적 변수인 가장 일반적인 경우입니다. 이 경우 다중회귀분석(4.3절)을 이용할 수 있습니다. 다중회귀분석은 설명변수 중에 몇 개의 범주형 변수가 포함되어 있어도 더미 변 수화(숫자로 바꾸는 것: 4.3절)로 대응할 수 있습니다. 또 더욱 복잡한 수리 모델로 변수 간의 관계를 파악할 수 있습니다(수리 모델링에 대해서는 10장에서 자세히 소개합니다)

---

[17] 다차원척도법의 세부사항은 이 책에서는 생략합니다. 또 비슷한 분석으로는 요인분석, 주성분분석을 이용하는 경우도 자주 있습니다. 비선형적인 특징을 파악 해서 차원축소를 하는 방법은 그 외에도 **커널 주성분분석**(kernel PCA)과 **다양체학습**(manifold learning)과 같이 여러 가지가 있습니다.

(2) '목적변수가 범주형 변수'이고 '설명변수가 양적 변수'인 경우

예를 들면 '고객이 어떤 상품을 샀는지(Y=1) 또는 사지 않았는지(Y=0)를 나타내는 변수 Y'를 그 외의 (양적 변수로 기술할 수 있는) 요인으로 설명하고 싶은 경우가 여기에 해당합니다. 이 경우 로지스틱 회귀(4.1절)를 활용할 수 있습니다. 역시 일부 설명변수가 범주형 변수라도 더미 변수화하면 사용 가능합니다.

(3) '목적변수가 양적 변수'이고 '설명변수가 범주형 변수'의 경우

목적변수가 양적 변수이고 설명변수가 '조건'이나 '그룹'인 경우가 여기에 해당합니다. 이런 경우는 조건에 따른 차이나 영향에 흥미가 있으므로 분산분석과 다중비교분석을 시행합니다. 설명변수를 더미 변수화해서 회귀분석을 할 수도 있습니다.

(4) '목적변수와 설명변수가 범주형 변수'인 경우

이 책에서는 지금까지 다루지 않았지만 이런 데이터를 **범주형 데이터**(categorical data)라고 합니다. 예를 들면 9.2절에서 소개한 대학의 수학 강의에서 마지막에 수업 설문을 했다고 합시다. 질문은 수업의 난이도를 묻는 것으로 '매우 어렵다', '조금 어렵다', '적당하다', '조금 쉽다', '매우 쉽다'의 5단계로 평가합니다. 이 설문결과가 3개의 학부 X, Y, Z에서 다른지를 조사할 때 각 관측값(한 사람의 응답 데이터)은 학부라는 범주형 변수와 수업의 난이도 평가라는 범주형 변수로 이루어집니다.

이번 경우 학부가 3개, 평가가 5종류이므로 각 관측값은 15개의 패턴 중 하나입니다. 따라서 이 15개의 패턴 중에서 어떤 것이 몇 개 관측되는지를 정리하면 데이터 전체를 기술할 수 있습니다.

이것을 그림 9.4.1처럼 정리한 것을 **크로스 테이블**(cross table)이라고 합니다. 양적 데이터의 경우 발생할 수 있는 관측치의 패턴이 거대해서 이렇게 정리할 수 없습니다.

범주형 데이터도 지금까지 본 양적 변수를 이용하는 분석을 사용할 수 있지만, 범주형 데이터에 맞는 분석 방법을 이용할 필요가 있는 것에 주의합시다. 예를 들면 학부 간에 차이가 있는지를 조사하고 싶을 때에는 χ^2**(카이 제곱) 검정**(chi-squared test) 등을 이용합니다. 또 로지스틱 회귀 등의 좀 더 고도의 모델링으로 변수 간의 관계를 찾는 방법도 존재하지만 상세한 내용은 다른 책을 참고하세요.

그림 9.4.1	크로스 테이블로 표현					
	너무 어렵다	조금 어렵다	적당하다	조금 쉽다	아주 쉽다	합계
학부 X	3	4	8	4	1	20
학부 Y	5	3	7	5	0	20
학부 Z	2	3	9	5	1	20
합계	10	10	24	14	2	60

지금까지 간단히 설명한 것처럼 데이터의 종류와 목적에 따라 이용하는 방법은 크게 다릅니다(이 책에서 소개하지 못한 방법도 많습니다). 한 번에 모든 것을 배우기는 어렵지만 여러 가지 문제와 그것에 맞는 방법을 파악해두고 필요할 때 정확한 키워드로 조사할 수 있게 된다면 문제없습니다.

9장 정리

- 탐색적 분석을 할 때에는 다중검정의 문제에 주의해야 한다.
- 여러 개를 비교할 때에는 분산분석이 편리하다.
- 요인분석이나 주성분분석, 군집화와 같은 방법으로 데이터의 전체 모습을 파악할 수 있다.
- 목적이나 데이터의 종류에 따라 적절한 방법을 구사하는 것이 중요하다.

수리 모델링

데이터 분석에서 중요한 개념이 수리 모델링입니다. 지금까지 등장한 회귀분석뿐
만 아니라 데이터의 산포를 정규분포를 따르는 확률변수로 가정하는 것도 일종의
수리 모델링이라고 할 수 있습니다. 이 장에서는 수리 모델을 근거로 데이터를 파
악하는 것이 어떤 의미가 있는지, 무엇을 근거로 사용할 모델을 선택하면 좋을지,
그리고 실제로 수리 모델을 운용할 때 주의할 점을 설명합니다.

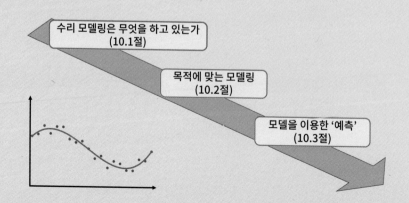

10.1 수리 모델링은 무엇을 하고 있는가

수리 모델이란

수리 모델은 데이터에 포함된 변수의 동작이나 관계성을 수리적으로 표현한 것입니다(그림 10.1.1)[1]. 다중회귀분석에서는 목적변수를 설명변수의 덧셈으로 표현했습니다. 또 '우연오차가 정규분포를 따른다고 가정한다'라는 것도 변수의 동작을 확률분포라는 수리적으로 표현한 것입니다. 또 예를 들면 뉴턴의 운동방정식이나 기계학습에서 이용되는 모델도 여기에 포함됩니다. 데이터를 잘 표현하는 (=데이터와 같은 동작을 보이는) 수리 모델을 만드는 것이 가능하다면 데이터 분석에 도움을 줄 수 있습니다.

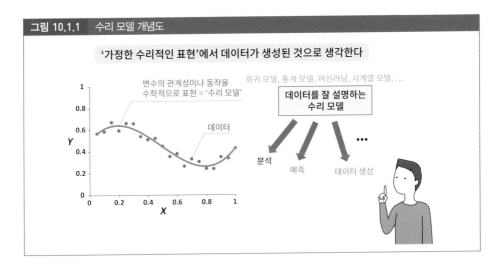

그림 10.1.1 수리 모델 개념도

예를 들어 만들어진 수리 모델을 살펴보면 각 변수가 어떻게 영향을 미치는지를 평가하거나 수리적인 성질을 이용해서 여러 가지 양을 계산하거나 예측할 수 있게 됩니다. 이 장에서는 이 '수리 모델을 사용한다'라는 행위에 대해서 설명합니다.

---

1 사건을 수학적으로 나타낸 것은 모두 수리 모델(예를 들면 '사과를 3개 사서 2개 먹으면 1개가 남는 것을 3-2=1로 나타낼 수 있다' 등)이라고 하는 표현도 보입니다. 여기에서 '변수의 움직임과 관계성을 표현한다'를 의미합니다.

수리 모델은 일반적으로 변수, 수리구조, 매개변수로 구성됩니다(그림 10.1.2). 수리구조[2]라는 것은 함수에서 변수의 동작을 기술한 수리적인 틀을 말합니다. 다중회귀모델이라면 변수를 정수배해서 더한 것(선형 합이라고 합니다)이며, 로지스틱 회귀라면 그것을 다시 로지스틱 함수에 입력한 것을 가리킵니다. 또 데이터를 확률분포로 표현할 때 이용하는 정규분포도 수리구조입니다. 수리구조는 수리 모델의 뼈대를 결정하는 것이므로, 대상 데이터에 맞지 않는 것을 설정하면 분석이 잘 이루어지지 않습니다.

수리 모델을 이용할 때에는 먼저 '대상이 이 수리구조로 잘 설명될 것이다'라는 가정을 합니다. 그리고 구축된 모델과 데이터와의 정합성을 확인해서 최종적으로 그 모델을 채택할지를 검토합니다(예를 들면 다중회귀분석도 모든 데이터에 적용가능한 것은 아닙니다).

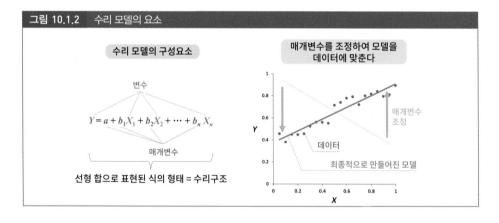

그림 10.1.2   수리 모델의 요소

매개변수는 이미 소개(4.3절)한 것처럼 설정한 수리구조의 모델을 '움직여서' 데이터에 맞도록 조정하는 역할을 합니다(그림 10.1.2 오른쪽). 또한 매개변수는 변수의 특징을 나타내는 정보를 갖기도 합니다. 다중회귀분석에서는 각 변수의 계수에 해당하는 것이 매개변수이며, 이것은 각 변수의 기여도의 크기라고 할 수 있습니다. 또 정규분포에는 평균과 표준편차라는 매개변수가 있습니다. 이렇게 만들어진 수리 모델의 매개변수의 값을 조사하면 데이터 배후에 있는 변수의 특징을 파악할 수 있습니다.

---

2   이 표현은 저자가 사용하는 단어로 일반적으로 넓게 사용되는 용어는 아닙니다. 일반적으로 '함수' 등의 용어를 사용하는 경우가 많지만, 함수 이외의 것도 포함하는 넓은 개념으로 '수리구조'라는 호칭을 사용하고 있습니다(대부분의 것은 함수로 표현할 수 있습니다).

수리 모델은 어디까지나 데이터를 수리적으로 '표현'한 것일 뿐입니다. 그러나 데이터를 생성하는 대상의 내부를 살펴볼 수 없는 경우에 데이터의 생성과정을 잘 표현한다고 생각되는 수리 모델을 구축하고 분석하면 조금이라도 더 이해하고 예측을 할 수 있습니다.

가정에서 도출된 이론

수리 모델을 구축할 때에는 '가정'이 필요하다고 했습니다. 데이터 분석이 필요한 상황에서는 실제로 데이터가 생성되는 메커니즘을 확실하게 아는 방법이 없으므로 어떤 가정하에서 분석을 하지 않으면 안 됩니다. 앞에서는 수리구조의 가정이 필요하다는 것을 설명했지만 수리 모델을 이용한 분석에서는 거기에 덧붙여 다음과 같은 가정을 하게 됩니다.

(1) 분석한 데이터가 설명하려고 하는 대상을 잘 대표한다는 가정

표본편향(3.2절, 5.3절)과 관련이 있지만, 분석에 사용한 데이터가 한쪽으로 치우쳐져 있는 경우, 거기에서 구축된 수리 모델과 그것을 이용한 결론도 치우치게 됩니다. 수리 모델은 어디까지나 '데이터에 포함된' 변수의 동작을 흉내 내서 만들었기 때문에 데이터의 품질이 나쁠 경우 거기에서 도출된 결론은 신뢰할 수 없습니다.

(2) 데이터 생성 메커니즘이 시간이나 장소에 따라 변화하지 않는다는 가정

어떤 조건이나 시점에서는 데이터를 잘 설명하는 수리 모델도 다른 상황에서는 맞지 않는 경우도 있습니다. 예를 들어 과거의 데이터에 근거해서 미래의 일을 예측하는 경우 어떤 계기로 인해 데이터의 생성 메커니즘 자체가 바뀌는 경우도 있습니다.

수리 모델을 이용한 분석에서는 모두 '이런 가정하에서 데이터를 살펴보면 이러이러한 것이 시사, 예상된다'라는 주장을 하게 됩니다. 몇 가지 가정을 하고 있다고 해서 이런 분석에 의미가 없는 것은 아닙니다. 한정된 정보를 이용해 의사결정을 해야 하는 상황이나 향후 분석 방침을 결정하기 위한 가설을 세우고 싶을 때는 이렇게 해서 이론적으로 결론을 내는 것이 최선책이라고 할 수 있습니다.

수리 모델의 타당성

수리 모델의 타당성을 평가하는 방침을 간단히 소개합니다.

(1) 모델 구축에 사용한 데이터를 설명할 수 있는가

먼저 중요한 것이 수리 모델에 의해 데이터가 높은 정확도로 설명되고 있느냐는 것입니다. 수리 모델이 데이터와 크게 벗어난 경우, 아예 모델링이 되지 않은 것이 됩니다. 모델의 성능을 **적합도**(goodness of fit)라고 합니다. 적합도를 측정하는 지표는 수리 모델의 종류에 따라 여러 가지가 존재합니다. 적합도 지표 중에서 가장 표준적인 것이 **결정계수**(coefficient of determination)라고 부르는 지표로 종종 R^2로 표시합니다. 결정계수는 모델이 어느 정도 데이터의 산포를 설명할 수 있는지를 계산한 것으로, 모델로 설명할 수 없는 오차의 비율을 계산해서 모델의 좋고 나쁨을 평가합니다(그림 10.1.3). 또 단순회귀를 하는 경우 결정계수의 제곱근인 R은 상관계수 r과 일치합니다.

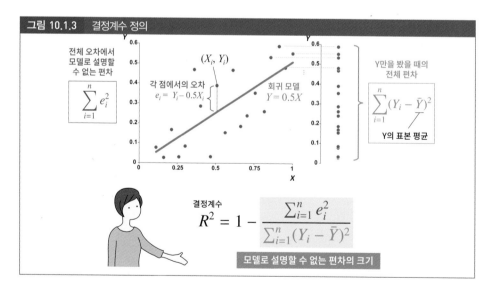

그림 10.1.3   결정계수 정의

(2) 미지의 데이터를 설명할 수 있는가

수리 모델은 어디까지나 이용한 데이터의 생성규칙을 흉내 낸 것입니다. 따라서 원래 편향된 데이터로 수리 모델링을 하면 정말 알고 싶은 대상 전체의 특징을 파악할 수 없습니다. 또 이용할 모델이 복잡해지면 과적합이라는 현상이 발생합니다. 그것은 '모델을 구축하는 데 사용한 데이터에는 정확하지만 새로운 데이터에는 정확하지 않은 모델'을 가리킵니다(자세한 것은 다음 절에 설명합니다).

이런 경우 모델을 만들 때 사용한 데이터와는 다른 데이터로 모델이 잘 맞는지를 조사하면 모델이 정확하게 대상 데이터의 생성 메커니즘을 설명하고 있는지를 평가할 수 있습니다. 하나의 데이터 세트에 의해 구축된 수리 모델이 다른 독립된 데이터 세트를 설명할 수 있다면 그 모델은 타당하다고 생각할 수 있습니다. 다만 이렇게 독립된 데이터를 분석해도 동일한 방법으로 표본을 추출하면 표본편향은 없어지지 않는다는 것에 주의하세요.

(3) 논리적 타당성

완성된 수리 모델을 새로운 데이터로 테스트할 수 있으면 좋지만, 활용할 수 있는 데이터가 충분히 많지 않을 때도 있습니다. 예를 들어 새로운 감염병의 유행이나 인구변동의 미래예측과 같은 문제입니다. 이런 경우 모델구축의 논리적 타당성을 평가하는 쪽이 편리할 수도 있습니다. 인구 예측에서는 각 연령층의 현재의 인구, 출생률, 사망률 등의 값을 알고 있으므로 거기에 기초해서 모델링을 하면[3] 어느 정도 정확한 예측을 할 수 있다는 것입니다.

이런 상향식(Bottom up) 모델링에서는 거기에 이용한 가정, 계산이 정확한지를 평가하는 것으로 모델 전체의 타당성을 평가할 수 있습니다.

반대로 논리적 타당성이 결여된 모델의 예로서는, '현실과 맞지 않는 가정이 포함되어 있다', '과도한 단순화가 이루어지고 있다', '적은 데이터로부터 매개변수를 추정한 결과이다', '신뢰성이 낮아지고 있다'와 같은 것을 들 수 있습니다.

---

3 변수 간의 관계 메커니즘을 어느 정도 알고 있기 때문에 '계산식을 만든다'는 것에 가까운 프로세스가 됩니다.

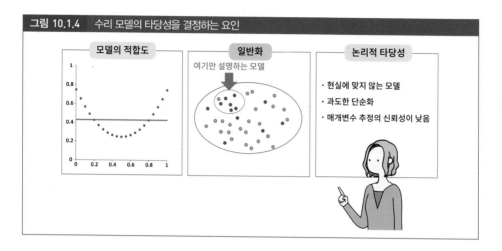

그림 10.1.4   수리 모델의 타당성을 결정하는 요인

모델의 적합도

일반화

여기만 설명하는 모델

논리적 타당성

· 현실에 맞지 않는 모델
· 과도한 단순화
· 매개변수 추정의 신뢰성이 낮음

(1)은 모든 수리 모델링에서 가장 중요합니다. 적합도가 낮은 경우에는 그 모델을 사용해서 결론을 도출하면 안 됩니다. 수리 모델을 사용한 분석은 어디까지나 그 수리 모델이 정확하다는 가정하에 성립하므로, 적합도가 낮은 모델에서 추정된 매개변수나 추론은 전혀 의미가 없습니다. 적합도가 충분한 것을 확인한 후에[4] 그 수리 모델이나 거기에서 도출된 결론이 본질을 파악하고 있는지를, (2)나 (3)의 관점에서 상황에 따라 종합적으로 판단합니다(그림 10.1.4).

Supplementary Information: 다양한 수리 모델의 예

- 선형회귀모델: 다중회귀, 단순회귀와 같이 변수 간의 관계성을 선형함수(변수의 덧셈)로 지정한 모델.

- 통계 모델: 변수 간의 관계나 편차를 확률분포로 표현하는 모델.

- 미분방정식 모델: 변수의 시간적 변동(=미분계수)을 수식으로 구성한 모델.

- 시계열 모델: 변수의 과거의 값과 미래의 값 사이의 함수관계를 구성한 모델.

- 신경망: 계산 모듈을 네트워크 모양으로 조합해서 만든 복잡한 함수로 변수 간의 관계성을 표현하는 모델.

---

4   또한 적합도가 어느 정도면 '충분'한지에 대해서는 취급하는 데이터와 분석 목적, 사용하는 모델에 따라 다릅니다.

10.2   목적에 맞는 모델링

이해지향적 모델링과 응용지향적 모델링

세상에는 데이터 분석에 사용하지 않는 모델을 포함해서 다양한 수리 모델이 존재합니다. 이 책에서는 데이터 분석, 해석에 이용되는 수리 모델에 한정해서 소개하고 있지만, 일단 여기서 전체 모습을 간단히 설명합니다. 여기서 말하는 '데이터 분석, 해석에 이용되는 수리 모델'이라는 것은 '데이터의 생성 규칙을 모르는 상황에서 데이터 배후에 있는 메커니즘을 찾거나 활용하는 것'을 목적으로 진행하는 모델링을 말합니다. 그렇지 않은 모델링으로는 예를 들면 뉴턴의 운동방정식처럼 일정한 정확도로 현실의 세계를 기술하는 것이 알려진 모델이나 이론적인 관점에서 추상화를 진행한 결과, 실제 현상과는 직접(정량적인)적으로는 연결할 수 없는 모델(물리학이나 응용수학의 분야에서 연구됩니다) 등이 여기에 해당합니다. 전자는 그것을 사용한 예측이나 제어, 설계에 활용되며, 데이터에서 모델 자체를 추정하지는 않습니다. 후자는 구체적으로 세세한 관측값과 대조하는 것은 원래 취지와 어긋납니다.

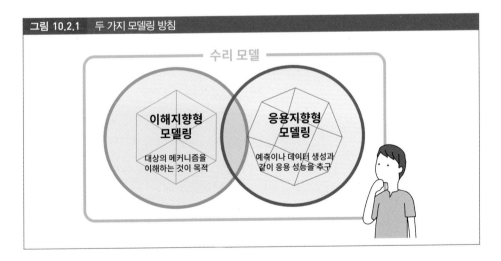

그림 10.2.1   두 가지 모델링 방침

다음으로 '데이터 분석, 해석에 이용되는 수리 모델'의 이야기로 넘어갑시다. 이 수리 모델은 크게 두 그룹으로 나눌 수 있습니다. **이해지향형 모델링**과 **응용지향형 모델링**입니다.

이해지향형 모델링은 데이터의 배후에 존재하는 현상의 메커니즘을 이해하기 위한 모델링입니다. 그리고 응용지향형 모델링은 예측이나 데이터의 생성 등 데이터 활용을 위한 모델링입니다.

예를 들면 인기상품의 데이터나 고객 데이터에서 누가 어떤 상품을 구입하고 있는지를 이해하기 위한 것이 이해지향형 모델입니다. 한편 구매데이터를 이용해서 고객에 맞는 상품의 추천을 자동으로 하는 시스템을 구축할 때에는 응용지향형 모델링을 수행합니다. 이 경우 '왜 그 고객에게 그 상품을 추천했는가'를 이해하기보다(이해할 수 있는 것이 가장 좋지만), 실제로 좀 더 높은 정확도로 추천을 하는 쪽이 중요하므로 모델링의 설계 사상의 관점이 다릅니다.

이 책에서는 '데이터 해석'에 테마를 맞추고 있으며 지금까지의 등장한 수리 모델은 모두 이해지향형 모델입니다[5]. 한편 최근 응용지향형 모델링의 발전이 눈부시고 큰 존재감을 내고 있습니다.

이해지향형 모델링의 포인트

이해지향형 모델링에서는 모델에 포함되는 요소와 그 움직임을 이해해야 하므로 다중회귀모델 등을 이용한 회귀분석이나 확률분포의 형태를 지정한 통계해석과 같이 식의 의미가 해석하기 쉬운 모델이 자주 사용됩니다. 반대로 응용지향형 모델은 **심층학습**(deep learning)처럼 대단히 복잡한 모델이 사용되고 있으며, 이런 모델을 사용하면 내부에서 어떻게 움직이는지 파악하기 어려워 데이터 해석에 사용하기 힘듭니다. 식의 형태나 변수의 움직임이 알기 쉬운 모델을 사용하는 것이 중요하지만 그렇다고 단순한 모델이 항상 좋지만은 않습니다. 수리 모델의 목적은 데이터를 잘 설명하는 것이므로 단순한 모델로 설명할 수 없을 때는 필요에 따라 모델을 복잡하게 해야 합니다. '모델을 복잡하게 한다'라는 것은 예를 들면 변수나 매개변수의 수를 늘리거나, 변수의 상호작용을 포함하거나, 특수한 함수를 이용하는 것 등을 가리킵니다.

---

5 회귀모델은 응용지향형 모델링에서도 자주 사용됩니다.

데이터의 편차의 모습도 중요한 요소입니다(그림 10.2.2). 데이터의 편차가 충분히 작은 경우에는 함수의 형태를 세세하게 결정하는 것이 좋은 경우도 있습니다. 예를 들어 명백하게 데이터가 곡선적으로 분포하고 있을 때에 다중회귀분석를 하면 오차가 크게 됩니다. 반대로 세세한 데이터의 형태가 보이지 않을 정도로 편차가 클 때에는 세세한 모델링을 해도 의미가 없으며 존재하지 않는 관계성이 존재하는 것처럼 보이는 경우도 있습니다. 이런 경우는 다중회귀분석처럼 대충 변수 간의 관계성을 파악하는 쪽이 본질에 가깝게 접근할 수 있습니다.

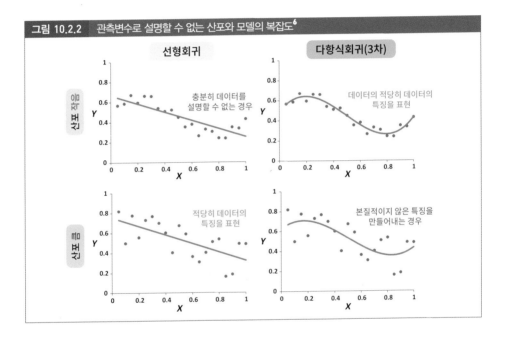

그림 10.2.2 관측변수로 설명할 수 없는 산포와 모델의 복잡도[6]

응용지향형 모델링의 포인트

응용지향형 모델링은 수리 모델을 이용해서 예측이나 데이터를 생성하는 모델링을 가리킵니다. 구체적인 문제로는 이미지 데이터에 무엇이 찍혀있는지를 식별하고, 생체데이터를 이용한 질병의 조기발견, 음성 데이터를 문자로 변환, 언어의 통역 등이 응용지향형 모델링으로 분류됩니다.

---

6 상단은 3차 함수에 작은 노이즈를 더한 것이고 하단은 1차 함수에 큰 노이즈를 더한 데이터입니다. 산포가 클 때 표현력이 큰 모델(여기서는 3차 함수에 의한 회귀)을 이용하면 그림 오른쪽 아래처럼 사실은 존재하지 않는 관계성이 생긴 것처럼 보이는 일도 있습니다.

이런 문제에서는 데이터의 개별 특징이 문제해결에 어떤 영향을 미치는지보다는 실제로 응용할 때 어느 정도 성능이 나오는지를 중요시합니다. 이미지 데이터에 찍혀있는 것을 검출하고 싶은 경우, 모델이 어떻게 데이터를 변환·해석하는지보다 어느 정도 정확하게 검출할 수 있는지가 중요합니다. 이런 문제는 실제 사용할 수 있는 성능이 요구되므로 원래 모델링하는 것 자체가 '어려운 과제'가 됩니다. 따라서 일반적으로 이런 목적에는 복잡한 모델이 필요하게 됩니다.

복잡한 모델은 자신을 데이터에 맞추는 능력이 높아서 '주어진 데이터에는 어렵지 않게 맞추지만 다른 데이터는 전혀 못 맞춘다'라는 경우가 자주 발생합니다. 이것을 **과적합** 또는 **오버피팅**(overfitting)이라고 합니다. 모델을 만들 때 사용하지 않은 데이터에도 성능이 나오는 것을 **일반화**(generalization)라고 하며 모델이 과적합 되지 않고 일반화되도록 조정하는 것이 응용지향형 모델링에서는 특히 중요합니다.

응용지향형 모델링에서 이용되는 모델로 데이터를 해석하는 것은 현재 표준적이지는 않지만, 앞으로는 복잡한 대상을 이해하려면 그런 복잡한 모델을 분석하게 될지도 모릅니다.

10.3 모델을 이용한 '예측'

'예측'이란

일반적으로 예측이라고 하면 미래를 맞히는 것을 말하지만 데이터 분석에서는 조금 다릅니다. **예측**(prediction)이란 모델을 구축할 때 사용한 데이터에 없는 상황을 모델을 사용해서 맞히는 것을 말합니다. 여기서는 시간적인 요소는 포함되지 않습니다. 따라서 과거의 상황에 대한 값을 맞히는 경우에도 예측이라고 합니다. 대상의 데이터 생성 메커니즘을 잘 파악한 수리 모델은 높은 정확도로 예측을 할 수 있습니다.

예측하기 쉬운 문제, 어려운 문제

세상에는 예측이 잘되는 문제와 잘되지 않는 문제가 있습니다. 예측이 잘 되기 위한 요소로 중요한 것이 '상황이 확정되기 위한 데이터가 충분히 수집되어 있는가'입니다. 예를 들면 와인의 품질을 예측하는 예(4.3절)에서는 숙성기간과 여러 가지 기후조건의 데이터를 이용했습니다. 와인 제조법은 거의 일정하므로 품질은 원료가 되는 포도의 품질로 거의 결정된다고 생각할 수 있습니다. 포도의 품질은 기후조건으로 거의 결정되므로 그것을 확실히 파악해두면 정보로는 충분하다는 것입니다.

또 야구선수의 능력을 정확하게 예측하기 위한 세이버메트릭스의 예(2.4절)로 말하면 선수의 능력은 시합에서 여러 가지 퍼포먼스로 어느 정도 나타나며, 짧은 기간에서는 크게 변동하지 않을 것, 야구의 규칙 자체는 변화하지 않을 것 등이 분석이 잘 되기 위한 요인일 것입니다. 이미지 데이터나 음성 데이터를 읽어 들여 판별하는 문제도 정보의 대응 관계(이 이미지는 ○○가 찍었다, 이 음성은 ××와 이야기하고 있다 등)은 변화하지 않으므로 예측의 문제로 다루기 쉬운 과제라 할 수 있습니다.

반대로 예측하기 어려운 것은 상황이 데이터에서 확정되지 않거나 또는 시시각각 변화하는 경우입니다. 예를 들면 주가를 예측하는 것은 대단히 어려운 문제이며, 이것은 주가를 결정하는 여러 가지 요인을 데이터로 망라할 수 없는 것이 하나의 요인이 됩니다. 인간의 행동도 (일부 예외를 빼고) 예측하기 어려운 문제의 하나입니다. 인간의 뇌의 상태나 외부환경을 모두 설명하는 데이터를 취득할 수 없기 때문입니다.

또 배후에 복잡하고 불안정한 현상이 도사리고 있어서 예측이 어려운 경우도 있습니다. 예를 들면 눈사태와 같이 매우 작은 계기가 한 번에 큰 움직임으로 발전하는 프로세스는 일반적으로 예측이 어렵습니다. 경제공황이나 지진과 같은 돌발적인 현상이 여기에 해당합니다. 덧붙여 '데이터를 관측할 때의 관측 오차가 조금이었지만 그 오차가 시간 경과에 따라 큰 오차가 되는(이것이 **초기치 예민성**이라고 합니다) 상황'도 예측을 어렵게 합니다. 이 대표적인 예가 일기예보입니다. 일기예보는 며칠은 잘 맞지만 1개월 후의 날씨를 예측하려고 하면 전혀 안 되는 것이 이런 것들과 관계가 있습니다.

데이터에서 크게 동떨어진 상황은 예측하기 어렵다

그림 10.3.1은 아이스크림 매출이 기온에 따라 어떻게 변화하는지를 조사한 것입니다. 일본의 가계 조사 데이터와 기상청이 공개한 과거 기온 데이터에서 2015~2019년까지 5년간 월별 데이터입니다[7]. 산점도를 그리면 기온에 따라 세대 평균의 아이스크림 지출액이 잘 설명되는 것처럼 보입니다. 이번은 지수함수를 사용해서 회귀를 했습니다[8]. 이렇게 해서 얻어진 식을 사용하면 다음 달의 월평균기온이 16℃인 경우 지출액이 어느 정도가 될지를 계산할 수 있습니다. 주위의 데이터를 살펴보면 예측된 값에서 크게 벗어나는 일은 없을 것입니다.

---

7   아이스크림 지출액은 2인 이상의 전국 세대의 평균값. 기온 데이터는 도쿄 1일 최고기온을 월 평균한 것을 대푯값으로 사용했습니다.
8   이번은 간단하게 이런 모델링을 했지만, 내삽에 의한 예측이 목적이라면 과적합 하지 않을 정도로 좀 더 복잡한 모델링을 하는 것도 좋습니다. 이 정도의 간단한 모델링에서도 이만큼 데이터를 설명할 수 있다는 것은 흥미로운 일입니다.

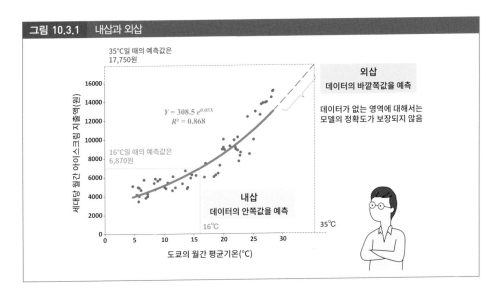

그림 10.3.1　내삽과 외삽

이 식을 사용해서 다른 상황도 예측할 수 있을지 생각해봅시다. 예를 들면 한 달 평균기온이 35℃라면 어떨까요

도쿄의 한 달 평균기온이 35℃도라면, 이것은 전에 없는 기록적인 폭염이 됩니다. 이런 상황에서도 얻어진 회귀식을 사용하면 예측을 하는 것 자체는 가능합니다. 그러나 그 영역에는 과거 데이터가 존재하지 않습니다. 수리 모델을 만들 때는 존재하는 데이터와 모델이 일치하도록 매개변수를 조정하지만, 데이터가 존재하지 않는 부분은 전혀 고려하지 않습니다. 따라서 이런 영역에 대해서는 모델의 정확도가 보증되지 않는 것에 주의하세요.

또 이번 예측에서는 17,750원이라는 값을 얻었지만, 이 예측의 타당성을 생각하면 여러 가지가 궁금합니다. 예를 들면 기온이 높은 영역에서 데이터와 모델을 비교해보면 모델이 과소평가하고 있는 것으로 보입니다(우연일지도 모릅니다). 이 영역에서는 실제로는 이 모델보다도 급한 기세로 지출액이 늘어나는 성질이 있을지도 모릅니다. 반대로 아이스크림의 지출에는 상한이 있는 패턴도 생각할 수 있습니다(보통 아이스크림을 먹는 사람도 하루에 2개 이상은 먹지 않는 등). 게다가 기온이 너무 높으면 사람들이 외출을 꺼려서 오히려 아이스크림이 팔리지 않을지도 모릅니다. 이런 극단적인 상황에서 발생할 여러 가지 요인은 모델을 만들 때 고려되지 않기 때문에 전혀 다른 값을 예측할지도 모릅니다.

데이터가 존재하는 영역에서 예측하는 것을 **내삽**(interpolation), 데이터가 존재하지 않는 영역에 대한 예측을 **외삽**(extrapolation)이라고 합니다. 아이스크림의 예처럼 일반적으로 내삽은 예측의 신뢰성이 보장되지만 외삽은 보장되지 않습니다. 따라서 수리 모델은 일반적으로 예외사건에는 약하다고 할 수 있습니다. 예외사건을 무시해도 되는 상황이라면 문제없지만, 예외사건에 의해 큰 위험이 발생하는 경우에는 개별로 대책을 강구할 필요가 있습니다.

선형과 비선형

다중회귀 등에서 가정하는 직선적(평면적)인 관계를 **선형**(linear)이라고 합니다[9]. 반대로 선형이 아닌 관계를 전부 **비선형**(non-linear)이라고 합니다. 선형으로 보는 대상은 선형 모델을 사용할 때 외삽을 해도 큰 문제는 발생하지 않습니다. 그러나 아쉽게도 이 세상 대부분의 현상은 비선형입니다. 앞에서 소개한 아이스크림 예제에서도 비선형관계성이 등장합니다. 현상이 비선형인 경우 데이터에 포함되는 관측값과는 크게 다른 상황이 나타나는 경우가 있습니다. 또 수리 모델에 비선형 요소가 포함되면, 수리적인 성질이 아주 복잡해집니다. 그 결과 데이터가 존재하지 않는 영역에서는 이상한 움직임을 할 위험성이 증가합니다.

이처럼, 현상이나 모델이 '선형인가 비선형인가'라는 것은 중요한 관점이므로, 염두에 두는 것이 좋습니다.

---

9 관심 있는 요소끼리 선형합의 관계성으로 이어진 경우를 '선형관계'라고 합니다. 관심 있는 요소로서 변수 그 자체뿐만 아니라 변수의 미분과 차분에 대해서 선형방정식을 세운 모델(각각 미분방정식, 차분방정식)로 설명되는 현상도 여기서 말하는 '선형현상'에 포함됩니다. 물리학에서 뉴턴의 운동방정식과 맥스웰 방정식은 선형방정식으로 이 모델로 자주 설명되는 역학 현상, 전자기학 현상에 대해서는 매우 정확한 예측, 제어를 하는 것이 가능합니다. 한편 공기나 물과 같은 유체운동은 비선형 방정식인 나비에 스코크 방정식에 잘 따르지만 그 이해, 예측, 제어 분야에서는 아직 어렵습니다.

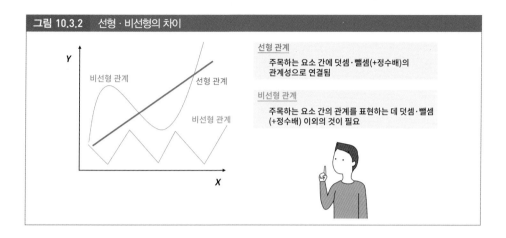

그림 10.3.2   선형·비선형의 차이

Y

비선형 관계

선형 관계

비선형 관계

X

선형 관계
주목하는 요소 간에 덧셈·뺄셈(+정수배)의
관계성으로 연결됨

비선형 관계
주목하는 요소 간의 관계를 표현하는 데 덧셈·뺄셈
(+정수배) 이외의 것이 필요

메커니즘의 이해와 예측

예측만 해도 좋다면 메커니즘의 이해는 그렇게 중요하지 않다고 말했지만, 메커니즘의 이해
는 예측에 도움이 안 될까요? 물론 그렇지 않습니다. 여기서는 데이터를 두 가지 접근 방법으
로 파악할 때 어떤 차이가 나는지 예제를 통해 소개합니다(그림 10.3.3).

간단한 예로 일반 주사위를 100번 던져서 나온 숫자들의 합을 예측하는 문제를 생각해봅시다
[10]. 결과는 확률적으로 변동하므로, 여기서는 합의 확률분포가 구해지면 된다고 합시다(다시
말해서 '합의 값이 발생할 확률'). 손에는 실제로 주사위를 던졌을 때 나온 숫자의 합을 100번
반복한 데이터가 있습니다.(그림 10.3.3 왼쪽 위).

이 문제에 대한 일반적인 접근 방법의 하나는 데이터의 확률분포를 통계모델로 근사하는 것
입니다. 구체적으로 이 분포는 정규분포로 잘 표현될 수 있을 것으로 보이므로 정규분포를 준
비하고, 가장 데이터에 잘 맞는 매개변수(평균과 표준편차)의 값을 추정합니다. 이것은 기계
학습 모델링이나 통계 모델링에서 말하는 예측 모델의 기초 개념입니다. 이렇게 해서 데이터
를 잘 표현하는 모델이 만들어졌습니다. 얻어진 정규분포 식을 사용해서 여러 가지 예측, 예
를 들면 '가장 높은 확률로 생기는 값은 얼마인가', '합이 380 이상이 될 확률은 얼마인가'라는
계산이 가능해집니다.

---

10 이번은 간단한 예로 이런 문제를 설정했지만 여기서 설명할 내용은 본질적으로는 데이터의 생성 메커니즘이 좀 더 알기 어려운 문제에 대해서도 말할 수 있습
니다. 예를 들면 이 주사위에서는 각각의 숫자가 1/6과는 다른 확률로 나올 가능성이 있다는 상황을 생각하면 좋을 것입니다.

다음으로 메커니즘의 이해를 중시한 접근으로 데이터를 분석해봅시다. 이 주사위에서 '각 숫자는 1/6 확률로 매번 독립으로 나온다'라고 생각하는 것이 타당하므로 주사위의 숫자 하나하나를 그런 확률분포에 따르는 확률변수 X로 모델링해봅시다[11]. 이 모델로 100번 반복한 결과의 합이 따르는 확률분포를 이론적으로 계산할 수 있습니다(그림 10.3.3 아래). 그 결과 (자세한 내용은 생략합니다) 그 분포는 근사적으로 정규분포를 따른다고 유도됩니다. 매개변수인 평균과 표준편차도 이론적으로 계산됩니다. 그리고 최종적으로 얻어진 확률분포를 데이터와 비교해서 모순이 없는 결과가 얻어졌는지를 확인합니다. 이 작업을 통해서 실제 데이터는, 이상적인 주사위에서 매번 독립적으로 얻어진 숫자를 더한 것들로 모델링해도 좋을 것 같다고 해석할 수 있습니다.

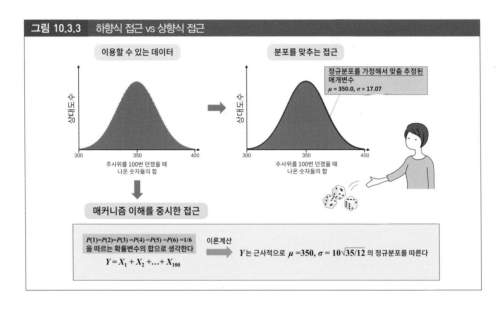

그림 10.3.3 하향식 접근 vs 상향식 접근

이 두 가지 접근 과정을 정리해봅시다. 처음에는 데이터를 잘 설명할 수 있을 것 같은 확률분포를 준비하고, 그 확률분포를 데이터에 맞춤으로써 데이터를 잘 설명할 확률분포를 얻을 수 있었습니다. 두 번째는 데이터의 생성과정에 주목해서, 좀 더 상향식으로 데이터가 생성되는 모습을 모델링했습니다. 그 결과 최종적으로 데이터를 잘 설명할 확률분포를 얻을 수 있었습

---

11 100번의 숫자의 합이 아니고 숫자가 나온 횟수의 결과 데이터가 있으면 이 가정이 얼마나 타당한지를 조사할 수 있지만, 이번에는 이런 데이터는 사용할 수 없는 것으로 합니다.

니다. 전자는 응용지향형 예측을 위한 모델링, 후자는 이해지향적 모델링 접근 방법입니다. 다르게 말하면 전자는 데이터에서 귀납적으로 현상을 설명하는 접근 방법, 후자는 가정으로부터 연역적으로 현상을 설명하는 접근 방법입니다.

그러면 이 두 개의 접근 방법을 기능적인 차이에 대해서 살펴봅시다.

데이터 부족과 이해지향형 모델링

앞에서 두 가지 접근 방법으로 거의 같은 결과를 얻었습니다. 그러면 여기서 참조할 수 있는 데이터가 적거나 전혀 없는 상황을 생각해봅시다. 예를 들면 주사위를 100번 던져서 나온 숫자들의 합이 10개 밖에 없는 경우는 무슨 일이 생길까요(그림 10.3.4 왼쪽 위).

첫 번째로, 분포를 맞추는 접근 방법은 데이터가 적을 때에는 궁합이 좋지 않습니다(그림 10.3.4 오른쪽 위). 시작할 때 정규분포로 가정했지만 표본크기를 크게 했을 때 데이터가 정규분포를 따를지는 확실하지 않습니다. 이번 데이터로 추정을 하면, 거의 정확한 평균값과 실제보다 작은 표준편차를 가진 정규분포가 얻을 수 있었습니다. 이번에는 참 분포가 (거의) 정규분포이고 적용한 분포도 정규분포라서 나쁘지 않은 결과가 나왔지만, 일반적인 문제라면 크게 벗어나는 경우가 있습니다.

한편, 모델에서 상향식으로 확률분포를 계산하면 (당연히) 앞과 같은 정규분포가 얻어집니다. 최종적으로 데이터와 대조할 때, 모델이 데이터와 모순되지 않는지를 확인하는 작업이 필요하지만, 모델을 가정할 때 타당성이 보장되어있으면 결과는 데이터의 양에는 크게 영향받지 않습니다.

또 다른 예를 생각해봅시다. 이번에는 지금까지 보통 6면 주사위를 사용한 것을 7면 주사위로 변경합니다. 데이터는 6면 주사위를 사용한 시행밖에 없고 7면 주사위를 사용한 결과는 전혀 데이터로 가지고 있지 않습니다. 이때 분포를 추정하는 접근은 데이터가 없어 아무것도 할 수 없습니다. 한편 상향식으로 모델링 할 때는 주사위의 면을 7면으로 설정하고 다시 계산하면 되므로 6면 때와 마찬가지로 확률분포를 구할 수 있습니다.

이렇게 메커니즘의 이해에 근거한 모델링은 데이터가 적거나 조건이 바뀌어서 데이터가 존재하지 않는 상황에서도 가정을 근거로 예측을 할 수 있습니다. 분포를 추정하는 모델링은 '데이터를 잘 설명하는 것'에만 집중하는 반면, 이해지향형 모델링은 '가정의 타당성'이나 '프로세스의 이해'에 의해서도 성립하기 때문입니다.

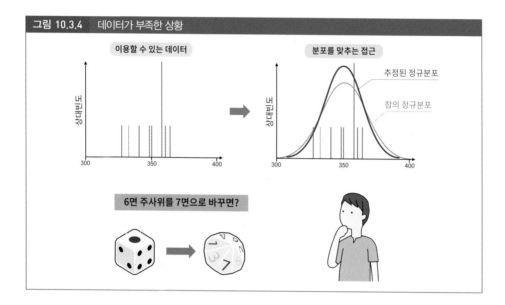

그림 10.3.4 데이터가 부족한 상황

이해지향형 모델링과 설명력

그럼 항상 상향식 이해지향형 모델링을 하는 것이 좋은가 하면 그렇지는 않습니다. 이해지향형 모델링은 타당한 가정에서 유도된 논리를 중시하므로, 가정에 포함하지 않은 요인이 큰 영향을 끼칠 경우 성능이 낮아집니다.

예를 들어 6면 주사위를 100번 던진 데이터의 결과가 그림 10.3.5 왼쪽과 같이 되었다고 합시다. 이때 주사위가 원격으로 조작되어 전체적으로 약간 작은 값이 나왔다고 생각해봅시다. 이 경우 주사위를 던질 때 앞 절처럼 모델링을 하면 데이터와는 어긋난 분포가 얻어집니다(10.3.5 왼쪽 아래). 이 차이 때문에 주사위에 어떤 조작이 있다는 것을 알아차릴 수 있을 것입니다. 그러나 최종적으로 얻어진 모델은 데이터와 다르므로, 그것을 사용해서 예측해도 좋은 결과는 얻을 수 없습니다.

한편 분포를 데이터에 맞추는 방법에서는 정규분포가 잘 맞지 않는 것을 히스토그램이나 정확도 지표를 통해 알게 되면 다른 분포의 사용을 검토합니다. 이 예에서는 베타 분포가 데이터를 잘 설명할 수 있다는 것을 알았습니다(그림 10.3.5 오른쪽). 이것을 사용하면 높은 정확도로 예측이 가능합니다.

이처럼 (데이터가 충분히 존재하는 상황에서) 예측 등의 목적으로 분포의 형태만 정확히 알고 싶을 때, 데이터와 잘 맞는 분포를 준비하고 이용하는 쪽이 목적을 잘 달성할 수 있습니다[12].

예측이라는 하나의 문제에서도 상황에 따라 여러 가지 레벨로 모델링을 검토해야 한다는 것을 소개했습니다. 이것은 예측뿐만이 아니라 데이터 분석 · 활용 문제에서는 중요한 개념이므로 기억해둡시다.

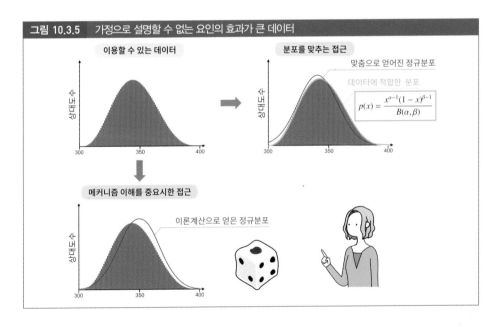

그림 10.3.5 가정으로 설명할 수 없는 요인의 효과가 큰 데이터

이용할 수 있는 데이터

분포를 맞추는 접근

맞춤으로 얻어진 정규분포

데이터에 적합한 분포

$$p(x) = \frac{x^{\alpha-1}(1-x)^{\beta-1}}{B(\alpha, \beta)}$$

메커니즘 이해를 중요시한 접근

이론계산으로 얻은 정규분포

---

12 이번 예에서는 문제가 간단하고 데이터가 충분하기 때문에 모델링에 의지하지 않아도 경험 분포를 그대로 사용해서 예측이나 분석이 가능합니다.

10장 정리

- '수리 모델'은 변수의 동작이나 관계성을 수리적으로 표현한 것이다.

- 수리 모델을 이용해서 얻어진 분석 결과의 신뢰성은 가정의 타당성에 크게 의존한다.

- 수리 모델의 중요한 이용 방법으로 이해지향형 모델링과 응용지향형 모델링 두 가지가 존재한다.

- 수리 모델링에는 예측하기 쉬운 문제와 어려운 문제가 있다.

2부 정리

지금까지 구체적인 데이터 분석 방법과 개념, 또 설정된 문제마다 어떤 방법을 이용하면 좋을지를 설명했습니다. 이 책에서는 '데이터에 대해서 어떻게 문제를 정의하고, 어떤 방법을 사용할 수 있는가'라는 개념을 파악하기 위한 것을 중점적으로 설명했습니다. 각 기법의 세세한 내용은 설명하지 않았지만 실제로 분석을 할 때는 참고서 등을 참고하세요. 문제 정의와 접근 방법이 결정되면 그때부터 세세한 것을 조사하고 실시하는 것이 좋습니다.

03부

데이터 해석과 활용에 관한 기초지식

3부에서는 데이터를 해석하거나 활용할 때 주의해야 할 점을 설명합니다. 분석 절차는 그대로 실행할 수 있어도 거기에서 정보를 추출해서 이용할 때에는 여러 가지 문제가 발생합니다. 전반에는 분석자나 정보의 수집 중에 존재하는 인지편향 때문에 해석이 왜곡되는 경우를 설명합니다. 또 후반은 실제로 데이터 분석의 결과를 활용할 때 빠지기 쉬운 함정에 대해서 자세하게 설명합니다.

11_장

데이터 분석의 함정

데이터 분석으로 얻어진 결과를 해석하는 과정에는 다양한 함정이 존재합니다. 예를 들면 분석 중에 부주의하게 실시한 데이터 기공 때문에 결과나 해석이 왜곡되는 일이 있습니다. 또 데이터에서 결론은 도출하는 것은 한계가 있어, 가지고 있는 데이터만으로 결론을 내리지 않는 편이 좋은 경우나, 또 목적에 따라 결과를 평가하는 기준이 바뀌거나, 데이터 수집 단계에서 이것들을 고려해서 계획을 준비해야 한다는 것 등이 실패하기 쉬운 점이라고 할 수 있습니다. 이 장에서는 이 내용에 대해서 실제 활용 관점에서 설명합니다.

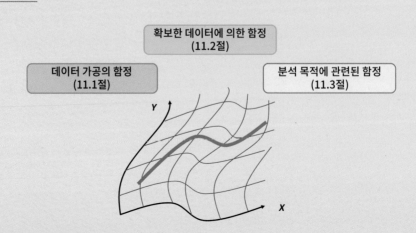

확보한 데이터에 의한 함정
(11.2절)

데이터 가공의 함정
(11.1절)

분석 목적에 관련된 함정
(11.3절)

11.1 데이터 가공의 함정

실수와 비율

'미디어 보도자료에서 실수[1]를 보면 비율을 의심하고, 비율을 보면 실수를 의심하라'고 할 정도로 실제 값과 비율을 계산한 것에는 사람에게 주는 인상이 크게 다른 경우가 많습니다. 예를 들면 '코로나바이러스 신규 확진자가 서울에서 하루에 100명 발생했다'라고 보도하지만, '비율로 보면 0.0007%가 새롭게 감염됐다'라고 보도하는 경우는 없습니다[2]. 또 이 숫자는 하루 평균 교통사고를 당하는 사람의 비율과 비슷한 수준입니다.

이 두 숫자는 모두 정확한 현실을 나타낸 것이지만 각각 단독으로는 다른 인상을 줍니다. 이런 경우에는 양쪽을 포함해서 종합적으로 해석해야 합니다(그림 11.1.1). 위와 같이 한쪽만 다루면 잘못된 해석을 낳는 원인이 됩니다. '분모가 되는 수와 분자가 되는 수가 크게 다른 경우' 또는 '비교 대상이 되는 것들끼리 분모가 다른 경우'에는 이런 문제가 발생합니다.

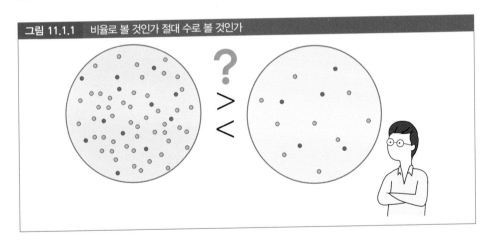

그림 11.1.1 비율로 볼 것인가 절대 수로 볼 것인가

'비율을 계산한다'라는 처리는 데이터 분석의 다양한 장면에서 필요합니다. 이 처리는 그럴듯하게 보이기 때문에 가볍게 계산해버리기 쉽지만 '분모의 수'와 '분자의 수'라는 두 개의 수가

---

1   여기서는 '비율이 아닌 실제 숫자'라는 의미로 수학적인 '실수'와는 다릅니다. 비슷하게 '모수'를 '전체 숫자(분모의 수)'라는 의미로 사용하는 경우가 있지만 데이터 분석에서 '모수'라고 하면 수리 모델의 매개변수를 가리키는 용어가 되므로 조심합시다.

2   반대로 주민 수가 적은 지자체의 감염자 수의 증가를 보도할 때에 '비율로는 가장 많다'라는 표현이 자주 사용됩니다.

하나의 '비율'이라는 숫자로 뭉뚱그려지기 때문에 당연히 정보가 사라집니다. 이때에는 어떤 정보가 사라지는지, 그것은 무시해도 문제가 없는지 항상 신경 써야 합니다.

심슨의 역설

안이하게 비율로 생각하면 잘못되는 경우로 **심슨의 역설**(Simpson's paradox)에 대해 설명합니다.

의사 A와 B가 어떤 병을 치료하고 있습니다. 이 병의 중증환자 110명과 경증환자 110명을 각각 치료한 성적을 분석해봅시다.

중증환자는 A가 100명을 담당하고 B가 10명을 담당했습니다. 그 결과로 A는 30명을 치료했고(치료율 30%), B는 1명을 치료했습니다(성공률 10%). 또 경증 환자는 A가 10명을 담당하고 B는 100명을 담당했습니다. A는 9명이 회복(90%)했고 B는 80명(80%)이 회복했습니다 (그림 11.1.2).

이 결과를 보면 중증환자, 경증환자 모두 A가 높은 치료율을 보이므로 A가 B보다 우수하다고 생각해도 좋습니다.

그런데 여기서 안이하게 해서는 안 되는 처리가 위의 결과를 단순히 더해서 점수로 만들어버리는 것입니다. 다시 말해서 'A와 B는 각각 중증환자와 경증환자를 합쳐서 110명을 담당했으며, A는 39명, B는 81명을 치료했다'라고 하는 것입니다. 이 지표로는 B 쪽의 치료율이 높게 보입니다. 그러나 실제로는 A 쪽이 난이도가 높은 환자를 많이 치료했으므로, 이 점수로 비교하는 것은 의미가 없습니다. 이렇게 합계로 보면 결과의 대소관계가 반대가 되는 것을 심슨의 역설이라고 합니다.

이 예에서는 무슨 일이 일어나고 있는지 알기 쉽지만 익숙하지 않은 문제에서 다른 조건에 의한 결과를 안이하게 더해버리면 이런 함정에 빠지기 십습니다.

그림 11.1.2　심슨의 역설의 예

의사 A와 의사 B의 치료 성공률

	의사 A	의사 B	합계
중증환자	30/100 >	1/10	31/110
경증환자	9/10 >	80/100	89/110
합계	39/100 <	81/110	120/220

합계로 하면 대소관계가 역전된다

평균값의 동작

비율을 계산할 때 자주 발생하는 것이 평균값이나 확률을 모아서 분석하는 경우입니다(그림 11.1.3). 이때 평균값을 계산한 표본 크기가 요소마다 다르면 잘못된 해석의 원인이 됩니다 3. 예를 들어 야구팀에서 선수의 타율을 분석해봅시다. 한 시즌에서 573타석에 선 타자의 타율 0.329와 대타로 2타석밖에 서지 않은 타자의 타율 0.500을 비교해서 후자 쪽이 안타를 치는 능력이 높다고는 판단하지 않습니다.

이렇게 평균값을 지표로 데이터를 분석하는 경우, 값의 신뢰성이 제각각이 되어버리는 경우가 있습니다. 평균값이 아닌 실제 숫자를 비교하거나 표본 크기가 작은 데이터는 빼는 것이 효과적입니다[4].

3　회귀분석의 매개변수 추정에서 이용되는 (통상적인) **최소제곱법**은 각 관측값에 동일한 오차 분포를 가정하기 때문에, 표본 크기가 큰 표본에서 계산된 평균값과 그렇지 않은 평균값처럼 산포의 가정이 다른 것이 섞여 있으면 잘 작동하지 않는 경우가 있습니다. 특히 무엇인가 발생확률 데이터에 대해서 로지스틱 회귀를 하는 경우에는 이런 문제가 자주 발생합니다. 이런 경우는 가중치를 부여한 최소제곱법을 이용하는 등으로 처리합니다.

4　프로야구에서는 규정타석을 경기 수×3.1로 정하고 이에 못 미친 타자의 타율은 랭킹에 반영하지 않습니다.

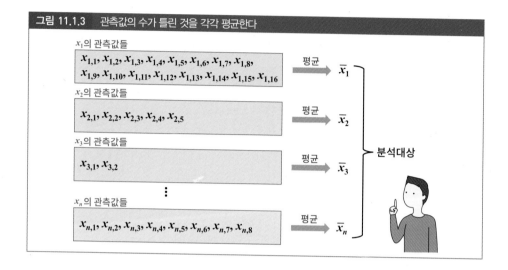

그림 11.1.3   관측값의 수가 틀린 것을 각각 평균한다

x_1의 관측값들

$x_{1,1}, x_{1,2}, x_{1,3}, x_{1,4}, x_{1,5}, x_{1,6}, x_{1,7}, x_{1,8},$
$x_{1,9}, x_{1,10}, x_{1,11}, x_{1,12}, x_{1,13}, x_{1,14}, x_{1,15}, x_{1,16}$ 평균 → $\bar{x}_1$

x_2의 관측값들

$x_{2,1}, x_{2,2}, x_{2,3}, x_{2,4}, x_{2,5}$ 평균 → $\bar{x}_2$

x_3의 관측값들

$x_{3,1}, x_{3,2}$ 평균 → $\bar{x}_3$ } 분석대상

⋮

x_n의 관측값들

$x_{n,1}, x_{n,2}, x_{n,3}, x_{n,4}, x_{n,5}, x_{n,6}, x_{n,7}, x_{n,8}$ 평균 → $\bar{x}_n$

극단적인 값이 섞여있는 데이터

지금까지 여러 번 등장했지만 매우 큰 값이 일부에 포함된 데이터(연봉 등)를 다룰 때는 주의해야 합니다. 예를 들면 평균값을 계산할 때 대단히 큰 값이 포함되어 있으면 결과에 크게 영향을 미치며(7.1절) 상관계수를 계산할 때에도 악영향을 미칩니다(8.2절).

이럴 때 자주 행해지는 것이 로그 변환입니다. 예를 들면 로그 정규분포를 따르는 데이터(7.3절)를 로그 변환하면 정규분포를 따르기 때문에 위와 같은 데이터 분석 처리를 하면 문제는 발생하기 어렵게 됩니다.

또는 이런 큰 값에 좌우되지 않는 지표를 이용해서 분석하는 것도 효과적입니다. 평균값 대신에 중앙값이나 최빈값을 사용하거나 일반적인 상관계수(피어슨 상관계수) 대신에 두 값의 순위를 사용해서 상관계수를 계산하는 **스피어만 상관계수**(Spearman's rank correlation coefficient)를 이용할 수 있습니다.

불필요한 제거

데이터의 일부를 제거하면 전혀 다른 인상을 주는 경우가 있습니다. 그 예로, 최근 10년간 일본 평균주가의 추세(그림 11.1.4 위)를 봅시다. 이 그림을 보면 최근 신종 코로나바이러스에 의한 일시적인 폭락을 제외하면 대체로 상승 추세를 볼 수 있습니다. 10년이라는 오랜 기간에 걸쳐 이런 트렌드가 보이기 때문에 '평균주가는 지속해서 상승하고 있다'라는 인상을 받는 사람도 많을 것입니다.

한편 같은 그림을 한층 더 시간을 거슬러 올라 그린 것이 그림 11.1.4 아래입니다. 평균주가는 버블시기(1990년대)에 최곳값 3만8915엔을 찍은 후, 한참 하강했으며 상승 추세를 보인 것은 '아주 최근'입니다. 이 그림에서는 앞과는 다른 인상을 줄 뿐만 아니라 최근을 정점으로 또 주가가 하락할 것 같은 분위마저 느끼는 사람도 있을 것입니다.

이렇게 데이터에서 경향을 읽을 때에는 어떤 범위에 주목하는지에 따라 결론이 크게 달라지기도 합니다. 앞의 예처럼 어떤 시점에서 봐도 틀리지는 않지만, 그것을 종합적으로 판단하여 해석하는 것이 중요합니다.

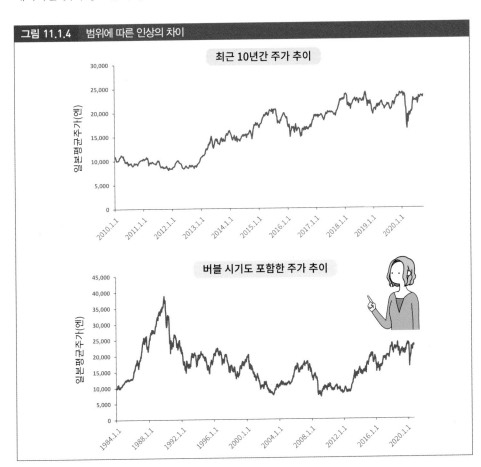

그림 11.1.4　범위에 따른 인상의 차이

그래프를 왜곡하지 않는다

데이터를 해석할 때 가장 많이 보는 것이 그래프입니다. 그래프는 수치를 시각적으로 알기 쉽게 전달하기 위한 수단이지만 그 시각효과에 따라 왜곡된 인상을 주는 경우가 있습니다. 그래프에 관련된 틀린 조작으로 가장 많은 것이 그래프의 축에 관한 것입니다. 여기서는 몇 가지 예를 보이면서 해서는 안 될 조작과 해도 되는 조작에 관해서 설명합니다.

흔히 저지르는 오류가 그림 11.1.5 왼쪽 위와 같이 막대그래프의 축을 중간부터 시작하는 것입니다[5]. 막대그래프의 전제는 막대의 길이가 값과 대응한다는 것입니다(그렇지 않으면 막대그래프를 그리는 의미가 없습니다). 막대 길이의 시각적 비교로 데이터를 이해할 수 있게 한 것이 막대 그래프의 가치이지만 축을 중간부터 시작해버리면 잘못된 인상을 줍니다. 따라서 막대그래프를 그릴 때에는 그림 11.1.5 왼쪽 아래와 같이 반드시 0(또는 그 외에 기준이 되는 값이 있다면 그 값)에서 출발합니다.

또 이번 데이터처럼 '차이의 크기는 중요하지만, 비율은 크게 중요하지 않다'라는 경우가 있을 수도 있습니다. 이런 경우는 막대그래프를 사용하지 않고 단순히 스트립 플롯(7.2절)으로 표시하면 문제없습니다(그림 11.1.5 아래 중간). 이 경우는 축을 중간값에서 시작해도 시각적으로 무엇인가를 왜곡할 위험성은 없습니다[6]. 또 이 경우에는 전년도와 이번 연도의 두 값만 비교하므로 단순히 숫자만을 표시하고 그래프를 사용하지 않는 선택도 괜찮습니다(그림 11.1.5 오른쪽 아래). 그래프는 어디까지나 파악하기 어려운 숫자 데이터를 시각적으로 쉽게 전달하는 것을 목적으로 만들어진 것이므로, 굳이 필요하지 않다면 무리해서 그래프를 그리지 않아도 됩니다.

또 매우 큰 값이 포함된 데이터를 막대그래프로 그리는 경우, 축이나 일부의 막대에 '≈' 기호를 사용해서 중간을 생략하는 오류도 자주 볼 수 있습니다(그림 11.1.5 오른쪽 위). 전체적인 데이터의 차이가 잘 보이지 않기 때문에 이런 조치를 하는 것으로 생각되지만, 이런 경우 하나의 막대그래프가 아닌 두 개 이상의 그림으로 나누거나 단순히 숫자를 표시하는 것이 좋습니다.

---

5   놀랍게도 어떤 유명한 표 계산 소프트웨어를 이용한 막대그래프를 그렸을 때 나온 결과로, 자동으로 설정된 축이 이것입니다.
6   종종 '일단 축은 0부터 시작하지 않으면 안 된다'라고 착각하는 분도 있지만, 반드시 그렇지는 않습니다.

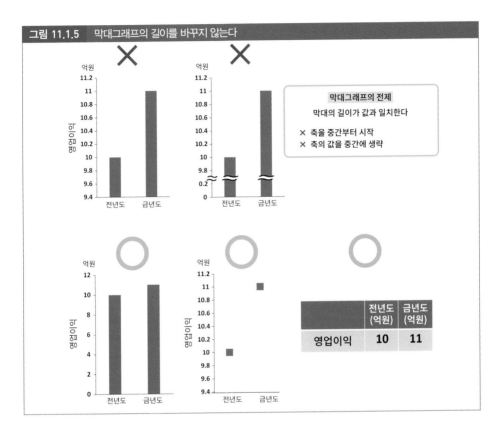

그림 11.1.5   막대그래프의 길이를 바꾸지 않는다

또 원그래프를 3D로 표시하는 것도 권장하지 않습니다. 원그래프에서는 각 요소의 각도나 면적이 값과 연동하지만, 3D로 표시해버리면 앞에 보이는 요소의 면적이 커 보이기 때문입니다. 그래프의 외형을 꾸미는 것은 좋지만 그래프에 값이 시각적으로 무엇과 연결되는지를 파악한 후에 그것이 왜곡되지 않도록 합시다.

11.2 확보한 데이터에 의한 함정

다른 시점에서 데이터를 수집한다

데이터 분석 방법은 나날이 새롭고 강력한 방법이 개발되고 있습니다. 가지고 있는 데이터를 분석하기 위해 셀 수 없을 정도로 많은 방법을 생각할 수 있습니다. 이런 상황에서 자주 빠지기 쉬운 것이 결과가 잘 나오지 않아서 여러 가지 방법으로 데이터를 마구 주무르는 것입니다. 이것 자체는 다중검정 등의 문제를 제외하면 나쁘지는 않지만, 근시안적으로 손안의 데이터에만 집중하는 것은 문제 해결에 도움이 되지 않습니다. 차라리 가능하면 다른 각도에서 관측한 데이터를 사용해서 좀 더 넓은 시점으로 대상을 분석하는 쪽이 잘 되는 경우가 많습니다.

그림 11.2.1 다른 각도에서 데이터를 수집하는 중요성

극단적인 예로 주가의 추세 데이터만을 사용해서 미래의 주가를 예측하는 것보다 실제 그 기업의 매출에 직결되는 데이터를 따로 수집해서 거기에 맞추어 분석하는 것이 높은 정확도로 예측할 수도 있습니다. 최근에는 어떤 벤처기업이 인공위성에서 촬영한 이미지 데이터로 자동차의 생산 대수나 원유 탱크의 저장량을 '훔쳐본 것'을 투지를 위한 정보로 판매하고 있으며, 이것은 분석보다는 중요한 데이터를 수집하는 쪽에 비용을 들인다는 올바른 방침을 보여줍니다.

데이터에는 관심 있는 변수에 큰 영향을 주는 것과 그렇지 않은 것이 있습니다. 중요한 정보를 가지지 않은 데이터는 아무리 분석해도 좋은 결과를 얻을 수 없지만, 대상과 관련도가 높은 데이터를 수집할 수 있다면 간단히 결론을 얻을 수 있습니다. 따라서 '다시 한번 돌아가서 분석할 데이터를 변경하자'라는 선택지를 항상 잊지 않는 것이 중요합니다.

덧붙여 가지고 있는 데이터를 검토해도 충분히 목적을 달성할 수 없는 경우도 있습니다. 때에 따라서는 목적을 설정하는 단계까지 되돌아와 다른 방법으로 문제가 해결 가능한지를 생각하는 것도 좋습니다. (그림 11.2.2).

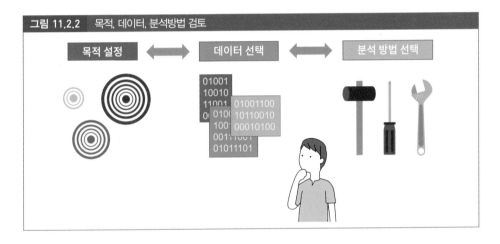

그림 11.2.2 목적, 데이터, 분석방법 검토

질적 데이터가 중요한 경우도

대부분의 데이터 분석 방법은 수치화 가능한 데이터에만 적용할 수 있습니다. 그러나 수치화할 수 없는 정보도 잊어서는 안 됩니다. 예를 들어 무엇인가를 조사하려고 5개의 선택지에서 응답을 고르는 설문조사를 한 경우, 분석은 하기 쉽지만 세세한 상황을 반영하기 어려워서 정말 중요한 정보를 잃어버리는 수도 있습니다(1.2절).

문제에 따라서는 수치로 표현하기 어려운 상황을 파악하는 것이 해결로 연결되는 경우도 있습니다. 야구의 세이버메트릭스에서는 통계정보로 선수들의 능력을 측정할 수 있게 되었지만 이것으로 기록원의 일이 없어지는 일은 없었습니다. 오히려 수치로 측정할 수 없는 선수들의 특징이나 특별한 정보를 찾는 일의 중요성이 증가했기 때문입니다. 또 예를 들면 자사 제품의 판매량이 떨어졌을 때, 여러 가지 질문을 포함한 설문을 실시하는 것보다 매장에서 인터뷰해서 어떤 반응이 있는지를 보는 쪽이, 빠르고 정확한 결론을 얻을 수 있습니다.

데이터 분석을 일상적으로 하고 있으면 무의식적으로 '분석하기 쉬운 데이터로 변환할 수 있는 정보'에 집중한 나머지 '문제를 해결하려면 무엇을 알아야 하는가'라는 관점이 누락되는 경우가 자주 있습니다. 먼저 우선할 것은 '데이터를 분석하지 않아도 되는 선택지를 포함한 문제의 해결'이며 데이터 분석은 어디까지나 수단에 지나지 않는다는 것을 잊지 마세요.

11.3 분석 목적에 관련된 함정

결론이 없는 결론

'변수 X가 변수 Y에 영향을 미치고 있는가'를 데이터 분석으로 조사한다고 합시다. 그 결과로 얻어질 수 있는 결론의 패턴은 다음 3가지입니다.

1. 영향을 준다

2. 영향을 주지 않는다

3. 이 데이터로는 아무것도 말할 수 없다

처음 두 가지는 비교적 알기 쉽지만 중요한 것은 세 번째입니다.

데이터 분석 초보자가 저지르기 쉬운 잘못은 어떻게 해서든 1이나 2로 결론을 내리려고 하는 것입니다. 실제 데이터 분석이 필요한 상황에서는 3번 '아무것도 말할 수 없다'라는 상황이 상당한 비율로 발생합니다. 그러한 상황에서 1이나 2와 같은 결론을 내리는 것은 명백한 잘못입니다.

한편 '데이터에서 아무것도 말할 수 없다'라는 주장을 하려면, '결론이 나오지 않는 것은 분석이 잘못된 것이 아닌가'라는 비판에 맞서 '분석에 최선을 다했지만 그래도 아무것도 말할 수 없다'라는 상황을 만들어야 합니다. 특히 탐색적 데이터 분석에서는 '아직 시험하지 않은 분석 방법을 사용하면 무엇인가 특징이 보일지도 모른다'라는 유혹에 빠지기 쉽지만, 이럴 때는 '이 정도의 기본적인 분석에서 나오지 않을 정도의 특징이라면 그렇게 큰 특징은 아니다'라는 판단의 근거로 분석을 중단합니다[7]. 확증적 데이터 분석의 경우, 데이터의 수집이나 분석 방법을 사전에 결정해둘 수 있으므로 이런 문제는 발생하기 어렵습니다.

---

7 '특징이 없는 것을 증명한다'라는 것은 불가능하므로 섣불리 다양한 분석을 해버리면 모든 것을 시험하는 데 많은 시간을 낭비할 수 있습니다. 따라서 이렇게 분석을 중단할 명확한 기준을 세우는 것이 중요합니다. 단, 원래 이것은 각종 분석기법과 데이터의 성질을 잘 이해하고 있지 않으면 할 수 없으므로 중급자 이상을 위한 조언입니다.

목적에 따른 결과의 영향력

변수 X가 변수 Y에 영향을 미치는 것으로 결론이 났다고 합시다. 그러나 영향을 미치는 것과, 그 결과가 중요한지는 다른 문제입니다. 예를 들어 기업이 어떤 마케팅 정책을 실행했더니 각 매장의 매출이 평균 1% 올라가는 것을 알았다고 합시다. 이 기업이 대기업이고, 평균 1%의 매출 증가지만 전체 금액으로 보면 커서 마케팅 비용을 크게 상회하는 경우, 이 정책을 실행하는 것이 의미가 있으며 데이터 분석의 성과가 있었다고 말할 수 있습니다.

한편 어떤 다이어트 식품을 1개월 동안 먹으면 몸무게가 개인 평균 1% 감소한다는 것을 충분히 큰 표본 크기의 실험으로 알았다고 합시다. 평균 1%의 효과이지만 몸무게가 거의 감소하지 않은 사람이 있을 뿐만 아니라 증가한 사람도 있을지도 모릅니다. 평균 1%라는 작은 숫자로 감소 효과는 인정됐지만, 이때 '이 식품은 다이어트 효과가 인정됩니다'라고 선전하는 것은 잘못되었다는 것을 알 수 있습니다. 개인이 이 식품을 이용해도 몸무게가 감소하는 효과는 (1개월 동안 먹었지만) 무시할 수 있는 정도이기 때문입니다. 그러나 같은 효과지만 예를 들면 '건강증진을 호소하는 광고를 전국에 방송한 결과 국민 전체의 몸무게가 평균 1% 감소하고, 비만 때문에 발생하는 의료비의 세금부담이 많이 감소했다'라는 것이 있다면 이것은 중대한 효과라고 말할 수 있습니다.

이렇게 분석의 목적에 따라 필요한 '결과의 영향력'은 다릅니다. 따라서 효과가 있는지 없는지에 사로잡히지 않고 효과의 영향력까지 포함해서 결론을 내는 것이 중요합니다.

오류의 허용도

데이터 활용 측면에서 '결론이나 예측이 어디까지 틀려도 허용되는가'라는 관점도 중요합니다. 예를 들어 어떤 상품을 산 고객에게 다른 상품을 추천하는 시스템은 만일 그 고객에게 흥미가 없는 상품을 추천해도 큰 손해가 없습니다. 그러나 이것이 의료현장에서 환자가 먹어야 하는 약을 추천하는 시스템이라면 어떨까요. 이렇게 어느 정도까지의 오류가 허용되는지에 따라 분석 결과의 해석은 달라집니다.

또 '모델의 성능'을 평가하는 지표도 오류의 허용도에 따라서 다릅니다. 예를 들면 엑스레이 사진에서 사람의 폐암 여부를 판별하는 문제를 생각해봅시다. 여기서 판별 예측을 틀리는 패턴은 두 가지가 있습니다. 하나는 '폐암인데 아니라고 잘못 판단한 경우', 다른 하나가 '폐암이 아닌데 폐암이라고 잘못 판단한 경우'입니다.

전자는 폐암을 놓쳐버린 경우이므로 생명이 걸린 큰 문제가 됩니다. 후자는 좀 더 정확한 검사로 정말 폐암인지 아닌지를 확인하게 됩니다. 이것은 이것대로 추가 비용이 들기 때문에 바람직하지 않지만 폐암 환자를 놓치는 것과 비교하면 조금 나을지도 모릅니다.

이 두 가지의 균형은 '폐암인지 아닌지 의심스러운 경우'를 어느 쪽으로 판별하느냐로 결정됩니다. 만일을 위해 양성(폐암 있음)으로 진단하면 양성환자를 놓칠 확률은 줄어들지만, 그만큼 음성 환자를 양성으로 오진할 확률(위양성)이 높아집니다. 반대로 의심스러운 경우를 음성으로 진단하면, 실제로는 양성인 사람을 놓쳐버릴 확률(위음성)이 높아집니다. 이 문제에서는 이 확률을 잘 조정해 적절한 모델을 선택하게 됩니다.

이렇게 '평균적으로 원하는 예측이나 결론이 나오면 문제없다'라는 문제에서는 도움이 되는 분석·모델도, '절대로 틀리면 안 된다'라는 문제에서는 쓸모가 없게 되는 경우도 있습니다[8]. 높은 정확도가 필요한 예측의 경우에는 단순한 수리 모델로는 잘 안 되며 대부분 복잡한 모델이 필요한 경우가 많습니다. 어느 정도의 일정한 오류가 허용되는 상황에서는 얻어진 결론을 실제로 시험해보고 정말 효과가 있는지를 확인해보는 것도 효과적입니다.

모델을 지나치게 신뢰한다

대상 현상을 설명하는 수리 모델을 만들거나 이미 정설이 된 수리 모델(물리학이나 경제학 분야의 모델 등)을 이용할 때는 '수리 모델은 어디까지나 현상을 모방한 것일 뿐'이라는 점에 주의해야 합니다.

---

8   의료진단이나 자동운전과 같은 사람의 생명에 관계되는 분야에서는 특히 그렇습니다.

수리 모델에 너무 빠져들면 '수리 모델이 진리이며 현상이 그것에서 벗어난 것은 다른 요인의 탓이다'라고 본말이 전도된 해석을 하는 경우가 있습니다. 이것을 피그말리온[9] 증후군이라고 합니다. 초보자들은 이것이 바보 같다고 생각될지 모르지만 '전문가' 중에서도 자기에게 익숙한 모델링으로 문제를 파악해버리는 습관을 지닌 사람이 많습니다.

그림 11.3.1   항상 모델보다 현실이 중요

목적에 맞는 분석 디자인

분석의 목적을 여기서 정리해봅시다(표 11.3.1). 여기서는 크게 3개로 나눠서 생각할 수 있습니다.

첫 번째는 데이터를 탐색해서 데이터의 성질을 파악하는 탐색적 데이터 분석입니다. 탐색적 데이터 분석 방법에는 여러 가지가 있으며, 기술통계량이나 상관계수를 계산하는 것, 분포의 가시화, 상관관계의 구조분석이나 군집화, 통계분석 등, 분석 대상에 맞게 나눠서 사용합니다. 본격적인 데이터 분석 전에 이상한 값이 데이터에 포함되지 않았는지 확인하는 것도 이 작업에 들어갑니다. 특별히 관심 있는 변수의 움직임이나 관계성, 데이터 전체의 성질을 발견하는 것이 목적입니다.

---

9   그리스신화에서 현실의 여성에게 실망한 키프로스의 왕 피그말리온이 스스로 이상적인 여성의 조각을 만들고 그것과 사랑에 빠졌다는 일화에서 붙은 이름입니다. 여기서는 조각은 인간을 본뜬 모델에 지나지 않지만 진짜 인간보다도 이상화한 모델에 심취해버렸다는 것입니다.

두 번째는 예측입니다. 먼저 예측하고 싶은 변수(목적변수)와 예측에 사용할 변수(설명변수)를 설정합니다. 그다음에 설명변수에서 목적변수를 계산할 수리 모델을 구축합니다. 이 수리 모델에는 단순한 회귀모델에서 기계학습에서 이용되는 복잡한 모델까지 필요에 따라 상황에 맞게 사용합니다. 일반적으로 복잡한 모델이 높은 정확도를 달성할 수 있지만 그만큼 매개변수를 결정하는 데 필요한 데이터의 양이 많아집니다. 이 모델링의 관심은 물론 예측 정확도가 됩니다. 사용할 데이터는 많으면 많을수록 좋으며, 목적변수에 영향을 준다고 생각되는 설명변수를 가능한 한 포함하는 형태로 수집합니다.

표 11.3.1 중요한 분석 목적과 디자인

데이터 설명·탐색	예측	인과추론
변수의 동작을 설명하거나 특별한 관계성을 발견한다	새로운 데이터에 대해서 어떤 양을 높은 정확도로 맞춘다	어떤 변수가 다른 변수에게 어느 정도 영향을 주는지를 결론짓는다
분석 절차		
다양한 분석이 가능	예측되는 목적변수를 설정 (그 외의 변수는 설명변수로 한다) 예측 모델링을 한다	주목하는 목적변수와 효과를 측정하고 싶은 설명변수를 설정 그 외의 변수는 통제한다
흥미의 대상		
특징의 크기나 특별히 강조할 성질	예측정확도	효과의 크기
데이터 준비		
가지고 있는 데이터를 분석한다	이용 가능한 데이터를 수집해서 사용한다	통제된 데이터를 확보 (이용할 수 있는 데이터를 사용)

데이터 분석의 마지막 목적이 인과추론입니다. 이것은 어떤 목적변수를 관심 있는 설명변수가 직접 어느 정도 영향을 주는지를 평가합니다. 현실에서는 영향을 미치는 것처럼 보여도 다른 변수의 영향일 뿐이라는 경우도 자주 발생합니다. 따라서 다른 변수의 영향을 제거하는 작업을 합니다(무작위 배정 임상시험이나 4.3절에서 설명한 여러 방법 등). 그리고 통계적으로 어느 정도 효과가 인정되는지를 평가합니다.

인과추론에서는 다른 요인(중첩요인)의 영향을 어떻게 제거하느냐가 결과의 품질을 결정하므로, 그렇게 설계한 실험으로 수집한 데이터를 분석하는 것이 이상적입니다. 그것이 가능하지 않은 경우는 수집한 데이터에서 어떻게 해서든 각 변수의 영향을 제거하고 분석합니다.

자주 실수하는 것이 '인과추론을 하고 싶은데, 잘 생각하지 않고 데이터 수집해서 어떤 영향이 보이는지 모르겠다'라는 경우입니다. 이렇게 분석의 목적에 따라서 '무엇에 조심해서 데이터를 수집해야 하는가'가 영향을 미친다는 것을 기억해둡시다.

11장 정리
▪ 데이터에 실시하는 가공에 따라 다른 인상을 주는 일이 있다.
▪ 수집된 데이터가 전부가 아니며 넓은 관점에서 데이터를 파악하는 것이 중요하다.
▪ '이 데이터에서는 결론을 얻을 수 없다'라는 결론도 중요하다.
▪ 목적에 따라 데이터의 준비, 분석 결과의 평가 방법은 다르다.

데이터 해석의 함정

데이터를 정확히 해석하려면 사람이 데이터를 보면서 어떻게 느끼는가 하는 관점을 빠뜨릴 수 없습니다. 분석자는 데이터를 분석함에 있어 문제의식이나 가설을 가질 때가 많은데, 이것이 공평한 관점에서 데이터를 보는 것을 방해합니다. 최근에는 학술논문 등에서 발표된 데이터 분석 결과가 사람들이 믿고 있던 것보다 훨씬 신뢰성이 낮았던 것이 문제가 되고 있습니다. 이 장에서는 분석자의 인지편향이 어떻게 데이터를 보는 방법을 왜곡시키고, 잘못된 결론을 도출해 버리는지에 대해서 설명합니다.

분석결과의 신뢰성
(12.1절)

해석할 때 생기는 인지편향
(12.2절)

12.1 분석결과의 신뢰성

재현성의 문제

데이터 분석으로 얻어진 결론을 다른 사람이 같은 것을 조사해도 같은 결과를 얻을 수 있는 것을 **재현성(reproducibility)이 있다**고 합니다. 이런 것은 당연하다고 생각하는 독자도 있을지도 모르지만 실제로는 그렇지 않습니다. 이것은 학술논문에 발표된 연구도 마찬가지입니다.

먼저 재현성 보장을 위한 전제로, 방법이 재현할 수 있는 상태로 되어있는 것이 중요합니다. 논문이라면 친절하게 데이터 수집, 분석 순서를 기술하거나, 최근에는 분석 코드를 공개하는 등, 동일한 처리를 할 수 있도록 하는 것입니다. 기업에서의 데이터 분석에서는 순서를 외부에 공개할 일은 없지만, 내부에 공유할 때 자기 이외의 분석자가 나중에 봐도 동일한 처리를 할 수 있도록 분석 코드나 문서를 남겨둡니다

6.2절에서도 설명했지만, 이렇게 자세히 분석내용을 기록해두면 미래의 자신에게 도움이 됩니다. 특히 데이터의 전처리로 어떤 처리를 했는지는 경시되기 쉽지만, 확실히 기술해둡시다. 어떤 기준으로 이상치나 결측치를 처리했는지, 데이터 정규화는 했는지, 어느 데이터의 평균을 계산했는지, 기존 분석 방법의 이용할 때에도 어떤 매개변수의 값을 이용했는지[1] 등을 자세하게 기록합니다.

같은 데이터에서 같은 결론이 나온다고 할 수 없다

그러면 다음으로 분석의 재현성에 관해서 이야기해봅시다. 이것은 '동일한 데이터를 분석했을 때 다른 분석자끼리 같은 결론이 나오는가'라는 관점입니다. 사실은 데이터에 명확한 경향이 보이지 않는 한, 분석하는 사람에 따라 다른 결론을 내리는 경우가 자주 있습니다(그림 12.1.1). 실제로 여러 연구그룹에서 '같은 문제를 같은 데이터로 분석하면 어떻게 될까'라는

---

[1] 예를 들면 군집화에서는 데이터를 그룹화하는 방법을 결정하는 알고리즘에 여러 가지 후보가 있고 또 그 각각에 대해서 세세하게 매개변수로 동작을 제어할 수 있습니다.

'실험'이 여러 분야에서 시행되었습니다. 예를 들면 '축구 심판은 인종에 따라 레드카드를 꺼내는 것이 달라지는가'라는 연구에서 동일한 데이터를 29개의 연구팀이 분석한 결과가 보고되었습니다[2]. 그 결과 70%의 연구팀이 '달라진다'라는 결론을, 30%의 연구팀이 '달라지지 않는다'라는 결론을 내렸습니다. 각 연구팀의 분석 방법을 서로 평가한 결과, 분석의 품질은 결과에 영향을 주지 않았습니다. 또 분석자의 레벨이나 사전에 어떤 결과를 기대하고 있는지도 결과에는 영향을 주지 않았습니다.

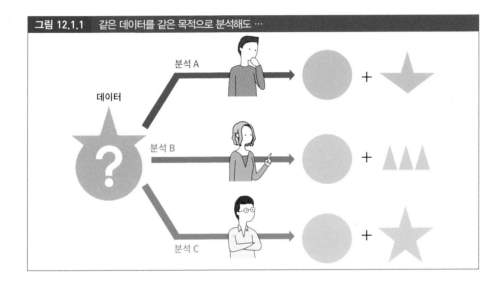

그림 12.1.1   같은 데이터를 같은 목적으로 분석해도 …

이 논문의 결론으로는 '분석 데이터는 같아도 분석자에 따라 분석 절차가 다르며, 이것이 결론에 영향을 주는 것은 불가피하다'라는 것이었습니다. 따라서 신뢰성이 있는 결론을 도출해야 할 때는 다른 데이터 세트에서도 결과를 확인하고, 개입에 의해 기대한 결과가 나오는지를 확인하는 작업 등으로 별도의 타당성을 검증할 필요가 있습니다. 또 여러 분석 방법을 시험해서, 만약 일관된 결론을 얻을 수 있다면 어느 정도 타당성이 있다고 생각할 수 있습니다.

---

2   R. Silberzahn et al., Adv. Meth. Pract. Psychol. Sci. 1(3): 337–356(2018).

데이터의 재현성

위의 문제에 데이터 수집의 문제도 추가됩니다. 우연히 가설대로 결과가 나온 경우에는 그 결과는 자신 있게 공개되지만, 가설에 맞지 않은 결과는 대부분 숨겨집니다. 다시 말해서 발표된 결과밖에 못 보는 상황은 '우연적인' 결과(제1종 오류)가 농축된 상황으로 생각할 수 있습니다.

특히 심리학 분야에서는 이런 나쁜 재현성이 심각한 문제로 자주 화제에 오릅니다. 저명한 심리학 잡지에 발표된 100개의 심리학 실험 중, 재현성이 불과 39%밖에 안 된다는 논문이 사이언스지에 발표되어 화제가 되었습니다[3]. 조사대상이 된 논문을 발표한 연구자들은 당연히 '전문가'이므로 이것은 놀랄만한 숫자입니다. 심리학이 인간을 다루는 학문이라서 여러 가지 통제하기 어려운 요인이 있는 어려운 사정도 있지만, 문제에 따라서는 데이터 분석의 결과가 이 정도의 신뢰성밖에 기대할 수 없다는 것은 기억해 두면 좋습니다.

이런 해석의 오류나 과장은 어떤 메커니즘으로 생길까요? 고의로 유리한 해석을 하는 악질적인 예도 존재하지만, 그러지 않아도 인간의 해석에는 여러 가지 편향이 포함되면서 틀린 데이터 해석의 원인이 됩니다.

HARKing과 p-hacking

재현성 없는 분석 결과가 공개되는 요인으로, 분석자가 바람직하지 않은 방법으로 데이터를 해석·발표하는 것을 들 수 있습니다.

HARKing이라는 개념이 있습니다. 이것은 hypothesizing after the results are known 의 약자로 '실험이나 분석을 한 후에 그 결과에 꿰맞춘 가설을 설정했으면서, 마치 가설을 먼저 세운 후 검증을 위해 데이터를 수집한 것처럼 허위 보고하는 것'을 말합니다(그림 12.1.2). 예를 들면 9.1절에서 여러 변수 간의 상관관계를 조사하면, 일부 데이터 쌍에서 유의하게 보이는 상관계수가 우연히 생기는 것을 기억해보세요. 만약 이 데이터 쌍이 관계가 있다는 것을

---

3   Open Science Collaboration, Science 349:943(2015).

사전에 가설로 가지고 있고, 그 가설검정을 위해 데이터를 수집했다면 다중검정의 보정을 할 필요가 없어 '가설대로 결과를 얻었다'라는 보고를 하게 됩니다.

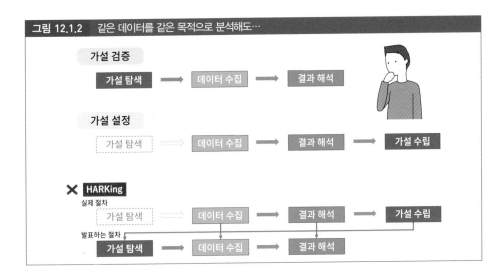

그림 12.1.2   같은 데이터를 같은 목적으로 분석해도…

물론 정확한 가설검정을 진행해도 '우연적인' 것을 보고하는 제1종 오류는 일정한 확률로 발생하지만, HARKing을 하면 그 확률이 한층 올라갑니다. 게다가 이런 가설이 사전에 존재했는지 여부는 분석자 이외에는 모르기 때문에, 보고된 결과나 이론이 HARKing에 의한 것이라도 알아차릴 수 없습니다. 따라서 가설을 나중에 설정하는 경우에는 가설이 처음부터 있었던 것처럼 보이는 것이 아닌, 가설을 탐색하려고 분석을 진행했다는 입장에서 결과를 보고합니다(물론 발견된 특징은 다중검정의 문제에서 제1종 오류에 의한 것일 가능성이 크다는 비판은 있겠지만 그 정도의 영향력 결과로서 보고한다는 것입니다).

또 새로운 데이터를 수집하는 것이 가능하다면, 그것을 이용해서 가설을 '검정'하면 됩니다. 학술계에서는 HARKing에의 대응책으로 사전에 가설이나 실험계획에 대해서 평가하고, 결과를 불문하고 논문을 게재하는 잡지도 생기기 시작했습니다.

또 관련해서 유의수준을 밑도는 p 값을 얻으려고 인위적으로 여러 가지 조작을 하는 것을 **p 해킹**(p-hacking)이라고 합니다. 이것은 앞에서 논의한 자의적인 데이터 및 분석 결과의 선택에 더불어, 분석 방법을 바꿔가면서 유의한 결과가 나올 때까지 새로운 데이터를 추가하면서 계속 가설을 검정하는(n 증가) 등의 부적절한 행위도 포함됩니다.

여기서 p 해킹을 피하고자 제안된 가이드라인[4]을 소개하겠습니다.

(1) 데이터를 수집하기 전에 어디까지 데이터를 수집할 것인가를 결정해서 보고한다

예를 들면 '100건의 데이터를 수집하기로 했다'와 같이 사전에 결정하거나 '기일까지 수집할수 있는 만큼 피험자를 모았다'와 같이 어떤 규칙에 따라 표본 크기가 결정되었는지를 명시합니다. 이것으로 유의한 결과가 나올 때까지 표본을 추가해서 분석하는 것을 피할 수 있습니다.

(2) 하나의 조건에 최소한 20개의 관측값을 모은다

차이나 상관관계를 볼 때, 최소한 이 정도의 표본크기가 없으면 신뢰성이 높은 결과를 얻을수 없습니다. 또 만약 이것이 비용면에서 어렵다면 이것을 정당화할 설명을 표시합니다.

(3) 수집한 모든 변수에 대해서 보고한다

데이터를 수집할 때 수집한 변수를 모두 밝혀서 그 일부가 제거된 채로 보고되는 경우에도 그것을 알 수 있도록 합니다.

(4) 데이터를 수집한 모든 실험조건을 보고한다

보고해야 할 특징이 보인 조건만 선택해서 보고하는 것을 피하기 위해서, 진행한 실험이나 조사의 조건을 모두 밝힙니다. 만약 어떤 이유로(측정 실패 등) 분석에서 제외하는 경우에도 그사정을 설명합니다.

(5) 만약 관측값을 제거하는 경우는 그것을 제거하지 않은 경우의 분석 결과도 표시한다

분석자의 입맛에 맞는 방법으로 이상치를 제거하고 분석하면 치우친 결론이 유도되지만, 이렇게 하면 결과를 공평하게 평가할 수 있습니다.

---

4 J.P. Simmons, et al., Psychol. Sci. 22(11): 1359–1366(2011).

(6) 분석에서 어떤 변수의 영향을 제거하는 조작(공통변수 통제)을 한 경우는 그렇게 하지 않은 경우의 결과도 표시한다

다른 변수의 영향을 제거하지 않았을 때, 어느 정도 결과가 영향을 미치는지를 보는 것은 중요하며, 또 정말 그 변수의 영향을 제거해야 하는지에 대해서 평가할 수 있게 됩니다.

이러한 가이드라인을 따르면 어느 정도 p 해킹을 피할 수 있습니다. 책임을 질 수 있는 분석 결과를 보고하도록 유의합시다.

힐의 기준

p 값만으로 결과를 판단하면 잘못된 결론을 도출할 수 있지만, 한정된 표본을 분석한 결과를 해석하는 한 어느 정도 어쩔 수 없는 면도 있습니다. 좀 더 확실한 결론을 얻으려면 개입을 포함한 여러 가지 방법을 실행해야 합니다. 인과관계를 판정하기 위한 기준으로 전염병 분야에서 잘 알려진 **힐의 기준**(Hill's criteria)이라는 것이 있습니다(그림 12.1.3). 이것은 다른 분야에서도 적용할 수 있는 개념이므로 여기서 소개합니다.

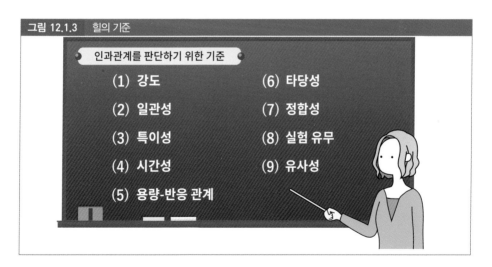

그림 12.1.3 힐의 기준

인과관계를 판단하기 위한 기준

(1) 강도
(2) 일관성
(3) 특이성
(4) 시간성
(5) 용량-반응 관계

(6) 타당성
(7) 정합성
(8) 실험 유무
(9) 유사성

힐의 기준은 9개의 요소로 구성됩니다. 차례로 살펴봅시다.

(1) 강도(Strenght)

요인이 결과와 강하게 연결되어 있다는 것을 나타내는 것이 강도입니다. 효과크기가 크다고 바꿔 말할 수 있습니다. 예를 들면 흡연자의 폐암 발병률은 비흡연자와 비교해서 4배 정도 높다는 것이 알려져 있으며, 이것으로부터 흡연과 폐암의 발병 간에는 강한 관련이 있다고 말할 수 있습니다.

(2) 일관성(Consistency)

여러 가지 다른 표본으로 이루어진 조사에서도 일관된 동일한 결과가 얻어졌다는 것을 나타내는 것이 이 기준입니다. 여러 조사에서는 표본의 치우침도 제각각이지만 그런데도 일관된 결과가 얻어졌다는 것은 강한 인과관계가 존재한다고 생각하는 것이 타당하다는 것입니다.

(3) 특이성(Specificity)

특정 요인만으로 그 결과가 발생한다는 특별한 대응 관계를 특이성이라고 합니다. 예를 들면 다른 요인으로도 발생하는 결과의 경우, 정말 주목한 요인만에 의해 결과가 생기는지를 평가하기는 어렵습니다.

(4) 시간성(Temporality)

원인이 되는 요인은 결과보다도 시간적으로 이전에 발생해야 한다는 개념이 시간성입니다. 흡연이 건강에 미치는 영향처럼 시간 지연으로 악영향을 미치는 경우에는 그 시간도 포함해서 타당성을 평가해야 합니다.

(5) 용량-반응 관계(Dose-response relationship)

원인의 정도가 커지면 그에 따라 결과의 영향도 커진다는 개념을 용량-반응 관계라고 합니다 (생물학적 구배: Biological gradient라고도 합니다). 담배의 예에서는 흡연의 빈도가 높으면 높을수록 폐암의 위험성이 높아지는 것이 용량-반응 관계입니다.

(6) 타당성(Plausibility)

관련성을 지지하는 논리적인 해석이 가능한 것을 타당성이라고 합니다. 병, 질환에서는 생물학적인 메커니즘으로 그 관련성을 설명할 수 있는가가 그 타당성에 해당합니다. 언뜻 강한 관련성이 보여도 논리적으로 생각해서 말이 안 되는 것은 발생하지 않는다(=다른 이유에 의해 설명되어야한다)고 생각할 수 있습니다.

(7) 정합성(Coherence)

관련성이 지금까지 알려진 사실과 모순되지 않는 것을 정합성이라고 합니다. 예를 들면 통계적으로 흡연자의 수는 최근 감소하는 경향이 있지만, 그것이 폐암의 발병 수에 영향을 주고 있는지를 확인하는 것 등을 들 수 있습니다.

(8) 실험 유무(Experiment)

개입을 한 실험적 연구에 의해 관련성이 지지가 되면 인과관계가 존재한다는 강한 주장을 할 수 있습니다. 예를 들면 흡연자를 금연시킨 결과로 폐암 발생률에 영향이 있는지를 본 실험적 연구에서는 금연 기간에 따라 발병의 위험을 감소시킬 수 있다는 것이 알려져 있습니다.

(9) 유사성(Analogy)

다른 비슷한 관련성이 존재하는 경우, 그것과 동일한 메커니즘이 존재한다고 예상함으로써 해석에 도움을 준다라는 것이 이 유사성의 기준입니다.

힐의 기준은 중첩요인은 고려하지 않는다는 문제점도 지적되고 있습니다. 따라서 이것에만 의존하는 것은 위험하지만 각각의 항목의 개념은 데이터 해석에 대단히 유용합니다.

12.2 해석할 때 생기는 인지편향

인간은 마음대로 패턴을 만든다

어느 서점에 신간이 발매되었다고 합시다. 약간 인위적인 설정이지만 하루에 한 권이라도 팔린 경우는 1로, 팔리지 않은 경우는 0이라는 숫자로 매일 매출을 데이터로 기록했다고 합시다.

10일간의 데이터를 기록한 결과는 0101100000이었습니다. 이 결과를 보고 어떤 느낌이 드시나요? 처음 5일간은 그저 그런 움직임이었습니다(5일 중 3일이 팔렸습니다)만 후반 5일은 전혀 팔리지 않았습니다. '처음 5일간은 신간이라 사는 사람이 있었지만, 책의 내용이 별로였는지 그 후에는 팔리지 않았다. 추가 선전을 하거나 빨리 포기하고 구석으로 이동시켜버리자.'라고 생각할 수도 있습니다.

사실 이 수열은 필자가 무작위로 동전을 10번 던져서 생성한 것이며 시간적인 추이는 전혀 의미가 없습니다. 다시 말해서 매일 책이 팔리는지 여부는 50대 50이며 이것은 10일간 바뀌지 않습니다. 그러나 신간의 판매라는 관점에서 이 결과를 보면 위와 같이 해석을 해버립니다.

다른 유명한 예를 소개합니다. 그림 12.2.1은 제2차 세계대전 중 런던에서 독일군의 미사일 폭격이 이루어진 지점을 그린 것입니다[5].

이 지도를 보고 무엇을 읽을 수 있을까요? 왼쪽 위와 오른쪽 아래 영역에 비교적 많은 폭격이 집중되어 있고 오른쪽 위와 왼쪽 아래 영역이 비어있는 것처럼 보입니다. 당시 런던 사람들은 독일군이 템즈강 주변과 리젠트 파크 주위를 집중적으로 노렸으며, 그다지 폭격이 이루어지지 않은 영역에는 스파이가 잠입해 있을 거라고 생각했습니다[6]. 그러나 나중의 분석에서는 당시의 독일군의 미사일 폭격에는 거기까지 정확도가 없다는 것, 또 통계적 분석에서 그 분포의 치우침은 우연히 생긴 것이라는 결론을 얻었습니다.

---

5 그림은 T. Gilovich, How We Know What Isn't So: The Fallibility of Human Reason in Everyday Life(1991)에서 필자 작성
6 위험한 사례이지만 분석에 따라 피해의 크기가 바뀌는 중대한 과제 설정에서는 냉정하고 바르게 분석을 하고 그것에 기초해서 합리적인 의사결정을 하는 것을 중요함을 알 수 있지 않을까요?

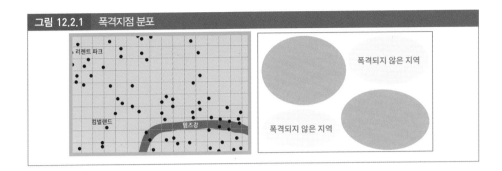

그림 12.2.1   폭격지점 분포

그러면 왜 이런 오해가 생겨버린 걸까요? 그것은 인간이 아무 의미 없거나, 우연히 생긴 패턴을 민감하게 받아들이고 거기에 맞는 이유를 자연스럽게 붙이는 동물이기 때문입니다. 인간에 국한된 것은 아니지만 자연계에서는 환경의 아주 작은 위화감을 감지해서 장래의 위험을 회피하거나, 효율 좋게 식량을 확보하는 것이 생사에 직결됩니다. 물론 이런 판단이 바른 경우도 있지만 이번처럼 아무 패턴도 없는 것에서 패턴을 발견해버리는 잘못도 빈번히 발생합니다.

특히 데이터 분석은 특징을 '발견하는 과정'이므로 원하는 패턴이 보이면 거기에 집중하고 싶어집니다. 게다가 한번 이런 패턴을 발견하면 그것을 설명할 논리나 이유를 차례차례 준비해서 그렇게 밖에 보이지 않게 됩니다(그림 12.2.2).

9.1절의 예[7]도 같이 생각해 해보면 얼마나 자기가 '우연히 발견한 패턴'에 사로잡히기 쉬운지를 알 수 있습니다. 예를 들면 지금 자기가 분석하고 있는 데이터의 레이블을 적당히 섞어서 같은 분석을 하면 의외로 여러 패턴이 생기는 것을 체험할 수 있습니다. 이렇게 우연히 생긴 패턴에 휘둘리지 않으려면 일차원적인 정보를 근거로 결론을 내지 말고 정보를 다각도로 모아서 종합적으로 해석하는 것이 중요합니다.

---

7   9.1절에서는 정말 관계가 없는 변수 간의 상관관계를 여러 가지 조사하면 우연히 관계가 있는 것처럼 보이는 경우가 생기는 것을 설명했습니다.

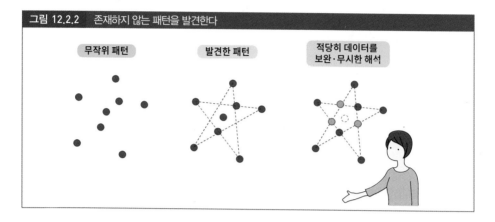

그림 12.2.2 존재하지 않는 패턴을 발견한다

다만 데이터에서 이런 비약적인 상상을 하는 것 자체가 나쁜 것은 아닙니다. 이런 상상이 놀랄만한 발견으로 연결되기 때문입니다(이 경우 '예리한 통찰'이 됩니다). 하지 말아야 할 것은 이런 (실제로) 약한 결과에서 유리한 결론을 도출하는 것입니다.

약한 결과에서 어떤 해석이 보인 경우, 추가로 그것을 지지하는 실험을 하거나, 독립된 데이터를 추가 분석을 통해 신뢰성이 있는 결과를 얻음으로써 강한 주장을 할 수 있습니다. '증거를 보는 한 어떻게 생각해도 이렇게 해석하는 것이 타당하다'라는 결과가 얻어짐으로 강하게 주장을 할 수 있다고 생각하는 것이 좋습니다. 또 그렇지 않은 경우는 결론을 과장하지 않고 '그런 가능성을 생각할 수 있는 결과가 시사되었다'라는 소극적인 주장에 그칩니다.

시간과 인과의 함정

그럼 지금부터는 좀 더 구체적으로 어떤 편향에 의해 분석자가 잘못된 해석에 휘말리기 쉬운지 소개합니다.

먼저 처음에 소개할 잘못된 데이터 해석으로 **선후 인과의 오류**[8](post hocergo propter hoc)가 있습니다(그림 12.2.3). 이것은 어떤 사건 A가 일어난 후 다른 사건 B가 일어났을 때 'A가 B의 원인이 되었다'라고 생각해 버리는 것을 가리킵니다.

---

8   여기서 '오류'는 '잘못된 추론'이라는 의미입니다.

예를 들어 어느 날 우연히 커피를 마시고 나서 일을 했더니 좋은 성과가 나왔다고 합시다. 여기서 '이것은 커피가 일에 좋은 영향을 미치기 때문이다'라고 생각하는 것이 선후 인과의 오류입니다. 이것만 들으면 어리석게 들릴 수도 있지만 가볍게 볼 수 없는 예도 있습니다.

어떤 병 환자의 혈액을 조사했더니 어떤(어떻게 봐도 그 병의 원인인 것 같은) 물질이 (많은 환자를 조사한 결과, 우연이 아닌 확실히) 증가한 것을 알았다고 합시다. 이때 이 물질이 증가한 것이 병의 발단이 된 것이라고 안이하게 결론을 내리면 오류의 원인이 됩니다. 실제로는 '이 물질이 증가하는 것은 병의 결과가 아닌, 그 부분에만 주목해서 약을 개발했으나 효과가 없었다'와 같은 경우가 일상적으로 일어나고 있습니다.

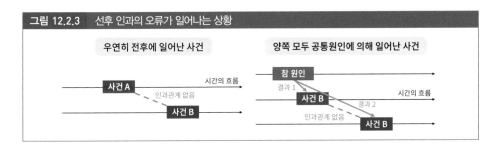

그림 12.2.3   선후 인과의 오류가 일어나는 상황

데이터 분석에서는 이런 두 사건을 안이하게 인과관계로 파악하지 않고, 우연 또는 다른 원인의 산물일 수 있음을 염두에 두어 오류를 범하지 않는 것이 중요합니다. 이것은 4.1절에서 소개한 상관관계를 바로 인과관계와 연결하지 않기 위해서도 좋은 개념입니다.

또 이런 시간적으로 어긋난 타이밍으로 일어난 사건 간의 인과관계에서 (당연하지만) 중요한 것으로 '미래의 일은 과거에 일어난 일의 원인이 되지 않는다'라는 것이 있습니다. 현상 사이의 상관관계만을 보고 있으면 어떤 것이 어떤 것을 발생시키는지 또는 아무것도 아닌지 모르는 경우가 있지만, 시간적인 전후 관계가 있다면 가능성을 하나로 좁힐 수 있습니다.

선후 인과의 오류가 발생하지 않았는지를 조사하는 가장 확실한 방법은 실제로 원인이 되는 사건을 일으켜보고(또는 반대로 일어나지 않도록 하여) 결과 사건에 영향이 있는지를 조사하는 것입니다.

확률을 파악하는 것은 어렵다

인간에게 사건의 발생확률을 정확하게 파악하고 합리적으로 평가하는 것은 어렵습니다. 이것은 정확하게 데이터를 분석 · 해석하는 것을 방해합니다. 여기서는 잘못된 결론에 도달하지 않기 위해서 확률에 어떤 인지적인 편향이 존재하는지에 대해서 소개합니다.

먼저 기본적인 것으로 **도박사의 오류**(gambler's fallacy)가 있습니다. 이것은 어떤 사건이 우연히 연속해서 일어난 후에는 발생확률이 작아진다고 생각하는 것을 가리킵니다.

몬테카를로의 룰렛 게임에서 26번 연속해서 볼이 검은색에 들어간 사건이 알려져 있습니다. '이 정도로 검은색이 연속해서 나오면 다음은 빨간색이 나오겠지'라고 생각한 사람들은 26번째까지 거액의 돈을 빨간색에 걸어서 큰 손해가 났습니다. 당연히 앞에서 일어난 사건과 다음에 일어날 사건 사이에 관계성이 없는(매번 시행이 완전히 독립인) 상황에서는 과거의 정보에 따라 미래를 점치는 것은 비합리적이지만 인간은 무심코 그렇게 생각해버리기 쉽습니다. 이것도 앞에서 소개한 '마음대로 패턴을 찾아서 이유를 붙여버린다'라는 성질의 하나라고 할 수 있습니다.

실제 확률과 가용성 편향

인간에게는 머리에 떠올리기 쉬운 사건에 대해서, 그것을 먼저 과대평가해버리는 경향이 있습니다. 이것을 **가용성 편향**(availability bias)이라고 합니다. 예를 들면 비행기를 탈 때 '추락하면 어쩌지'라고 걱정하는 사람도 자주 볼 수 있습니다. 한편 차에 탈 때마다 '사고 나면 어쩌지'라고 걱정하는 사람은 적습니다.

그러나 실제로 사고를 당해 사망할 확률을 계산하면 자동차 쪽이 훨씬 높습니다. 비행기 사고는 자동차 사고보다도 훨씬 대대적으로 보도되기 때문에 사람들이 쉽게 떠오르는 것이 이 편향의 근원입니다.

이것은 뒤집어 생각하면 상상하기 어려운 사건의 위험을 과소평가해버리는 때도 있습니다[9]. 특히 발생확률이 낮은 미증유의 대재해는 대책과 대응이 뒷순위로 밀리는 예는 많습니다. 또 이미 표면화된 재해로 파멸적인 피해를 줄 가능성이 있는 것에는 위험을 과대평가하기 쉬운 편향도 존재합니다(카타스트로피 편향). 예를 들면 원자력발전소 사고나 팬데믹 등이 여기에 해당됩니다.

이런 위험도 평가는 데이터 분석에서도 어려운 카테고리로 분류됩니다. 데이터 분석은 데이터에서 결론을 도출하지만, 발생확률이 낮은 사건은 데이터가 존재하지 않는 경우가 많고, 이론을 이용한 외삽을 해야하는 경우도 종종 있습니다. 또 위험도 평가에서는 한가지 예외 사건까지는 예상해도 두 개 이상의 예외사건이 동시에 일어나는 것까지는 예상 밖의 범위로 두는 경우도 있습니다. 데이터 활용 측면에서는 이런 상황에 대응할지 여부를 포함해서 어떤 경우에는 효과적이고 어떤 경우에 효과적이지 않은지를 수리 모델의 적용 범위에 관해서 사전에 생각해 두는 것이 좋습니다.

또 가용성 편향은 데이터 분석에서 분석자의 사전예상에 영향을 줍니다. 특히 탐색적 데이터 분석에서는 '이런 것이 일어나고 있는 것은 아닐까'라는 가설하에 여러 각도에서 데이터를 바라보지만, 편향된 견해는 악영향을 미칩니다. 이런 편향을 완전히 배제하기는 어렵지만 '이렇게 생각하기 쉬운 경향이 있다'라는 것을 알고 있는 것만으로도 일정 효과가 있습니다.

확증편향

3.4절에서도 소개했지만, 자신의 가설을 검증할 때, 가설을 지지하는 정보만 모으고 반대로 반증하는 정보를 무시하거나 수집하려 하지 않는 경향을 **확증편향**(confirmation bias)이라고 합니다. 데이터 분석에서는 자기가 주장하려는 가설에 맞는 결과만을 채택하고, 가설에 맞지 않는 결과를 잡음으로 무시해버리는 경우가 여기에 해당합니다. 이렇게 유리한 결과를 얻으려고 '좋은 것만 선택'해서 결론을 도출하는 것을 **체리 피킹**(cherry picking)이라 합니다 (그림 12.2.4)[10].

---

9 감염병의 세계적인 대유행으로 경제에 타격을 줄 정도의 피해는 역사상 몇 번이나 일어났지만, 현대사회에서 그 위험성을 예상한 사람은 거의 없었다고 할 수 있습니다.

10 우연히 얻어진 가설을 지지하기 좋은 데이터를 **챔피언 데이터**(champion data)라고 합니다.

실제 데이터 분석에서는 생각한 대로 결과가 얻어지지 않는 경우가 자주 있습니다. 그것은 가설이 잘못된 경우도 있고, '가설은 정확하지만 다른 요인에 의해 결과가 이상할 뿐'이라는 경우도 있습니다. 확증편향이 작용하면 전자로 해석할 수 있는 분석 결과를 무의식중에 후자로 파악해버립니다.

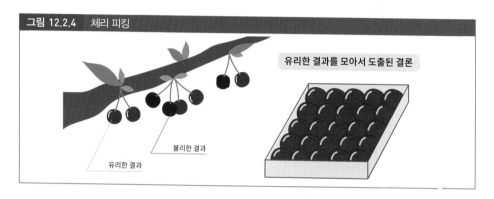

그림 12.2.4 체리 피킹

유리한 결과를 모아서 도출된 결론

불리한 결과

유리한 결과

계속해서, 정보의 취사선택에 관련된 편향을 몇 가지 소개합니다.

위험을 과소평가하고 자신에게 유리한 일이 일어나는 것만 예상하는 것을 **낙관주의 편향**(optimism bias)이라고 합니다. 유리하지 않은 일이 일어난다고 생각하는 것은 심리적인 스트레스가 되기 때문에 그것을 회피하기 위한 사고방식이라고 생각되고 있습니다만, 데이터를 객관적으로 판단하기 위한 장애가 됩니다. 또, 무엇인가 이상한 일이 일어나고 있는 것을 가리키는 데이터를 정상적인 범위 내의 일어난 사건이라고 잘못 판단하기 쉬운 경향을 **정상화 편향**(normalcy bias)이라고 합니다.

문맥의 효과

같은 숫자라도 놓여진 문맥에 따라 다른 인상을 주게 됩니다. 예를 들면 어떤 병을 치료하기 위한 수술의 성공률이 90%라고 합시다. 만약 여러분이 이 수술을 받을지 검토할 때,

A. '수술 후 한 달 생존율은 90%입니다'

라고 설명된 경우와

  B. '수술 후 한 달 사망률은 10%입니다'

라고 설명된 경우에는 판단이 달라지지 않을까요?

실제로 이런 실험을 한 결과, A에서는 80%의 환자가, B에서는 50%의 환자가 이 수술을 받는 것에 동의했다는 연구도 있습니다. 이렇게 숫자로는 같은 것을 나타내지만 주어진 문맥이나 표현 방법에 따라 다른 의미를 가지는 경우가 있습니다.

다른 예로 이익과 손실의 비대칭성 이야기를 소개합니다.

  '확실히 100만 원을 받는다' 또는 '50% 확률로 200만 원, 50% 확률로 0원을 받는다'

이와 같은 동일한 기댓값을 가진 두 개의 선택지가 있다고 할 때 어느 쪽을 고를까요. 이런 실험을 하면 많은 사람은 확실히 100만 원을 받는 선택을 합니다. 모험을 좋아하는 사람은 다른 쪽을 선택하는 일도 있을 것입니다.

그럼 다음 두 개의 선택사항을 보세요.

  '확실히 100만 원을 잃는다' 또는 '50% 확률로 200만 원, 50% 확률로 0원을 잃는다'

어느 쪽을 선택하지 않으면 안 된다고 할 때 어느 쪽을 고를까요? 이 질문에는 많은 사람이 '50% 확률로 200만 원, 50%의 확률로 0원을 잃는다'를 선택합니다.

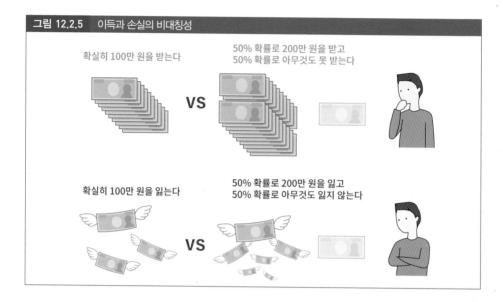

그림 12.2.5 이득과 손실의 비대칭성

확실히 100만 원을 받는다

50% 확률로 200만 원을 받고
50% 확률로 아무것도 못 받는다

VS

확실히 100만 원을 잃는다

50% 확률로 200만 원을 잃고
50% 확률로 아무것도 잃지 않는다

VS

그럼 처음 질문과 지금 질문은 기댓값이 다를 뿐 그 이외의 요소는 수학적으로 동일합니다. 하지만 선택지를 바꾸는 사람이 많다는 것은 이이과 손실에서 사람들의 느끼는 방식이 다르다는 것을 의미합니다. 이번 예에서는 '손실 자체는 피하고 싶다'라는 심리학적인 경향이 위험성이 있는 선택지를 고르기 쉽게 하는 요인이 됩니다. 또 일반적으로 100만 원 받는 기쁨보다 100만 원 잃는 슬픔이 크다는 것이 알려져 있습니다. (따라서 100만 원 받고 그것을 통째로 잃으면 받기 전보다 슬퍼진다는 것이죠)

이러한 문맥의 효과는 데이터 분석자에게 편향이 될 뿐만 아니라 분석 결과를 받아들이는 사람의 해석에도 영향을 줍니다. 분석 결과를 어떻게 살릴지를 생각할 때 꼭 참고하세요.

잘못된 데이터 해석의 예

마지막으로 잘못된 데이터 해석의 흥미로운 예를 소개합니다.

2012년에 일본 정부는 암 대책 추진 기본 계획(제2기)을 발표하면서 폐암 환자 수를 줄이기 위해 흡연율 감소 수치 목표를 내걸었습니다. 이에 대해 일본 담배 산업 주식회사(JT)는 반대 의견을 표명했습니다. 그 자료[11]로 사용된 것이 다음 주장입니다.

---

11 '흡연율 감소 수치 목표설정'에 관한 의견(2012년 1월 26일 JT 웹사이트)

그림 12.2.6은 자료에 나타난 흡연율과 폐암 사망률의 추이입니다. 이 그림에 근거한 JT의 주장은 다음과 같습니다(해당 자료에서 인용).

담배 관련 질환의 대표인 '폐암'에 의한 사망률과 흡연율과의 사이에는 국가별로 보아도 명확한 상관관계가 있다고 할 수 없습니다. 일본에서도 남자의 흡연율은 1966년을 정점으로 많이 감소하고, 여성의 흡연율은 거의 일정한 추세입니다. 한편 폐암 사망률(연령조정)은 남녀 모두 같은 경향으로 90년대 후반을 정점으로 감소하고 있으며, 흡연율과 폐암 사망률(연령조정) 사이에 뚜렷한 상관관계가 있다고 할 수 없습니다.

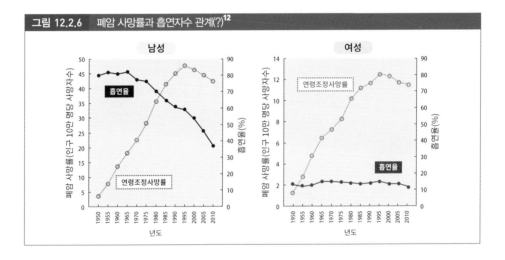

그림 12.2.6 폐암 사망률과 흡연자수 관계(?)[12]

그림에서 '연령 조정사망률'이라는 것은 고령자의 증가효과(고령자가 증가하면 폐암 등으로 사망하는 수가 증가한다)를 빼기 위한 가공입니다. '흡연율이 감소하고 있는데 폐암에 의한 사망률은 떨어지기는커녕 90년대까지는 상승했다. 따라서 흡연이 폐암의 원인이라고는 말할 수 없다.'라는 JT의 주장은 어딘가 이상하지 않습니까?

먼저 가장 이상한 점은 흡연행위로 폐암 위험이 커져서 사망에 이를 때까지의 시간 차이가 고려되고 있지 않다는 것입니다. 최근의 폐암 사망률이 감소경향이지만, 이것은 흡연율이 감소로 바뀌고 나서 30년 정도 지나서 효과가 나타나고 있다는 것을 나타내고 있습니다. 흡연과 폐암 사망률에 관해서 후생노동성 건강국 총무과 생활습관병대책실이 발표한 그래프[13]가 그

---

12 해당자료에서 같은 구도로 필자 작성
13 해당 자료로 필자 작성. 또한 여기서는 흡연율이 아니라 국민 일 인당 담배소비량으로 비교하고 있다는 것에 주의해주세요.

림 12.2.7입니다. 이것을 보면 확실히 일정한 시간 차이가 존재하고 있으며, 흡연이 폐암 사
망자수와 상관관계가 있음을 알 수 있지 않을까요?

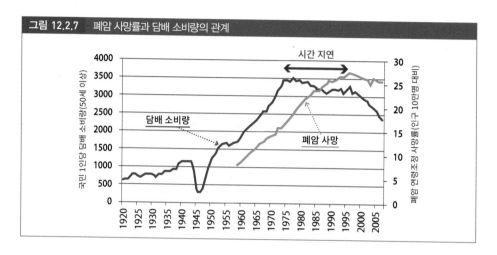

그림 12.2.7 폐암 사망률과 담배 소비량의 관계

또 JT의 주장에 '여성 흡연율은 거의 일정한 추세'라는 것도 의문점이 있습니다. 이것은 그래
프의 표시 문제이며, 흡연자와 폐암 사망자율에서 여성보다 남성 쪽이 4배 정도 많은 수치로
되어 있습니다. 그래서 그림 12.2.6에서는 폐암 사망률의 축을 보면 여성 데이터가 남성 데이
터보다 확대되어 있습니다

한편 흡연율은 왠지 그대로입니다. 실제로 정점일 때의 1966년에는 18% 정도 있었던 여성
흡연율이 2010년에는 12% 정도까지 내려갔습니다. 만약 지금처럼 분석하면 흡연율도 축을
확대하는 것이 공평합니다

정리하면 여기서는 (1)유리한 대로 데이터를 자르고, (2)시간 차이를 무시한 인과관계의 추
정, (3)축 범위의 부적절한 설정과 같은 문제가 포함되어 있습니다. 유감스럽지만 '담배의 건
강에 대한 악영향은 작다'라는 결론에 맞춰 수집하고 처리한 데이터임이 틀림없습니다.

데이터 분석 · 해석은 객관적으로 사물을 보는 데 활용해야지, 잘못된 주장을 보강하는 데 이
용해서는 안 됩니다. 또 이런 주장을 보고도 속지 않도록 데이터의 왜곡된 견해를 항상 조심
합시다.

12장 정리

- 재현성 있는 결과가 얻어지는 것은 당연하지 않다.

- 인간은 대상에서 자연스럽게 패턴을 발견하고 이유를 붙이는 경향이 있다.

- 동일한 데이터를 분석해도 접근 방법에 따라 결론이 달라지는 일이 있다.

- 여러 인지적 편향이 데이터 해석을 왜곡시킨다.

데이터 활용의 함정

실제로 데이터 분석이나 모델링으로 실제 문제를 해결하는 경우에는 지금까지 설명한 데이터 분석의 세계와 현실 세계의 '경계' 때문에 여러 가지 문제가 발생합니다. 데이터 분석에 집중한 나머지 본질적인 문제해결을 잊어버리거나 구축한 시스템에 따라 생각지도 않은 악영향이 발생하는 일도 있습니다. 이 장에서는 이런 실패를 피하기 위한 관점을 소개합니다.

목적에 근거한 평가·의사결정
(13.1절)

데이터의 수집과 활용
(13.2절)

실제 세계와 데이터 분석
(13.3절)

13.1 목적에 근거한 평가·의사결정

상황이나 목적에 따라 기본적인 방침이 다르다

데이터를 사용한 모델링에는 크게 나눠서 두 개의 방침이 있다고 설명했습니다. 하나가 예측·데이터 생성 등이 목적인 응용지향형 모델링, 또 하나는 메커니즘의 이해가 목적인 이해지향형 모델링입니다. 여기서는 예측과 메커니즘 이해의 비교 관점에서 방침을 선택하는 방법을 설명합니다.

예를 들면 비즈니스에서 고객의 구매 데이터나 상품의 데이터를 이용해서 매출을 올리려고 합니다. 자주 실행되는 데이터의 활용으로는 다음과 같은 것을 들 수 있습니다.

- 고객의 과거의 구매 데이터로부터 그 사람이 살 만한 상품을 추천한다
- 어떤 상품이 누구에게 팔리기 쉬운지를 데이터 분석을 통해서 신상품 개발에 활용한다

첫 번째는 새로운 고객이 살 만한 상품을 맞추는 예측 문제, 두 번째는 고객의 심리 메커니즘을 이해하는 문제입니다. 왜 첫 번째 문제에 대해서 메커니즘 이해 분석을 하거나 두 번째 문제에 대한 예측을 하지 않는 것일까요?

우선 여기서는 기본적으로 상품이 팔리는 것이 무엇보다 중요하고, 그 이유를 이해하는 것은 두 번째라는 점에 주의하세요. 물론 '이해'라는 관점도 중요하지만, '이해는 하지만 매출은 오르지 않는다'보다는 '이유는 모르지만, 매출은 오른다' 쪽이 좋습니다(장기적으로는 '이해'가 우선이다 등의 논의는 접어둡니다). 그러므로 먼저 매출을 올리는 예측을 할 수 있는지 검토합니다.

첫 번째의 추천 문제에서는 데이터가 준비되면 어느 정도로 예측할 수 있다는 것이 알려져 있습니다. 예를 들면 단순히 무작위로 추천을 하거나 전원에게 같은 상품을 추천하는 것보다는 훨씬 높은 효과를 올릴 수 있습니다. 온라인 쇼핑 사이트 등에서 자기의 흥미에 맞는 상품이 추천된 경험이 있는 독자도 많을 것입니다.

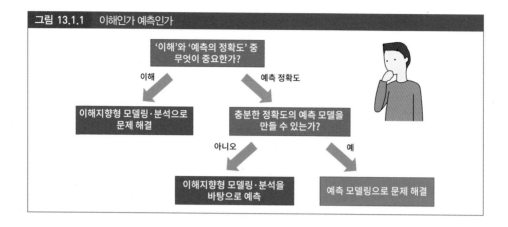

그림 13.1.1   이해인가 예측인가

'이해'와 '예측의 정확도' 중
무엇이 중요한가?

이해

예측 정확도

이해지향형 모델링·분석으로
문제 해결

충분한 정확도의 예측 모델을
만들 수 있는가?

아니오

예

이해지향형 모델링·분석을
바탕으로 예측

예측 모델링으로 문제 해결

언제나 예측을 할 수 있는것은 아니다

그러면 두 번째 문제에 대해서 예측을 하지 않는 이유는 무엇일까요?

그것은 예측 정확도가 도움이 되지 않는 경우가 많기 때문입니다. '신상품 개발에서 어떤 상품을 개발하면 팔릴까'라는 것을 분석하는 문제를 예측 문제로 다루어봅시다. 예를 들면 '상품의 정보를 변수로 지정하고 매출 예상 점수 같은 것이 출력된다'라는 모델링을 생각할 수 있습니다[1]. 이런 것을 만들 수 있다면 여러 가지 패턴을 시험해서 점수가 높은 상품을 실제로 판매하면 됩니다.

일반적으로 이런 모델링이 잘 안 되는 이유는 몇 가지 있습니다. 먼저 상품의 특징을 변수로 잘 표현할 수 없는 경우입니다. 예를 들면 '디자인의 좋고 나쁨'은 수치화하기 어렵습니다. 또 만일 상품의 특징을 어느 정도 기술할 수 있다 하더라도 많은 변수가 필요할 것입니다. 이런 다변수 모델을 잘 학습시키려면 많은 데이터가 필요합니다. 그러나 기존의 상품 데이터만으로는 아주 부족합니다.

다음으로 만일 모델이 만들어졌더라도 이 모델은 과거의 데이터에 근거했으므로, 그 시점에서 '시대에 뒤쳐진' 깃이 되는 것이 문제가 됩니다. 예를 들어 그 예측모델로 높은 평가를 얻은

---

1   생성모델로서 '인기 상품'을 계속 내주는 것을 만드는 방침도 생각할 수 있을지도 모르지만, 이 방침도 여기에서 결론은 바뀌지 않습니다.

기획이라도 과거에 실제로 잘 팔린 상품과 비슷하거나 어디선가 본적이 있는 인상을 주는 상품인 경우가 많을 것입니다. 그런 상품이 또 팔린다는 보장은 없으며, 소비자는 좀 더 혁신적인 것을 추구하고 있을지도 모릅니다. 그러나 '아직 아무도 본 적 없는 상품'은 가지고 있는 데이터에는 포함되어있지 않으므로, 그런 상품을 높게 평가할 수 있는 모델은 제작하기 어렵기 때문입니다.

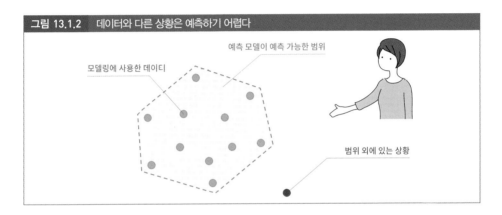

그림 13.1.2   데이터와 다른 상황은 예측하기 어렵다

이런 경우는 과거의 인기 상품과 고객 데이터를 분석해서 어떤 상품이 누구에게 왜 팔리고 있는지를 이해하는 것을 목표로 합니다. 이 지식과 데이터에 포함되지 않은 유행이나 여러 가지 사정을 고려해서 다음에 어떤 상품이 팔릴지를 인간이 생각하는 쪽이 좋은 결과로 이어지는 것입니다.

이런 모델링 방침은 '실현하고 싶은 것'과 '기술적으로 실현할 수 있는 것'을 잘 조절하면서 결정합니다. 이 관점이 빠지면 '모처럼 데이터 분석을 했지만 아무 소용없었다'라는 것이 됩니다.

수리 모델은 블랙박스인가

유감스럽지만 '수리 모델'에 의한 예측이나 분석을 전혀 신뢰하지 않는 사람도 있습니다. 데이터에 근거한 의사결정이나 시스템 구축에서 이런 것이 걸림돌이 되기도 합니다.

수리 모델이 (부당하게) 신뢰받지 않게 된 이유는 다음과 같은 상황이 자주 발생하기 때문이라고 생각할 수 있습니다. 첫째로 과도한 단순화로 만들어진 수리 모델이 (설명하려고 하는 대상이 너무 복잡해서 그렇게밖에 할 수 없는 경우도 많지만) 현실과 크게 동떨어져 있어서, 정량적으로(종종 정성적으로도) 신뢰할 수 없는 사례가 많이 있습니다. 이런 사례만 보고 이것을 일반적인 수리 모델의 현실이라고 이해하는 사람이 있습니다.

또 반대로 기계학습의 분야에서 사용되는 복잡한 모델링을 보고, '내부에서 무엇이 일어나고 있는지 모르는 블랙박스다'라는 인상을 받는 사람도 많습니다. 과적합 등으로 잘 되지 않는 경우(성공한 사례가 유행되기 때문에 반대로 잘 되지 않는 경우도 과도하게 다루어지는 경향이 있습니다)를 보고 정체를 모르는 것으로 생각하고 있을지도 모릅니다.

그림 13.1.3   수리 모델은 이해할 수 있는가

복잡한 수리 모델   변수의 움직임을 이해할 수 있는 수리 모델

덧붙여서 분석자에게 잘못이 있는 경우도 있습니다. 데이터 분석의 절차에 대해서 무엇을 하고 있는지를 확실하게 이해하지 못하고 결과만을 출력해서 의사결정자에 보고해버리면, 그것을 근거로 어떤 판단을 하려고 해도 결과에 대해서 어떻게 책임을 지면 좋을지 모르게 됩니다. 이런 불행한 일들이 '데이터 분석 · 수리 모델은 도움이 안 된다'라는 인상을 만드는 경우가 있습니다.

위와 같은 단편적인 지식 · 경험이 수리 모델에 대한 잘못된 이해를 낳고 있는 것이 아닐까요. 실제 수리 모델은 반드시 블랙박스는 아니며, 출력된 결과도 어느 정도 설명 가능한 경우가 많습니다(그림 13.1.3). 수리 모델이나 데이터 분석이 블랙박스인지 어떤지는 정의한 문제나 이용하는 모델에 따라 다릅니다. 단순한 다중회귀모델은 어떤 변수가 어떻게 영향을 미치고 있는지/없는지를(모델의 구조상에서는) 완전하게 설명할 수 있습니다.

수리 모델링이나 그것을 이용한 데이터 분석에서는 스스로가 과정을 확실히 이해하고, 결과를 어떻게 전달하고, 이해시키는가 하는 것도 중요합니다. 특히 상대가 그런 지식을 충분히 가지고 있지 않은 경우에는 커뮤니케이션의 방법도 큰 과제가 됩니다.

13.2 데이터의 수집과 활용

전처리 비용을 낮춘다

6.1절에서도 간단하게 소개했지만 데이터를 수집할 때에 발생하는 에러 때문에 분석의 전처리작업이 힘들어지거나, 본질적인 정보가 사라져서 결과가 이상해져 버리는 경우가 자주 있습니다. 그래서 그런 문제가 발생하지 않는 데이터 수집 방법을 설계하는 관점이 중요합니다. 예를 들면 온라인에서 고객 데이터를 수집할 때 주소를 자유롭게 쓰게 하면 같은 주소라도 사람에 따라 쓰는 방법이 달라서(시도군부터 쓸지 여부, 번지를 입력하는 방법), 나중에 집계할 때 힘들어집니다. 이런 경우는 집계할 때 필요한 계층까지 선택 응답란(시도, 구군면을 순서로 선택지에서 고를 수 있게)를 만들거나 또는 숫자코드(우편번호 등)을 이용해서 응답에 애매함이 없도록 합니다.

설문조사를 하는 경우에는 사전에 위의 말한 점에 유의한 온라인폼을 이용하면 질문지에 직접 기입하는 것보다 수고를 덜 뿐만 아니라, 데이터로 변환할 때의 실수도 줄어듭니다. 가능한 한 개인의 판단이나 입력의 편차가 발생하지 않도록 데이터 수집 방법을 사전에 결정해두는 것이 효율적인 데이터 분석의 기반이 됩니다.

데이터 수집계획

또 초보자나 데이터 분석자가 아닌 사람이 저지르기 쉬운 것이 중첩요인 등을 가볍게 보고 '우선 데이터만 수집하면 나중은 어떻게든 되겠지'라는 생각으로 데이터를 수집하는 것입니다. 여기까지 이 책을 읽어주신 독자들은 이해하겠지만 결과에 영향을 주는 다른 요인을 통제할 수 없다면 데이터에서는 어떤 결론도 내릴 수 없게 됩니다[2].

유해물질이 섞인 물을 처리해서 마실 수 있도록 하려고 할 때 무엇이 섞여 있는지 모르는 공업폐수를 가져오는 것과 같습니다. 사전에 어느 정도의 유해물질을 제거하는 필터로 처리하

---

2 데이터가 대상으로부터 충분히 취득되고 있는 경우에는 반드시 그렇지는 않습니다.

거나 포함된 물질의 정보가 있다면 처리해서 깨끗하게 할 수도 있지만, 그렇지 않으면 다시 처음부터 적절한 방법으로 채취할 수밖에 없습니다.

이런 사태를 피하려면, 사전에 확실히 대상을 조사하고(때에 따라서는 작은 데이터 세트로 분석작업을 하고), 어떻게 데이터를 수집하면 좋을지를 포함한 설계를 하는 것이 중요합니다.

데이터를 수집하는 부담을 생각하자

데이터가 있으면 여러 가시 분식을 할 수 있지만, 데이터 수집에 드는 비용을 고려하지 않는 경우가 있습니다. 특히 금전적인 비용이 들지 않는 경우에는, 보이지 않는 시간적인 비용을 들인 것에 비해 데이터가 별로 활용되지 않는 일도 자주 발생합니다. 예를 들면 조직의 업무 효율화를 위해 설문조사나 리포트를 빈번히 요구하는 탓에 업무효율이 오히려 떨어지는 웃지 못할 상황이 기억나는 사람도 있을 것입니다.

데이터를 수집할 때에는 어떤 목적으로 수집하고, 어떤 방법으로 분석하고, 결과에서 어떤 결론을 내릴지(데이터 활용 측면에서는 더욱이 어떻게 행동할지)를 사전에 결정하고, 얻어진 이익과 그것을 하기 위해 필요한 금전적 · 시간적 또는 그 외의 비용에 맞는지를 검토하는 단계가 중요합니다.

13.3 실제 세계와 데이터 분석

데이터에 의한 관리주의

데이터나 거기에서 산출된 지표로 사람이나 조직을 평가하는 것에 대해서 몇 가지 중요한 사항을 설명합니다.

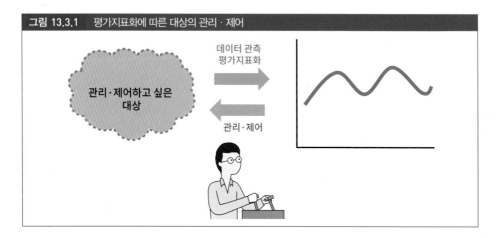

그림 13.3.1 평가지표화에 따른 대상의 관리 · 제어

경영학 · 매니지먼트 이론의 발전으로 기업활동에 관한 데이터 측정의 중요성이 전파되기 시작하고 나서 얼마 지나지 않았습니다. 표어적으로 말하면 '측정할 수 없는 것은 관리할 수 없다'라는 개념으로 모든 것을 측정하고 지표로 활용한다는 생각이 뿌리내렸다고 할 수 있습니다.

이 개념은 일정한 성과를 거두어 왔지만, 간단하게 측정할 수 있는 지표에 편중한 견해를 조장했다고 할 수 있습니다. 이런 상황에서는 수치화하기 어려운 지표를 방치하고 본질적으로 중요한 것을 간과하기 쉬워집니다. 요즘 데이터 사이언스의 부흥에 따라 한층 더 이런 압력이 강해진다고 생각합니다.

이 절에서는 그런 치우친 데이터에 따라 의사결정을 할 때 생기는 실패를 소개합니다.

조작된 평가 지표

'측정할 수 없는 것은 개선할 수 없다'라는 사상은 효과적인 경우도 있지만 그렇지 않은 경우도 있습니다. 예를 들면 공장에서 어떤 기간에 생산된 제품의 수나 불량의 비율이라는 수치는 공장관리를 위한 중요한 지표가 되고 있습니다. 이 지표에는 애매함이 없으며, 시스템으로서의 아웃풋을 객관적으로 나타내고 있다는 것에 다른 의견은 없을 것입니다. 그러나 측정하기 어려운 것, 측정할 수 없는 것에 대해서도 같은 관리를 하려고 하면 여러 가지 문제가 발생합니다.

3.4절에서도 간단하게 소개했지만, 지표를 인간을 평가하는 데 사용하거나, 지표의 목표 수치를 설정할 때에는 항상 당초 예상하지 않았던 바람직하지 않은 상황이 발생합니다(그림 13.3.2). '어떤 지표를 목표지표로 설정한 순간에, 그 지표는 지표로서의 가치를 잃는다'라는 것은 여러 분야에서 지적되고 있으며[3] 자세하게 살펴봅시다.

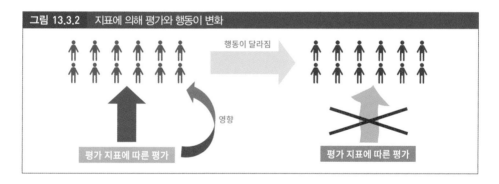

그림 13.3.2 지표에 의해 평가와 행동이 변화

예를 들어 의사의 수술 실력을 평가할 때, '수술 성공률' 같은 지표를 사용해버리면 어려운 수술을 하지 않으려는 동기가 작용합니다. 그 결과로 어려운 수술을 맡는 '명의' 쪽이 낮게 평가되어버리는 일이 종종 발생합니다. 이 지표평가는 이상적으로는 어려운 수술의 성공률이 올라가도록 기술을 향상하는 동기로 작동해야 할 제도이지만, '아예 하지 않는다'라는 합리적이고 (제도 설계자에게) 바람직하지 않은 선택이 가능하져 파탄에 이르게 되는 셈입니다.

---

3   Goodhart's law나 Campbell's law와 같은 법칙이 알려져 있습니다.

그 밖에도 예를 들면 학교에서의 '집단 괴롭힘 건수'를 학교 운영평가지표로 하는 경우가 있습니다. 이 경우 실제로 집단 괴롭힘이 발생해도, 이것을 인정하지 않는 (무마하는) 동기가 발생합니다. 이래서는 무엇을 위해서 지표를 설정했는지 모릅니다.

연구의 세계에서 자주 볼 수 있는 것이 연구성과지표에 관한 문제입니다. 연구자의 업적은 제출한 논문의 수나 인용 횟수(다른 논문에서 자신의 논문이 인용된 횟수) 등의 지표로 평가되지만, 겉으로 드러나는 업적을 세우려고 질이 낮은 논문을 남발하거나, 자기 자신의 논문을 대량으로 인용하는 부정행위를 하는 사람도 있습니다. 또 성과를 내지 못하면 직장을 잃는다는 압박으로 논문 자체를 조작해 버리는 예도 있습니다.

이처럼 간단히 수치로 측정할 수 없는 것을 억지로 수치 지표로 만들어버리면, 그 지표로 고려되지 않은 구멍을 사용해서 피해갑니다. 여기까지, 단순한 지표의 예를 소개했지만, 비슷한 상황은으로 좀 더 복잡한 데이터 분석 후에 나온 점수를 이용할 때에도 발생합니다. 'AI로 웃는 얼굴을 점수화하고 채용에 이용하는 서비스'가 화제가 됐지만 바로 'AI의 웃는 얼굴 평가를 이용한 웃는 얼굴 훈련 서비스'를 하는 사업자도 나왔습니다. 만약 채용할 때, 후자의 서비스를 사용해서 웃는 얼굴을 연습한 후보자가 높은 평가를 받는다면 시스템 초기의 목적과는 다른 상황이 되어버립니다[4].

이렇게 데이터에서 여러 가지 유력한 지표를 만들 수 있었다고 해도, 이것을 '구축'할 때는 안이하게 그 지표를 믿지 말고(보조적으로 이용하는 것은 문제없을 것입니다) 그것에 의해 측정되는 사람들이 어떻게 반응할지를 신중하게 검토해야 합니다.

AI에 의한 차별 조장

데이터에서 자동으로 사람의 처우를 결정하면, 의도치 않게 차별을 조장해버리는 경우도 있습니다. 미국에서는 범죄자의 재범 위험을 점수화하는 시스템에서 백인보다 흑인이 부당하게 고위험군으로 평가된 것이 문제가 되었습니다. 당연히 차별을 막기 위해 점수 평가에 '인종'

---

4 원래 '웃는 얼굴 채용'에서 평가하고 싶은 것은 자연스럽게 평상시에 웃는 얼굴을 보이는 후보자이지만 이것을 측정하는 시점에서 면접할 때의 행동이 바뀌어 버릴 것입니다.

항목은 포함되지 않았지만, 그 외의 여러 중첩요인 때문에 실질적인 인종차별이 이루어져 버렸습니다. 다른 예로, 아마존이 개발한 인재채용 시스템에서 남성보다 여성이 부당하게 낮게 평가되는 것도 화제가 되었습니다. 이것은 모델의 학습에 사용한 데이터에 컴퓨터 과학을 전공한 여성의 수가 적은 것이 원인이었다고 알려져 있습니다.

이렇게 개인정보에서 무엇인가를 점수화할 때에는 언뜻 문제없는 모델링으로 보여도, 학습에 이용한 데이터의 편향이나 다른 변수로 인해 차별이나 불공평이 발생하는 경우가 있습니다. 특히 이런 시스템 구축할 때에는, 도움이 될 것 같은 변수를 닥치는 대로 이용해서 정확도가 높은 모델을 만드는 것을 목표로 하므로, 매우 위험한 상황이 됩니다. 만들어진 시스템이 어떤 차별을 조장하고 있지 않은지를 신중하게 평가 · 검토해야 합니다.

피드백이 있는 시스템 구축

데이터 분석이나 수리 모델링에 의해서 의사결정이나 작업을 하는 시스템을 구축했다고 합시다. 예를 들면 상품의 추천 시스템이나 'AI'에 의한 인사평가, 이미지 판별, 보험료 산출 등 여러 가지를 생각할 수 있지만, 중요한 관점으로 '구축한 후의 성능을 피드백해서 시스템을 개선할 수 있는가'라는 것이 있습니다(그림 13.3.3). 상품 추천 시스템의 경우에는 이 시스템을 도입한 결과로 '어느 정도 매출이 올랐는가'를 측정하고 개선에 활용하는 것을 목표로 합니다.

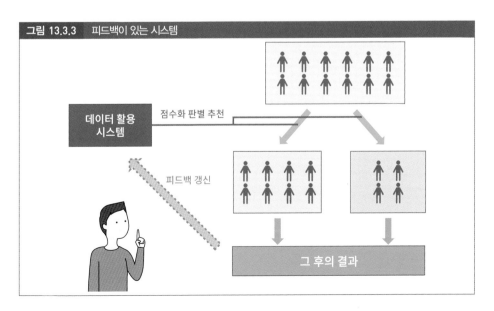

그림 13.3.3　피드백이 있는 시스템

이것은 당연한 것처럼 보이지만 꼭 이렇게 할 수 없는 시스템도 있습니다. 예로 인재채용에 'AI'를 활용해서, 평가가 높은 후보자를 채용하고, 평가가 낮은 후보자를 탈락시키는 시스템을 생각해봅시다. 이 시스템의 정확도가 낮아서, 원래 채용해야 할 우수한 인재를 탈락시키고 반대로 그렇지 않은 후보자를 계속 채용했다고 합시다. 탈락한 인재에 대해서는 이후 추적해서 조사하기 어려우므로(가능하다 하더라도 환경에 의한 영향도 크기 때문에) 탈락시킨 것이 성공이었는지를 평가하기 어렵습니다. 채용한 인재에 대해서는 사내에서 추적할 수 있지만, 만약 평가가 별로였더라도 이것이 채용 실수인지, 자사에 들어온 후보자의 질이 나쁜지를 평가하기는 쉽지 않습니다. 그 결과로 나쁜 시스템이 계속 눌러앉아 악영향을 미치게 됩니다.

이처럼 결과의 피드백이 없는 시스템은 오류가 생겨도 개선할 수 없어 매우 위험합니다. 특히 복잡한 모델에 의한 시스템은 블랙박스화되기 쉽고, 이런 문제가 발생해도 발견하기 어렵습니다.

이 문제에 대한 해결방법으로 다음과 같은 것을 생각할 수 있습니다.

- 데이터를 새롭게 하여 시스템을 항상 업데이트한다
- 성능을 여러 방법으로 측정·평가하는 것을 게을리하지 않는다
- 시스템에만 의존하지 않고 인간의 판단도 받아들인다

이 절에서 설명한 것처럼, 데이터의 활용은 사람들의 생활을 풍요롭게도 하지만, 잘못된 운용으로 이어지는 많은 위험성을 내포하고 있습니다. 모델링이나 시스템 구축 단계에서는 근시안적으로 되기 쉽지만 완성된 시스템에 의해 무슨 일이 일어나는지와 사람들이 이것에 대해서 어떻게 반응할지까지 상상하는 것을 잊지 맙시다. 그래도 예상 밖의 사태는 항상 따르므로 운용 중에 무엇이 일어나는지를 주시하고, 필요에 따라서 시스템의 업데이트나 운용 방법을 재검토해야겠습니다.

데이터를 활용한 과제 해결에는 다양한 함정이 숨어있지만, 지금까지 설명한 내용을 잘 이해하는 것으로, 올바른 데이터의 활용으로 연결된다고 생각합니다.

13장 정리

- 목적에 따라 데이터 분석이나 모델링의 방침은 크게 달라진다.

- 데이터를 수집하는 프로세스도 충분히 검토해야 한다.

- 데이터 분석을 시스템으로 구축할 때에는 그 부작용에 주의한다.

3부 정리

데이터 분석의 결과를 해석 · 응용할때 주의할 점을 설명했습니다. 데이터 분석에서는 방법이나 분석 차체에 집중하기 쉽지만, 정말 중요한 것은 그것을 어떻게 이용하는가입니다. 데이터를 올바로 활용하려면 이 책에서 소개한 것처럼 '인간성에 의해 생기는 문제의 대책'이 필수 불가결하고, 이것이 성공의 열쇠입니다. 주의해야 할 것뿐이어서 어렵게 느끼는 독자가 있을지도 모르지만, 이 이야기를 염두에 둔다면 데이터 해석 따른 잘못을 상당한 비율로 피할 수 있으리라 생각합니다.

이 책에서는 데이터 해석에 관련된 내용을 입문자의 눈높이에 맞춰 설명했습니다. 데이터 해석을 하기 위해 알아두어야 할 지식의 전체상은 지극히 광대하고 어디에 무엇이 있는지를 정리하는 것만으로도 방대한 분량이 됩니다. 분석 방법뿐만이 아니라 데이터 그 자체의 성질에 관한 지식이나 결과 해석, 데이터의 이익 활용에 있어서의 여러 문제와 같은 다른 레이어의 지식이 필요한 것도 그 요인이 됩니다. 이 책에서 표준적인 주제를 가능한 한 빠짐없이, 그리고 단지 나열하는 것이 아니라 이것이 왜 중요한지, 어떤 아이디어에 근거하는지, 서로 어떻게 관계하는지와 같은 연결을 의식해서 한 권의 입문서에 정리했습니다. 특히 데이터 해석의 각 단계에서 주의해야 할 것이 많이 등장했습니다. 이런 지식이 부족하면, 원래 모르는 것은 주의할 방법이 없어 함정에 빠지기 쉽습니다. 그러나 주의할 사항을 알고 있다면 필요에 따라 세세한 방법을 조사해서 각각의 작업을 적절히 실시할 수 있습니다.

데이터 분석의 일반적인 교과서에는 다양한 성공사례를 보여주고 얼마나 그 방법이 유용하냐는 점에 중점을 두기 쉽지만, 이 책에서는 오히려 데이터 분석의 한계에 대해서 있는 그대로의 모습을 보여주려고 의식했습니다. 이것을 이해하는 것이 자신을 가지고 정확한 데이터 해석을 하려는 핵심이 아닐까요?

이 책의 내용은 독자가 데이터 해석에 필요한 주제를 어느 정도 이해한 후에 구체적인 개별 내용에 관해서는 다른 참고서를 사용해서 학습하는 것을 염두에 두고 설계했습니다. 여기까지 읽은 독자들은 이후 데이터 해석에 관한 학습을 잘할 수 있을 것으로 생각합니다.

다양한 데이터 해석에 관한 이해가 깊어진 후에 부디 한 번 더 이 책을 보시길 바랍니다. 어쩌면 또 새로운 깨달음을 얻을 수 있을지도 모릅니다.

S – Z